中小學教學改革
議題與方法

林進材　著

五南圖書出版公司 印行

序

　　當課程改革行動的鑼聲震天響時，學校教育行動與教師班級教學，勢必隨著課程改革政策的宣導與落實，亦步亦趨地展開改革行動方案。歷年的教育改革行動，不管是教育政策的擬定、學校教育方向的修正、課程與教學的微調等，皆需要透過教學政策的落實，才能在改革中收到預期的效果。因而，教師對教育改革中教學主張的理解與轉化，需要有意願透過專業能力的開展，將來自改革的教學主張與演變，透過層層轉化成為班級教學的行動與落實。

　　中小學教師在班級的教學設計與實施，需要隨著時代的變遷調整教學模式，也需要隨著教育方面的變革，修正教學策略與方法，更需要因應課程改革的理念，建立屬於自己特色的教學風格。教師應該避免淪為「用過去的經驗，教導現代的孩子，去適應未來的生活」之窘境，勇於面對教學方面的改革，參與中小學教學改革行動，做體制內外的改變以提升教學成效。

　　撰寫本書的主要用意，不在於希望透過專書的出版，引領教師對班級教學現況做多大幅度的改革、對教學模式做多大的調整、對教學設計實踐做翻天地覆的改變，而是希望教師在平時「習以為常」的班級教學模式中，思考教學設計與實踐需要改變之處，透過自身的教學反思與改革，為教學設計與實踐注入一股新的氣息，為教學活動與學習活動納新吐故，展現出教學革新與革新教學的嶄新氣息。

　　本書命名為「中小學教學改革」，主要內容包括中小學教學改革的基本理念、中小學教學改革的定錨與論述、中小學教學改革的模式與實施、中小學教學改革知與行的距離、從教學改革到教室教學活

動的連結、中小學教學改革的教學論議題、中小學教學改革實施的方法、中小學教學方法的改革與運用、中小學教學改革與研究議題、中小學教學改革論文撰寫與形成等，內容包括理論、方法、經驗、實踐、論述等途徑，並且透過圖解、流程圖、案例說明的方式，將中小學教學改革議題，做詳細、簡單扼要的說明，希望本書的出版，可以提供實務界教學改革與教學實施的參考。

　　本書的付梓問世，感謝五南圖書出版公司對專書的支持與信任，以及黃副總編文瓊及編輯群的辛勞，本書如果對教學改革有任何貢獻的話，要歸功於上述人員。期盼本書的出版，可以為國內關心教學改革議題的教育界同好，奉獻一點點個人的心力。

　　謹以本書的出版，紀念我最敬愛的恩師 黃光雄教授！緬懷他老人家對學生的關愛、叮嚀、提攜、勖勉！

林進材 謹識
2021/3/22

CONTENTS

目錄

第 1 章

中小學教學改革的基本理念

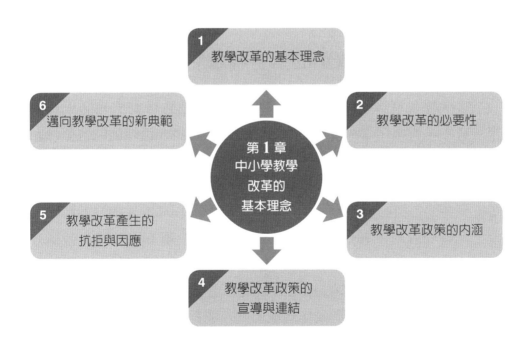

本章重點

　　中小學的教學改革，是在教育改革與課程教學改革情境脈絡之下發展出來的。當展開每一波教育改革行動時，課程與教學改革必然循著改革理念，而隨著調整其內涵，學校班級教學設計與實踐，也跟著調整或修正。邇來，隨著十二年國教新課綱上路的這一年，課程改革的經驗與盤根錯節的教育問題，需要透過議題與方法的探究，連結學校班級教學設計與實踐的關係，進而檢視與回應。本章的主要重點，在於將教育改革與課程改革脈絡之下，中小學教學改革的必要性與合理性，做詳細的論述與探討，提供中小學教學改革行動方案擬定之參考。

一 中小學教學改革的基本理念

　　當課程改革行動的鑼聲震天響時，學校教育行動與教師班級教學，勢必隨著課程改革政策的宣導與落實，亦步亦趨地展開改革行動方案。而身為第一線且為政策執行者的教師，對於教學改革的基本概念了解嗎？改什麼？為何改？如何改？改哪些？誰來改？等議題，總是充滿各式各樣的疑惑。此種現象，如同 MacDonald（1971）指出，缺乏關聯到課程生態環境裡其他因素的課程改革方案（或是教學方案），都是「不負責」（irresponsible）的課程發展，因為它們無法「回應」（respond）學校複雜的環境，更無法真正落實到教室的教學設計與實踐中，容易形成空談或口號，成為另一種的課程改革形式主義。

　　解嚴後至九年一貫課程實施前，開放教育、本土教學打開了教室大門與社區有更多連動。九年一貫課程時期，學校本位課程或統整課程，期待教學結合學生生活經驗加以活用。十二年國教上路，舉著

教學啟示錄 只要方法用對，任何知識的結構，都可以教給每一個不同階段的孩子。

因材施教、有教無類的精神，因應學生多元背景，倡導教學適性揚才（林佩璇，2013），學習共同體、合作學習、翻轉學習等教學不斷推陳出新，活化教學成了教改的熱門議題。可見，教學政策的擬定從「無」到「有」的歷程，隨著國際社會的發展，國內政治文化的變遷，而有一定的模式與軌跡可尋，教學改革與教學實踐對教師而言，不僅僅是教學專業能力的提升，同時也是教學理念與實踐的精進議題（林進材，2021）。

歷年的教育改革行動，不管是教育政策的擬定、學校教育方向的修正、課程與教學的微調等，皆需要透過教學政策的落實，才能在改革中收到預期的效果。因而，教師對教育改革中教學主張的理解與轉化，需要有意願透過專業能力的開展，將來自改革的教學主張與演變，透過層層轉化成為班級教學的行動與落實。有鑒於此，教師在面對九年一貫課程與十二年國教改革時，需要透過專業反省與專業成長途徑，將昔日「視為理所當然」的教學實踐方案，與時俱進且去蕪存菁，修正調整傳統的教學方法，從理論與方法的運用、策略與流程的採用等，修正教師教學思考之心智生活，以落實教師教學效能與學生的學習品質（林進材，2021）

中小學教學改革的方案與行動，隨著國內教育環境的變遷更迭，教育高層人士的理念與落實，在教學設計與實踐間，需要有更多的念想、更具體的方案、更有效的策略，教師的教學才能跟得上改革的步伐。儘管，多次的課程改革在教學政策方面，與教師的教學理念與實踐無法取得更為密切的聯繫，然而，教師在面對班級教學時，應該隨著時代的變遷而調整自己原有的教學模式，進行體制內的寧靜改革。當教師想要在班級教學設計與實踐中，進行任何的改變修正時，則中小學教學改革的契機才容易在班級教學中展開。

最好的鼓勵方式，就是運用混合式的動機來鼓勵學生。 **教學啟示錄**

二　中小學教學改革的必要性

　　中小學教學改革方案的擬定與執行，和國內教育改革與課程改革關係相當密切。任何教育政策制定過程中，都會涉及到政策形成背景、政策規劃、政策執行和政策評估制定過程及價值（吳清山，2018）。中小學的教學改革政策，在制定過程中有其背景、規劃、執行、評估等嚴謹的過程與教育價值。如同 Dunn（2008）指出，政策分析屬於一種應用性科學，具有描述性、評估性和處方性的目標，因而政策問題、政策行動、政策結果、政策績效、政策未來成為政策分析的重要架構。

　　中小學教學改革方案計畫的擬定與執行，主要是依據國內教育改革中的課程改革而來，透過改革行動方案的執行，希望各種教育理念可以落實到教師班級教學設計與實踐中。因此，中小學教學改革提出來時，是基於教育改革與課程改革政策實施的背景，進而透過各種機制以提升教師對教學改革的意識。中小學教學改革的時代背景，依據吳清山（2018）指出，係基於：(1) 回應社會各界期待；(2) 符應國際教育潮流；(3) 提升國家競爭能力；(4) 因應少子女化趨勢；(5) 配合產業轉型需求；(6) 基於人才培育需要。

　　國民中小學九年一貫課程改革的基本能力，是基於社會變遷及未來生活需求所做的評估，基本能力比以往課程標準的教育目標更為具體，但仍需要在個別學習領域中轉化為各學習階段的「能力指標」，作為課程改革之依據與學習成效評估，進而實施補救或充實教學。十二年一貫課程的改革與實施，宜透過課程研究，進行我國國民基本能力之研究，明確地指出國民應該具備哪些基本能力，在教學活動規劃設計方面，依據基本能力的研究而作為設計實施之參考，並引發學生的學習興趣，期望可以達成學習結果，透過各種方法的運用蒐集學

教學啟示錄　教學技巧和經驗是需要靠時間累積的。

生學習方面的訊息，作爲改進或修正教學的依據。

　　中小學教師的班級教學設計與實踐，主要是依據課程綱要與課程目標所在，進行班級教學規劃與實施，提供學生適性的教學活動。由於時代與社會變遷快速，學校教育提供的知識需要隨著適應時代的發展。因此，教師的教學設計與實踐，需要隨著教育改革與課程改革而調整。從九年一貫課程的改革實施，到十二年一貫課程的改革與實施，改革的基調都放在課程改革上面，強調學生各學習階段的能力養成，希望透過學校課程內容的實施與教師教學設計的更新，提供學生學習成功的經驗，進而確保學習方面的品質。如同 OECD（2017）從系統性的角度提出幾項創新學習環境的原則（innovation learning environment, ILE），在內容方面包括軟、硬體、教師的信念與教學設計及實施：(1) 肯定學習者是核心的參與者，鼓勵學習者積極投入學習，爲自己的學習負責任，在學習歷程中發展理解的能力等；(2) 重視並理解學習者的個別差異，包含學習的先備知識；(3) 學習本身就是社會化的歷程，引導學生在團體中進行合作與學習；(4) 在學習環境中培養學習力，調合學習者之動機、學習成就與態度；(5) 設計對學習者具有適當挑戰性水準的學習任務；(6) 連結好的學習環境以促進跨領域及眞實世界之橫向連結；(7) 展現具體之期望，並安排高度支持性、學習性的評量策略，以即時回饋教與學。

　　中小學教師在班級的教學設計與實踐，需要隨著時代的變遷調整教學模式，也需要隨著教育方面的變革，修正教學策略與方法，更需要因應課程改革的理念，建立屬於自己特色的教學風格。教師應該避免淪爲「用過去的經驗，教導現代的孩子，去適應未來的生活」之窘境，勇於面對教學方面的改革，參與中小學教學改革行動，做體制內外的改變以提升教學成效。

　　　　　賞識自己的學生：教師如果不知道要教什麼，
　　　　　最好的方法是問學生想要學什麼？　　　　　**教學啟示錄**

三 教學改革政策的內涵

　　中小學的教學改革政策，主要是循著教育改革與課程改革的軌跡，透過各式各樣的系統、制度、研發等，擬定教學改革政策。中小學的課程改革，在教學改革政策內涵方面，包括「素養導向教育」、「自主與探究學習」、「領域或學科教學與跨領域」、「適性教學與校本課程」、「議題融入及連貫統整」等五個重要特色（黃政傑，2019）。

(一)素養導向教育的教學改革政策

　　核心素養的理念，強調的是學習者的主體性，和傳統以「學科知識學習」為學習的唯一範疇有所不同，而是強調與真實情境結合並在生活中能夠實踐履行的特質。核心素養的主要內涵，是個人為適應現在生活及未來挑戰，所應該具備的知識、能力與態度，在於實現終身學習的理念，所以注重學生學習歷程、方法及策略（國家教育研究院，2014）。

　　核心素養的教學策略與一般的教學策略有所不同，傳統的教學策略以學科知識為主要的重點，教師採用一般的教學設計理論與經驗，將學科知識融入教學設計與實施當中，引導學生進行學習活動。而核心素養的教學策略，主要在於培養學生核心能力的養成與運用。因此營造學習環境是教學設計的重要關鍵，要提供促進學生積極學習的環境，課堂當中需要提出開放性的問題，激發學生藉由討論、體驗探索和創造來解決問題，以培養各種素養。另外，在核心素養的教學設計方面，可以考慮採用探究主題為核心的專題學習（project-based learning），培養學生的核心素養，讓學生在探究的過程中透過與同儕的合作溝通對話，進行跨領域的知識學習，在學生學習參與的歷程

中，有助於統整知識、內化經驗及發展核心素養（林進材，2020a）。

　　相對於九年一貫課程中的基本能力，核心素養強調學生能力的培養與運用，希望教師在班級教學設計與實踐中，能強調學生的「學會學習」以及「學以實用」能力的培養。因此，不管教師在班級教學的實施中究竟是以「教師中心的教學」、「學生中心的教學」、「統整型的教學」，皆需要教師可以引導學生從學科單元教學中，將教學的知識轉化成為生活所需的知識和能力。因此，學生不僅要「學會學習」，還需要「學會應用」。

（二）自主與探究學習的教學改革政策

　　自主與探究的學習，主要的重點在於學會學習的理念與實踐。學會學習的概念運用，不僅僅限定在教師的教學設計與實施中，同時涉及學生在學習歷程中的思考，只有教師在教學中，了解並運用「學會學習」的實際作法，並且在教學設計時，兼顧學生的學習，才能使教學達到成功的目標。如 Crick（2014）指出，教學的主要目標在於讓學習者全心、明智、成功地處理生命中不確定性及風險，那麼我們就需要重新省視我們的教學工作。為達成上述目標，教學活動的實施就需要超越知識的傳授、聚焦學習的思維與設計，進行教學的活化，重點不在展現教師的教學能力，而應著重於學生學會學習的重點，包括能力的展現與遷移，以及知識、情意、態度方面的養成（林進材，2020b）。

　　學會學習是一種「由內而外、由外而內」發展的歷程，各種歷程在教學中相互關聯也相互作用。教師應該由學習者的動機和目的驅動，引導學生願意接受挑戰，承擔學習的風險與學習動力，進而運用工具分析並處理知識，培養在真實情境中應用的素養能力，並且與其建立正向的關係；個體在與學習建立關係及真實情境的應用中，又精

教學活動的實施沒有好壞之分，只有適合不適合的問題。　**教學啟示錄**

進知識技能與理解、促進學習動力，也再次更新了學習認同，建立屬於學習者的目的與動機（Crick, 2014）。

　　新課綱之下的教師班級教學設計與實踐，除了顧及教師的「如何教學」之外，也應該要顧及學生「如何學習」的問題，從傳統教師教學活動的實施中，改變教師教學活動實施的模式，在學科單元教學的設計中，提供學生自主與探究學習的機會，讓學生從學習探究歷程中，思考學習的知識「如何運用」、「如何結合生活所需」的問題，並進而內化成為學習認知的一部分。此外，教師應該思考在班級教學設計與實踐時，如何將這些教學理念融入單元教學活動中，讓學生的學習能改變，以達到學以致用的理想。

（三）領域或學科教學與跨領域的教學改革政策

　　課程改革重視的是領域或學科教學與領域教學的連結問題，想要打破傳統學校教育的學科或學科領域各自發展的窘境與困境，讓學生可以在跨領域的學習中，獲取最大的學習成效。然而，領域或學科教學與跨域教學部分，跨域教學或跨域學習的用意是好的，希望跟生活連結，在生活中應用，增進學習樂趣和動機。以往的國小教師已經很會跨域，因為國小是領域教學，老師又是包班教學，跨起來容易。但到了國中是分科的底子，高中更是明白地說分科教學，各科教學時間有限，又是不同教師教，要跨域，說起來並不容易。跨域教學到底要怎麼做，學理上及實務上的模式仍有待開發出來加以推動（黃政傑，2019）。

　　中小學教學改革政策中，領域與學科教學的連結問題，對於小學教師而言，想要不同領域和學科聯繫的困難度應該不高，需要教師以班級為單位，進行學科領域的聯繫，改變班級教學設計與實踐模式，修正教學活動實施的步驟，即可達成學科領域聯繫之理想；對於國中

教學啟示錄　被狗吠的人，不一定是賊；長鬍子的人，也不一定是藝術家；但，有了偏見，就會把人看「扁」了；教學也是一樣。

與高中教師在分科教學的現況之下，想要達到不同學科領域聯繫的理想，恐怕需要不同學科領域教師透過「專業對話」與「備課、說課、觀課、議課」方式，持續且系統的分享才能慢慢達到理想。

(四) 適性教學與校本課程的教學改革政策

適性教學策略在班級教學上的應用，必須顧及學生在學習方面的需求，從教學內容、教學歷程與成果方面加以切入，在課程教學安排方面儘量符合學生的需求，藉由多元的教學程序或策略以因應學生的差異（林進材，2000）。在有效的適性課程與教學策略方面，包括：(1) 調整課程難度；(2) 安排不同的學習活動；(3) 調整學習任務的順序；(4) 調整學習步調和時間；(5) 配合學生興趣教學；(6) 鼓勵多元的表達方式；(7) 調整學習者的組成方式；(8) 調整教學風格以配合學生學習風格；(9) 指導學生主動學習（黃政傑，張嘉育，2010）。

校本意指整個學校總體課程的校本，不只是特色課程的校本，其概念就是整個學校的課程都要校本化，不論國文、英文、社會等通通都要校本化，不僅僅針對特色課程（黃政傑，2019）。因此，在校本課程方面，主要是希望透過課程改革，將傳統對校本課程的誤解與誤用，可以倒本為末修正原來不妥之處，讓每一所學校的校本課程發展，可以達到「同中求異、異中求同」之改革理想，讓每一個學生都能培養核心素養能力。

有鑑於課程改革中對校本課程與適性教學的教學改革理念的落實，希望教師應該對所有任教的學生充滿積極的期望，對學生懷抱適切的期望，其具體的作法包括鼓勵和支持所有的學生、追蹤學生在學習方面的成就，給予落後的學生協助；在學生學習歷程中，提供有用的回饋及改進的建議；採用差異教學方法；實施異質性分組，讓學生可以在學習歷程中截長補短；表達對學生能力的肯定；給予學生回答

問題的必要等待時間等（林進材，2020）。

（五）議題融入及連貫統整的教學改革政策

在社會議題融入及連貫統整的課程改革理念之下，教學改革政策強調將各種或即時的社會議題，融入教師班級教學中，提供學生各種現實生活中需要學習的知能。然而，新課綱將社會議題直接融入領綱或學科課綱，不論教科書編寫或教師教學，都會讓學生接觸到，但是課綱把議題融入是選擇性的，實際上很多議題還是沒有融入，教師教學時依情況融入仍有必要。當社會上發生了某些值得重視的議題，譬如地震、海嘯、火災等，教師仍得要去面對並及時回應（黃政傑，2019）。

中小學教學改革政策中，在議題融入及連貫統整的理想之下，教師的班級教學設計與實踐，需要將學科單元知識從理解、應用、分析、綜合、創造等，有效地和生活現實做緊密的連結，引導學生將生活議題與班級學習結合，並且成為學習智能的一部分。此方面需要教師多花一些時間，研究教科書中的學科知識與學習知識之間的關係，探討二者如何聯繫且結合生活經驗，才能達到教學改革政策理想。

有關教學改革政策的內涵概念，整理如圖 1-1。

四 教學改革政策的宣導與連結

中小學教學改革政策從擬定到實踐，需要考慮政策所有的關係人（stakeholder）的執行與受惠問題，由於教學改革政策的擬定與改變，除了依循教育改革與課程改革的政策之外，同時也針對中小學教學現況與困境，累積多年的研究與觀察，進而提出教學改革政策方面的主張。一般而言，教學改革政策的落實，需要透過各種政策的宣

圖 1-1　教學改革政策的內涵

導，讓教師對於教學改革有基本的認識，掌握教學改革精神、特色、方法與策略，進而願意在班級教學設計與實踐，落實教學改革政策的理念與主張。

在教學改革政策的宣導與連結方面，一般而言是採「由上而下」的模式，透過政策的宣導與教師在職培訓的方式，提供教師在改革方面的理念與主張，讓教師了解在班級教學中，如何配合教學改革政策進行改變。以臺南市國教輔導團為例，在新課綱推動活化課程與教學模式：

(一) 成立專責組織及計畫整合

以十二年國教新課綱為例，由於新課綱上路，中小學的班級教學設計與實踐，需要積極配合改變。因而，臺南市成立專責機構，以策

懂得隨時變通的教師，才能讓學生享受學習的樂趣。　**教學啟示錄**

略聯盟工作圈的模式，由教育局端協助學校建構完整的支援體系，讓臺南市 209 所國小及 62 所國中，都能「協力同行、校校前導」。全市 58 個工作圈之召集學校，均提出「前導型學校計畫」申請，計畫內容爲圈內學校共同增能需求，讓教師對於新課綱的教學政策有所了解、有所掌握（陳思瑀，2020）。中小學教學改革政策的擬定與實施，需要教育單位針對議題成立專責單位，方能有效地整合教育改革與課程改革有關的教學改革政策，匯聚相關的理念與具體作法，進而針對教師班級教學現況，擬定效能、效率的改革策略方法，引導教師配合教學改革政策的理念，在班級教學中得以落實。

(二) 透過賦權增能建立在地專業工作圈

任何教學改革政策的宣導與落實，需要第一線教師教學上的配合才能達成。如何讓教師了解改革政策的精神，掌握教學改革的理念，願意從班級教學活動設計與實踐，進行大幅度的改革或小幅度的修正，需要透過專業組織的運作，才能提供及時、效率、效能的支持。以臺南市教育局具體作法爲例，透過「賦權增能建立在地專業工作圈」方式，建立專業工作圈，由召集學校每二個月的區工作圈會議，召集學校報告圈內夥伴學校落實新課綱的進度，並且積極地規劃因應個別學校教師需求的研習，讓教師專業持續提升，透過跨校的共備研習，彼此互相激勵與學習（陳思瑀，2020）。

(三) 結合督學視導定期檢視給予支持

教師端的教學改革政策執行過程，除了需要有溫暖溫馨的支援系統，也應該要有「績效管理」的理念，提供教師班級教學設計與實踐方面的支持。此方面，臺南市教育局透過督學專業視導方式，針對教師的教學改革進行檢視並提供各種協助。在專業工作圈的分工方面，

教學啟示錄　教師能在教學中讓學生站多高，學生的世界就可以看多遠。

依據各學區的學校分布，結合課程教學視導方式，由專責人員提供各級學校在改革方面的諮詢與協助。

(四) 跨系統性整合師資培育大學資源

中小學教學改革政策的落實，除了中央單位的政策擬定與規劃之外，還需要學術單位（或研究單位）與師資培育大學資源的整合，才能從師資培育、職前教育、在職教育等，進行系統性的整合。

以臺南市教育局為例，整合師資培育大學教授專業資源，積極培養現場教師「以領綱為目標的素養導向教學設計」，以落實新課綱各領域課程綱要核心素養。邀請臺南大學（國小國語文、數學）、成功大學（國中小英語文）、高雄師範大學（國中國文、數學）各科教授，與本市國教輔導團團員組成的講師群，進行初階與進階的講師共備營，邀請國教院課程與教學研究中心前主任與中央輔導團夥伴，引領講師群進行共同備課，發展「領綱核心素養實作工作坊」的課程內容與簡報，充分發揮同儕共學共好的身教（陳思瑀，2020）。

(五) 專家領導在地人才培育深耕

中小學的教學改革政策擬定與落實，是一個很漫長的旅程，需要學術單位、研究單位、學校單位等方面的配合與支持，才能達到預期的成效。臺南市教育局為了使教學政策改革能竟其功、達其效，透過專家領導在地人才培育深耕方式，針對教學改革政策規劃系列性研習，邀請全國優秀的講師至臺南市辦理系列性研習，由研習的過程與實施，利用教師專業發展支持系統之人才庫，培養在地的種子講師，順利將課程進行在地化的設計與轉化，使學校的課程與教學改革，有在地的講師群得以陪伴學校持續發展課程。此外，參與種子講師群可進階自行研發學校因課程發展所需之研習課程，例如：彈性學習課

教學可貴之處，在於透過方法可以改變想要改變的部分。　**教學啟示錄**

程發展、課發會應辦事項之落實、課程評鑑實作……等（陳思瑀，2020）。

(六) 規劃專業性反思回饋性研習

　　教師專業研習的辦理，主要是提供教師新的課程教學理念，讓教師有機會透過研習的方式與內容，反思自己的班級教學現況，進而針對教學決定調整或微調的方向。以臺南市教育局的作法為例，經常性持續研發課程與辦理系列性研習，讓有需要的課程、有需要被增能的學校夥伴，能得到持續的支持與陪伴。此方面，包括辦理「彈性學習課程規劃實作工作坊計畫」、「跨領域課程設計實作工作坊」等，透過工作坊講解與實作方式，提供教師在課程與教學設計方面的專業理念，以利在班級教學設計實踐中融入新的理念與調整舊的思維。

(七) 落實公開授課專業回饋精神

　　公開授課是教師展現專業能力的方式之一，透過公開授課可以提供授課教師來自專業方面的思考（林進材，2020），同時提供觀課教師真實的教學活動，作為改進教學的參照。依據總綱揭示，教師是專業工作者，「為持續提升教學品質與學生學習成效，形塑同儕共學的教學文化，校長及每位教師每學年應在學校或社群整體規劃下，至少公開授課一次，並進行專業回饋。」臺南市從 106 年起，逐步鼓勵學校試行，蒐集學校遭遇的問題，給予學校支持與協助，並且逐年增加公開課比例，讓所有教師在 108 年均可以全面公開授課專業回饋（陳思瑀，2020）。

(八) 亮點舞臺——共好分享

　　透過分享方式可以提供教師在班級教學設計與實踐方面的參

教學啟示錄　學習的差異往往不是來自個別差異，而是來自教師教學形成的差異。

考，進而反思自己的班級教學，作爲修正或調整教學的參考方向。透過共好分享的途徑，有助於教師思考教學改革的方向，從同儕教師的教學觀課評估自己的教學活動，作爲後續改進教學的依據。此方面，臺南市投入約 2 年時間，輔導、陪伴各校發展彈性學習課程（統整性探究課程），爲學校與教師奠基厚實的校訂課程設計軟實力。爲讓各界感受這份能量，於 108 年 5 月 11 日假臺南一中辦理 2019 關鍵對話—— 全臺首學課程博覽會，爲本市 180 所前導學校、參與活化課程與教學計畫學校搭建亮點舞臺，讓臺南市亮點教師與各校精彩的校訂課程可以被看見（陳思瑀，2020）。

(九) 結合學校課程計畫審查、專家諮詢委員長期陪伴

中小學教學改革政策的實施，需要教師班級教學的配合，才能達到預期的成效。此方面，除了需要第一線教師的積極配合，還需要學校課程計畫的支持，以及專家諮詢委員的長期陪伴，提供教師在教學改革方面的諮詢。以臺南市教育局的作法爲例，利用策略聯合工作圈，每圈均有課程諮詢輔導委員陪伴機制，協助學校提升課程計畫設計能力，培養學校課程計畫編寫素養，提升課程發展委員會成員及課程領導人課程教學領導能力。臺南市面對新課綱推動與落實繁雜之事項，利用新課綱自發、互動、共好的核心理念，透過完整的課程發展工作圈與教師專業發展支持陪伴系統，讓學校可以逐步落實新課綱（陳思瑀，2020）。

有關臺南市新課綱推動活化課程與教學模式的概念，整理如圖 1-2。

教師的教學要能掌握每一個學生的需要，哪怕他們的學習成就差異有多大。　**教學啟示錄**

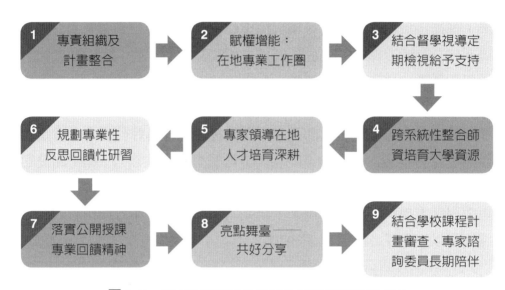

圖 1-2 臺南市新課綱推動活化課程與教學模式圖

資料來源：陳思瑀（2020）。

五 教學改革產生的抗拒與因應

任何中小學教學改革政策的提出，皆需要教師班級教學設計與實踐的配合，每一次的課程改革都需要合理性與必要性的說帖，讓學校教育與班級教學能隨著改變。例如：十二年國教課綱呼應了全球教育理念的走向，對於學校現場而言，可說是一項新的變革。一項新的課程方案落到學校並非就會自然實施，而會是一個與學校脈絡間相互調適的過程（Snyder, Bolin, & Zumwalt, 1992）。

此外，中小學教師對於教學改革政策的配合，涉及變革準備度的問題，如 Howley（2012）指出有關變革準備度，其中源自心理治療而後在管理領域被應用，此模式認為準備做改變是一個歷程，通常歷經六個階段：(1) 不想改變；(2) 考量改變的得失以決定是否改變；

教學啟示錄 教與學的概念都是需要學習的，從學習中才能了解教與學的技術與藝術。

(3) 依據考量做出要改變的決定；(4) 積極做改變；(5) 內化與制度化改變；(6) 將改變後的行為化成習慣。

　　中小學教師在班級教學中，其教學設計與實踐經過多年已然形成「既定模式」，成為生活中的日常慣例。如果需要中小學教師進行教學改革，則需要耗費很大的心力，才能激發中小學教師進行教學改革的動力。其中，主要的原因來自於中小學教師對於教學改革潮流的不信任與不配合。Harvey（1991）指出，人們抗拒改革的現象，源自於下列要素：(1) 缺乏對外來改革壓力的體認（lack of ownership）；(2) 缺乏明顯可期的效益（lack of benefit）；(3) 害怕會增加負擔（increased burdens）；(4) 缺乏行政的支援（lack of ministrative support）；(5) 改革中孤寂的感覺（loneliness）；(6) 不安的感覺（insecurity）；(7) 感到與角色規範不符（norm incongruence）；(8) 令人煩不勝煩（boredom）；(9) 感到混亂而失控（chaos）；(10) 分化的知識所導致的排斥心態（differential knowledge）；(11) 突如其來的改革幅度太大（sudden whole change）；(12) 其他特定的抗拒（unique points of resistance）。

（一）中小學教學改革抗拒的主要原因

　　中小學教師對於教學改革政策的擬定與實施，需要積極面對改革所帶來的變遷，並且認同與接受課程改革的作法，改革才可能落實。改革之所以遭致抗拒，有可能是改革的性質，或失之高遠，或失之冒進，導致其窒礙難行（單文經，2000）。有關中小學教師對於教學改革政策的抗拒，依據 Harvey（1991）的論述，對照現行的十二年國教新課綱下之教學改革政策，可以分析抗拒原因如下：

1. 缺乏對外來改革壓力的體認

傳統的教師班級教學活動，偏向於封閉型、固定型、單一型的教

學生態，教師經過多年的班級教學之後，班級的教學模式影響教師的教學設計實施。在形成教師班級教學模式之後，教師的教學生涯成為穩定而不容易改變的系統。想要教師改變教學方面的思維，是一件相當不容易的事。因為，要改變一般的教學活動，需要透過各種策略的運用，以改變教師在教學中的思考歷程，進而修正教學模式，實在是一件複雜的工程。教師的教學改變，和一般機構的權力改變一樣，需要所有人員與全體情境脈絡的配合修正，才能發揮實際的效果，只有教學相關的情境脈絡改變了，教學氛圍調整了，才能收到預期的效果（林進材，2020）。

2. 缺乏明顯可期的效益

中小學教學改革政策的擬定與實施，需要透過各種形式勸說教師配合，在班級教學活動中配合改革理念，修正調整自己的教學模式，改變原來依賴的教學方法。因此，想要鼓勵教師參與教學改革行動，就需要有「強而有力」的說帖，或是有明顯可預期的改革效益，才能說服中小學教師願意在忙碌的教學生活中，將時間花在教學改革工程之上，願意面臨失敗的窘境而參與教學改革行動。Cuban（2016）指出，對於大部分的教師而言，學校以「教師中心」的教學取向是沒有多大幅度的改變。主要的原因是學校教育的大環境沒有改變，學校的氣氛與機能結構改變幅度不大，仍舊採取年級、教學時數、教學科目等傳統固定的日常組織，教師的教學活動仍是關在自己的課堂內與他人分離，用教科書及考試來決定學生的成績，即使歷經了許多次的教育改革，教師在教學的光譜中仍多數偏向「教師中心」取向那一端。

3. 害怕會增加負擔

現任中小學教師在班級教學方面的負擔相當重，除了班級教學計畫與實踐之外，還需要負責班級經營管理，承擔學校各式各樣的行政工作。相關的研究指出，小學教師每週工作約 45-49 小時，中學教師

每週工作約 46-50 小時，大多數教師至少要花 40 小時，三分之一以上的教師每週花費超過 55 小時（林進材，2020a）。在教學改革政策擬定之後，需要中小學教師配合實施，在班級教學設計與實踐中，將各種教學理念與政策落實。從教學改革政策定案之後，需要花長時間和教師溝通，讓教師理解改革的精神與內涵、落實的策略與方法等，這些教學改革政策的「班級教學轉化」都需要付出龐大的時間。因此，中小學教師抗拒教學改革的主要原因，來自於害怕在學校生活中增加各種負擔，影響原本就實施多年的教學模式與生活步調。

4. 缺乏行政的支援

中小學教師面對教學改革政策的實施，除了需要改變原有的教學模式，在班級教學中積極展開各種改革行動方案，來自於學校行政方面的支援，成為不可或缺的重要關鍵。班級教學設計與實踐納入改革方案，需要學校行政領導層級的支持，提供教師改革的支援與支持系統，若缺乏行政方面的支持，容易讓教師感到惶恐不安，以及讓教師在改革過程中感到孤寂。此外，班級教學改革行動方案需要經費上的支持及設備上的挹注，才能在修正教學模式的過程中，得到充分的行政支援。

5. 改革中孤寂的感覺

中小學教學改革政策的實施，讓教師在班級教學實踐中感到孤寂，主要原因來自許多中小學教師對於改革往往會採取懼怕的態度，因而我們常聽到的說詞是：越改越亂、了無新意、勞民傷財，因而採取「以不變應萬變」的應付態度。此種說法，即是基於「維持現狀最好」的假定，因而排斥了任何改革的作法。之所以會有這樣的心態，原因之一是任何的改革都會打破其安定的現狀，而帶來不安定感（單文經，2000）。此外，學校教育發展的步調是緩慢的、延遲的、慢節奏的，想要在教學改革中下猛藥，需要教師具備勇於改革的決心，

而此種決心在教育現場是孤單的、孤寂的。當教師積極參與各種班級教學改革行動方案時，不僅無法得到同儕教師的支持，還容易招致冷言冷語的對待，缺乏同儕教師的支持鼓勵，導致教師參與教學改革之熱忱冷卻下來。

6. 不安的感覺

中小學教學改革政策從實施面而言，教師面對教學改革的理念與主張，對照於現行的班級教學實踐，其中的差異和變遷，令教師在現有的教學中感到惶惶不安。其中主要的原因，就課程改革而言，無論是課程內容的增加或調整，或是教學方式的改變，都會使得教師原有的教學知能受到挑戰。增加的課程使得原有的教學知能不足，而必須花費心力重新學習，刪除的課程使其原有的教學知能從有用變為無用（黃政傑，2016）。此種改變，讓中小學教師有不安定感、不穩定感等，這些打從心底不安的感覺，轉化成為反對課程改革（或教學改革）潛在的抗拒心理。

7. 感到與角色規範不符

一般中小學教師對於自己的角色規範，偏向於「課程教學轉化者」、「課程教學執行者」、「課程教學實施者」的角色認知上，對於「課程教學改革者」、「課程教學改革行動者」的角色規範，不在中小學教師的角色範疇中。因此，當教學政策的落實需要教師配合時，教師容易將教學改革的工作推諉為學者專家、政策者的任務。Cuban（2016）認為學校是一種動態保守的組織，其組織改革存在許多的問題，例如：政策錯誤會將學習低成就與經濟表現鏈結；經常忽略學校的日常結構對教師限制的影響；教師雖是實質上的政策制定者，卻仍在「教師中心取向」跟「學生中心取向」之間掙扎、取捨，必須面對如何在其中得到平衡的挑戰。教師的教學調整與面臨的挑戰，不僅僅是教學活動與設計的片面改變，同時還要考慮整體學校的

教學啟示錄 同中求異和異中求同，都是教學需要努力的地方。

教育組織與班級教學的氛圍。

8. 令人煩不勝煩

　　中小學教學改革政策的擬定與落實，係隨著教育改革與課程改革政策而定，其改革方向、理念、動態，也隨著改革的步驟而調整。面對接連不斷的教育改革政策，無論是改革推動者、政策制定者、學者專家、行政人員和家長，都將改革成功的期許加諸於在教學實務第一現場的教師身上，讓許多教師覺得壓力沉重、不知所措。課程改革的轉變與調整，不僅意味著教師的教學實踐需要澈底修正改變，才能回應課程改革的需要，真正落實到教師的教學實踐中；同時也強調教師的教學理念需要隨著課程改革的理念，進行教學行動的更新。唯有教師願意在教學現場進行新的教學改革，才能讓課程改革運動真正落實到第一線教師的教學設計與實踐當中（林進材，2020）。幾次的課程改革，不管在理念、內涵、方向等，均有大幅度的調整改變，對教師教學模式的修正調整，其幅度相當大。當教師好不容易將班級教學模式修正調整之後，另一波改革又快速展開，讓教師感到煩不勝煩。

9. 感到混亂而失控

　　中小學教師面對教學改革政策的改變與落實，需要教師專業方面的意識覺醒，感到改革的重要性與迫切性，進而反思自己的班級教學模式，擬定出需要改革與修正之處。此種覺醒意識的建立，根據 Freire（1972）對於批判教育學（critical pedagogy）及解放教育（liberating education）的主張，教師的「意識覺醒」（consciousness-awaken）是教師建立主體性、發展自主性、活出「解放教育」理想的重要關鍵。教師必須對自己以及所身處的實務世界有更多的覺知，能夠質疑、挑戰「習以為常」的作法、現象、限制和權力結構，能夠反省「習焉不察」的價值、信念、潛力和知識體系，才能夠敏銳察覺到實務現象背後的潛藏問題和改革需求，也才能判斷改

革政策、口號和作法的正當性與合宜性（甄曉蘭，2003）。當教師的覺醒意識與教學改革政策無法相對應，或是相互融爲一體時，教師對於教學改革就容易感到混亂而失控，此種混亂失控的情形容易讓教師將教學改革政策視爲作秀，進而缺乏配合教學改革的勇氣。

10. 分化的知識所導致的排斥心態

教師在教學場域中具有決定性的角色，近年來因教育改革和教師專業地位提升的需求，教師的知識日漸受到關注，而引導教師行動的教學知識自然也引起普遍的重視。教師具備哪些教學知識？回應此一問題，Fenstermacher（1994）認爲「研究是產生知識的行動，教學則是使用知識的行動。」教師在教學現場中，如何讓教學活動設計與實施，結合教育改革中主張的課程教學演變，將各種改革行動中的「新教育理念」、「新課程主張」、「新教學主張」等概念，轉化成爲教師的教學行動，成爲教育改革理念中「以教學爲主」、「學習爲重」的核心關鍵（林進材，2020a）。中小學教師在班級教學中，所使用的學科教學知識是相當專門的，透過專門知識的運用轉化，有助於教師在班級教學中運用自如，而達到教學目標。教學改革政策所提出的理念與願景，相對於班級教學設計與實踐，具有相當大的差異性，需要教師針對教學改革，將平日「視爲理所當然」或「習慣運用的模式」，配合教學改革而大幅度修正，容易導致教師對於分化知識的再學習，而導致各種排斥的心態。

11. 突如其來的改革幅度太大

一般而言，教育改革與課程改革政策的擬定與落實，隨著國際局勢的發展與教育潮流趨勢而調整改革的幅度與內容。在擬定中小學教學改革政策時，雖依據國際教育的發展與時代潮流，然而，第一線的中小學教師對於改革的理念未必能深入理解，特別是教師能面對改革所帶來的變遷，並且認同與接受課程改革的作法，改革才可能落

教學啟示錄　讓學生依據自己的能力選擇學習活動，有助於提高學生的學習參與。

實。改革之所以遭致抗拒，有可能是改革的性質，或失之高遠，或失之冒進，導致其窒礙難行，亦有可能是改革的支援不足，配套措施不完整，以致動輒得咎，亦有可能是教師原本即不樂見改革，因而抵消了接受改革的意願，終於半途而廢（單文經，2000）。對於平時已經習慣於將班級教學視為一種「習性」的教師而言，如果改革幅度過大，需要教師大幅度的改變，則教學改革的理念就無法在班級教學中落實。

12. 其他特定的抗拒

中小學教師對於教學改革政策的抗拒，除了來自於上述的原因之外，尚有其他各種因素。如 Pratt（1980）指出，教育人員對於改革的態度可以分為五類：反對者、拖延者、沉默者、支持者、熱忱者。這五類所占的比例，以沉默者最多，約為 40%；其次為支持者和拖延者，各約占 25%；熱忱者與反對者最少，各約為 5%（黃政傑，2016）。不管中小學教師對於教學改革政策支持或抗拒，從反對者到熱忱者層級，其抗拒或支持的原因不管是多樣、形式、表象有所不同，都需要政策制定者深度關注，並且將各種抗拒的原因納入政策執行的參考。

有關中小學教學改革抗拒的主要原因，整理如圖 1-3。

(二) 中小學教學改革抗拒的因應策略

中小學教學改革政策的擬定與實施，應該隨著時代的演變、教育潮流的發展，從靜態轉而為動態的行動，教師的班級教學設計與實踐，宜隨著教育變遷，而隨時展開教學改革行動方案。面對中小學教學改革政策實施的各種抗拒，不管來自體制內或體制外的阻力，都需要在原有的教學模式中進行有效的改革方案，以提升教師的教學成效。有關中小學教學改革抗拒的因應策略，宜針對上述教學改革抗拒

圖 1-3　中小學教學改革抗拒的主要原因

原因，提出有效的處方性策略：

1. 改革應從教師信念的調整開始

　　中小學教師對教學改革政策的實施，首要抗拒因素來自缺乏對外來改革壓力的體認。中小學教師由於習慣於自己建立的教學模式，且成為日常教學習性，此種習性的建立從職前教育（師資培育單位）的專業課程學習，到職後教學經驗的累積與沉澱，形成教師依賴的班級教學模式。因此，中小學教學改革政策擬定，需要從教師教學信念的調整開始，讓現在的教師了解「教學不是一成不變」、「教學模式需要隨時調整」、「教學理論與方法需要相互調適」、「不同的學生需要採用不同的教學」、「適性教學與差異化教學相互使用」等具體的作法，從改變教師的教學信念開始，調整教師信以為真的教學信念，徹底從教師的教學信念作為改變的起始，如此，才能讓教師在教學生涯中，願意加入教學改革行動行列。教師作為教育改革的重要推

教學啟示錄　在教學活動實施用心的教師，才能看出學生的差異。

手，假若在執行方面沒有充分的掌握和信念，將會嚴重影響課程改革的成效，也影響教師們對日後類似課程改革的信心和參與（Stewart, 2018）。

2. 改革應提供教師可預期的效益

由於中小學教師對於教學改革政策感到茫然，無法有效地理解教學改革的必要性與合理性，進而對於教學改革政策形成抗拒。因此，中小學教學改革政策從擬定到實施，需要提供教師理解教學改革的管道，讓教師明確了解改革可預期的效益，降低中小學教師對教學改革的疑慮。例如：教師在教室中的教學活動，主要是受到教學實踐知識的影響，如同 Shulman 提出的教師基礎知識，教師如果想要活化教學，就必須先從學科教學知識的改變做起，了解學科教學知識的內涵，以及對教學活動實施的影響，進而調整自己的教學設計與實施，改變既有的教學模式。教師缺乏對學科教學知識的理解與運用的覺知，則改變教學或活化教學行動，容易導致空洞而缺乏教學的要素（林進材，2019）。

3. 改革應該考慮教師的教學負擔問題

中小學教師的教學負擔問題，向來是教育發展與課程改革一項重要議題，同時也是影響教育改革實施的主要因素。分析教師的教學日常作息，不難看出教師在班級教學中所承擔的工作，以及在學校場域中需要花費的時間。任何改革工程的推動，如果忽略中小學教師的教學負擔問題，則在改革的過程中容易受到各種來自教師的阻礙。以中小學教師目前的教學生態而言，想要直接改變教師教學負擔的問題，並不是一件很容易的事。既然無法直接改變教師的教學負擔問題，比較理想的方式是提供教師教學效能方面的訓練，讓教師在原有的班級教學活動中，透過教學效能的訓練與實作提升教師的班級教學效能。

教學溝通需要透過師生互動的過程，才能收到良好的教學效果。　**教學啟示錄**

4. 改革應該提供充分的行政支援與支持

任何改革方案的擬定與推動，除了崇高的理念與具體作法之外，還需要豐富的資源作為改革的後盾。缺乏行政支援的改革與支持，容易淪為空談的教學改革。中小學教師在面對教學改革政策時，需要更多來自行政的支援與支持，學校領導階層對於教學改革所持的立場，容易影響教師對於教學改革政策的觀點，以及是否在班級教學中投入教學改革行列的意願。教育行政單位在擬定教學改革政策時，需要將行政支援與支持納入方案擬定的考慮中，了解教學改革方案的推動需要哪些行政方面的支持，這些支持還包括相關的人員、充足的經費編列、現有教學設備的更新、學校單位的軟硬體設備等。

5. 改革應從班級教學設計與實踐為起始

歷年來的中小學教學改革政策擬定與實施，採用的是「由上而下」改革模式，由教育行政主管單位衡量國際教育發展情勢與教育潮流改變，針對現行的課程教學，形成改革上的規劃與調整政策，並且透過各種管道宣導教學改革的必要性，再要求中小學教師配合修正班級教學模式。中小學教學改革政策與教師班級教學現況無法密切地配合，而形成課程改革與教學實踐脫軌的現象。有鑒於此，中小學教學改革規劃與設計，宜從教師班級教學設計與實踐為起始，分析班級教學現況有哪些需要調整？哪些需要保留？哪些需要微調？哪些需要相互融合，以教師教學為中心的教學改革，才能喚起教師參與教學改革的熱忱，才能讓教師感受到改革的必要性和迫切性。

6. 降低教師對教學改革不安的情緒

中小學教師在面對教學改革政策時，由於基於過去的教學經驗與實務經驗的累積，容易讓教師面對教學改革時感到焦慮不安。此種情形來自於多方面，包括「不是才剛改過嗎？」「一改再改為什麼不一次到位。」「中小學老師還不夠忙嗎？」「總是將師生當白老鼠實

教學啟示錄 好的教學要用對的方法在對的事情上。

驗。」「別人不改為什麼我要改。」等等。因此，中小學教學改革政策擬定時，需要將教師如何面對教學改革、教師如何進行教學改革、教師進行教學改革有效策略等，納入教學改革政策實施範疇中，降低教師對於教學改革不安的情緒，強化教師願意參與教學改革之意願，才能在每一波的教學改革中，達成預期的理想。

7. 釐清教師在教學改革中的角色與規範

　　中小學教師處於整個教學專業的最基層，獨立自主地處理其教學的事務，很少人能過問其行事的方式，教師與教師之間也很少相互干涉。然而，這種「自主」的代價，就是不可避免的孤立（單文經，2000）。因此，中小學教師對於自身的角色與規範，形成「視為理所當然」、「教學上的銅牆鐵壁」現象。形成了以「個人主義」與「互不干涉」（individualism and non-interference）的教學文化（Fenstermacher, 1994），既不願意觀察別人的教學，也不願意被別人觀察；不願影響別人，也不願被別人影響。中小學教學改革政策推動時，教師容易因為傳統的角色與規範束縛，認為教師本身是「課程轉化者」、「教學實施者」，而不是「課程改革者」、「教學改革者」，導致教師在改革中冷眼旁觀、隔岸觀火、高牆眺望的現象。教學改革政策的擬定與實施，需要透過各種管道，提出教師教學改革角色與規範存在的迷失，引導教師了解自身在教學改革中的角色與規範，進而強調教師在教學改革中角色的重要性，讓教師願意在教學改革中參與行動。

8. 鼓勵教師建立特色的班級教學模式

　　中小學教學改革政策擬定與實踐，需要及時反應在班級教學中，讓教師的教學設計與實踐，能回應教育改革與課程改革的訴求。當發動中小學教學改革時，教師未必能及時反應改革的需要，以及教學設計實施的修正。因此，教學改革主張教師需要修正班級教學模式

教導學生上課專心聽講、勤做筆記，回家立刻複習才能溫故知新。　　**教學啟示錄**

時，會讓教師感到煩不勝煩，感到混亂而失控。因此，學校任何教育改革行動的發起，宜針對影響所及、需要改變幅度等做上下連貫與左右聯繫的鏈接研究，提出教學改革的專業模式，避免讓教師感到厭煩或對改革產生抗拒。此外，鼓勵教師在班級教學實踐中，建立屬於自己特色或適合班級脈絡的教學模式，作為教學設計與實踐之專業標準。如此一來，不管中小學教學改革政策改變幅度有多大、改變次數有多頻繁、改變內容有多寬，建立特色的班級教學模式可以適用於各種教學改革政策。

9. 預見教學改革所衍生的問題並加以因應

任何教學改革政策的推出，中小學教師會有歡迎的情緒，也會有抗拒的現象，教學改革提出前如能預見所帶來的問題，針對這些問題提出可行的處理方案，則教學改革的阻力會降低，教師會有願意參與各種教學改革行動。有關教學改革所衍生的問題，包括：(1) 教師的一天會不會受到課程改革的影響而有所改變？(2) 該項課程改革的作法所必須增加的額外準備時間有多少？(3) 執行與監看此項課程改革而增加的文書作業有多少？(4) 該項課程改革會對於學習者在內容的學習上有如何的調整？(5) 有哪些資料可供教師運用？(6) 這些資料會在每間教室都找得到嗎？或是放在另外一間獨立的房間？還是放在行政大樓，或者在其他的地方？(7) 有哪些資料可供學生運用？(8) 這些資料的可讀性和其他特性是否能配合學生的程度？(9) 這項課程的改革所要求的師生互動的組型如何？(10) 該項改革所要求的教學方法和技術，哪些是教師們還不熟悉的？(11) 必須提供哪些在職訓練的機會？(12) 改革的作法與現有的標準化測驗之間的關係如何？(13) 新的作法對班級的經營有何影響？(14) 教育主管機關是否支持此項課程改革？(15) 在人們需要協助時，有誰可以立刻給予支持？(16) 家長們對於此項改革的作法是否了解與支持？等等（單文經，2020）。

教學啟示錄 ｜ 如果課程與教學是教育的關鍵，那麼核心素養是課程與教學實施的 DNA。

圖 1-4　中小學教學改革抗拒的因應策略

有關中小學教學改革抗拒的因應策略，整理如圖 1-4。

六　邁向教學改革的新典範

　　學校教育改革的關鍵中，教師改變是重要的要件，想要活化教師的教學活動，首要在於改變教師教學的心智生活（mental lives），改變教師的心智生活，才能激發教師在教學設計與教學實施上的改變動機。雖然，心智模式是根深柢固於心中，影響我們如何了解這個世界，以及如何採取行動的許多假設、成見，甚至於圖像、印象。然而，在教學現場的教師不想改變嗎？不是，許多教師在教學現場都在想辦法改變自己的教學，但是改變是一件勞心又勞力的事情。

　　改變的歷程有點像習慣靠右邊開車的人，到了英國，突然要靠左邊開車。不但大腦要知道，手腳也要做到。想「改變」跟「真的改

　　學習的程度決定個人學習的時間因素，即個人學習所需的時間，
　　以及個人能獲致的時間和如何真正運用而定。　　**教學啟示錄**

變」之間還有很大的距離。我們所生活的社會結構、文化的意識形態就是最大的心智結構,要改變自己,要先反思我們自身所存在的心智結構。這些心智結構的改變,不只是部分的改變,而是整體的改變與修正,需要各種情境脈絡的配合改變,才能收到整體的成效(林進材,2019)。

中小學教學政策的擬定與實施,不管內容調整幅度有多大、改革的模式由上而下或由下而上、教育體系需要增加多少的資源、中小學的學校教育發展做多少的修正等等,都需要第一線教師在班級教學設計與實踐中,積極配合教學改革的政策做心智思維上的因應等,才可能在未來的改革行動中收到預期的效果。教師在教學上有必要隨著時代的變遷做出因應,教師必須承認改變的事實進而願意接受改變,不管是在教材的重新組織設計、教學活動的費心安排、成就評量的多元方式上,教師的教學專業挑戰越來越大,必須在教學過程中銳意革新、持續創新,善用創新教學方法(吳清山,2014)。因此,教師應在班級教學中,透過教學設計與實踐、教學實務與經驗途徑,建立屬於專業特色的教學模式,以因應未來多變、常變的教學改革政策。

教學啟示錄 新興教學議題的出現與改變,對於教師來說,是一種來自專業的挑戰,同時也是對傳統教學的更新。

本 章 討 論 議 題

1. 中小學教學改革的基本理念有哪些？這些理念如何落實到學校教育系統中？教師在班級教學設計與實踐中，如何配合教學改革的基本理念？

2. 中小學教學改革的必要性為何？教學改革政策的擬定與執行，如何在班級教學設計與實踐中落實？教師需要做哪些方面的改變？班級教學需要做哪些方面的修正？

3. 中小學教學改革政策的內涵有哪些？這些內涵本身所代表的教學意義有哪些？對中小學班級教學有哪些改變？教學與學習應該有哪些方面的調整或修正？

4. 教學改革政策的宣導與連結有哪些歷程？這些歷程中的因素對於中小學班級教學有哪些重要的啟示？教師如何在政策宣導與連結中做有效的因應？

5. 中小學教師面對教學改革政策，容易產生哪些抗拒？面對教師產生的抗拒，如何加以因應？

高品質的教學除了重視教學活動，也要重視學習活動。　**教學啟示錄**

第 2 章

中小學教學改革的
定錨與論述

1 從師資培育單位到
教學現場的模式與實踐

5 從教科書解讀到
教學活動實施的
歷程與實踐

第 2 章
中小學教學
改革的
定錨與論述

2 從學科教學知識
到學科學習知識
的轉變與實踐

4 從教學改革政策
擬定到班級教學
實踐的模型與歷程

3 從教育改革政策
擬定到班級教學
實踐的歷程

教師要避免用過去的經驗，教導現代的孩子，去適應未來的生活。　**教學啟示錄**

本章重點

　　中小學教師改革從政策擬定到班級教學實踐，是一個相當漫長的課程教學改革之旅。在教學改革設計與實施中，不僅僅涉及教育改革與課程改革背景下的教育理念、教育思潮與教育發展脈絡，同時也涉及中小學教師在班級教學改革中所扮演的角色，以及對教學改革政策理念之認同與專業能力的開展。本章主旨在於論述中小學教學改革方面之議題，針對中小學教師班級教學改革設計與實踐相關因素，進行理論性的論述與闡釋，釐清教師對於教學改革方案的支持與參與行動方案，提供中小學教學改革政策擬定與落實之參考。

一 從師資培育單位到教學現場的模式與實踐

　　中小學教學改革政策的擬定與落實，需要教師在班級教學設計與實踐中積極配合，才能達到預期的理想目標。相關的研究與論述皆提出任何的課程教學改革，教師是落實理念的關鍵。因而，如何使教師落實改革理念成為教學改革的重要課題，透過教師落實改革理念的分析與論述，才能使教學改革的「理念層面」與「實踐層面」相互結合。單文經（2007）指出，教育或課程改革成功因素有四項指標：(1) 忠於原初設計；(2) 達成預定目標；(3) 維持時日長久；(4) 影響程度深遠。

　　如果想要完全符合這四項指標有其困難，但仍有成功之可能，關鍵乃在於教師。中小學教師從師資培育單位離開之後，究竟具備哪些專業能力、專業知能，作為日後在班級教學實施之參考依據，而這些專業能力是否足以因應瞬息萬變的外在教育環境變遷，或如何因應教育行政單位提出的教學改革政策，實為師資培育單位與中小學教學單

教學啟示錄 教師透過教學研究可以了解教學的優缺點，作為改進教室教學的依據。

位需要重視的議題。

（一）中小學教師教學理念與師資培育單位

　　中小學教師的教學理念，源自於師資培育單位在師資養成中，提供準教師在教學方面的專業理念與理論，透過專業課程的培育與師資專業課程的養成過程，提供師資培育單位準教師「成為正式教師」的培育。當師資培育單位培育出來的教師進入學校教學現場時，本身所擁有的教學理念與教學改革知能，是否足夠因應教育行政單位提出來的教學改革政策，在班級教學設計與實踐中積極落實，成為中小學教學政策執行的重要關鍵。宋佩芬（2017）省思師資培育於十二年國民教育課程實施中的挑戰與作用時，強調改變應是教師自願且透過思辨而產生的。因此，師資培育單位培育核心仍應偏向「專業倫理」、「專業自主能力」的培養，引導準教師成為「正式合格教師」。

　　師資培育單位的任務，在於改變未來教師之學習參考架構，以及提升教師專業倫理思辨能力，促使教育改革理念被檢視與落實。然而細究這個任務不難發現都是師資培育的目標，而非改變的具體行動。師資培育課程難以改變教師的舊參考架構，以致教師徒具對課程改革論述之認知，進入教學現場時仍舊倚重過去的經驗（林于仙，2020）。當教師在面對改革時，是否能依據教育現場的教學改革，透過思辨與省思能力，將師資培育階段所學習的專業能力做有效及時的轉化，成為參與教學改革政策行動方案的能力，則為師資培育單位與學校教育單位需要思考的議題。在師資培育單位與中小學教師教學改革理念之落實方面，綜合相關的研究與論述，有關教學改革政策的相關議題，包括下列幾項：

　　1. 師資培育單位傳授了哪些教學改革知識與技能？

　　2. 這些教學改革知識與技能包括哪些？

　　　　　　如果教師對於教科書的內涵和意義陌生，
　　　　　就無法在教學活動實施上展現精彩的專業。　**教學啟示錄**

3. 教學改革知識與技能的內涵是否可以延用到教師班級教學中？

4. 教學改革知識與技能是否與當代的課程改革密切聯繫？

5. 教學改革知識與技能的內涵是否須隨著時代的演變而修正？

6. 教學改革知識與技能需要多久調整一次？

7. 師資培育單位的教授本身是否具備實際的教學改革經驗？

8. 師資培育單位的專業課程與專門課程能否涵蓋所有的教學改革政策內涵？

9. 師資培育單位的教學改革知識與技能與班級教學設計與實踐差距有多大？教師如何因應此二者差異？

10. 當教師面對新的教學改革政策時，來自師資培育的專業知識與技能是否能夠因應？如果不夠的話，如何調整因應？

11. 師資培育單位的教學改革知識與技能，是否協助師培生建立堅實的教學模式？

12. 其他有關師資培育與教學改革政策之連接問題？

(二) 中小學教師教學改革理念從哪裡來

　　中小學教師對於教學改革政策的理解與配合，源自於本身對教學改革政策與行動的理念，進而在班級教學設計實踐中，將各種教學改革理念融入教學中。教師教學改革意識是一種教師對於改革的想法，影響教師教學活動的實施，在教學改革意識的作用之下，教師做出各種對於教學改革的決定。一般而言，中小學教師教學改革理念的形成源自於多方面：

1. 來自師資培育單位培育

　　師資培育單位的專業課程，是中小學教師教學改革理念的主要來源，在師資培育階段，提供準教師成為正式教師的各種課程，包括教學理論方法、教學原理、班級經營、教學策略、學習理論、學習策略

教學啟示錄　空口說白話的教學是最基本的功夫，需要教師做很多的準備。

等，有關的教學改革政策方面的理念，囊括在專業課程之中。當前師資職前培育課程的問題，在於課程內涵與授課方式偏重教育學及教學原理等知識內容的傳授，較缺乏實務經驗的累積以及教育活動的實踐（林政逸，2019）。故，如何落實師資培育白皮書所強調的冀望，透過師資培育網絡的建立，以增進師資生實務經驗與實踐，強化其學科知識與學科教學知識，精進其教學力，並引導師資生對個人教育行為進行批判性反省、分辨自己在教學行動時所根據的學科學習內容知識，以有效提升師資職前培育的成效，會是一件相當困難的工程。

2. 來自教育行政單位要求

中小學教師教學改革理念，除了自身的專業成長之外，還來自教育行政單位的要求，以及教學改革政策擬定之後，透過各種管道要求中小學教師配合在班級教學中的改革。此種教學改革理念的形成，主要是由上而下的模式，教師需要針對班級教學現況，進行教學改革方案設計與實施。透過中小學教師對於教育行政單位對教學改革理念的要求，經由教師自己的反思，可以重新覺察自己對班級教學實踐的想法，自我反思教師的教學改革理念，釐清本身對中小學教學改革政策內容的想法，進而在班級教學設計與實踐中，配合各種教學改革政策的實施。

3. 來自班級教學經驗累積

班級教學是教師教學轉化重要的場所，同時是教學理論與實踐相互結合印證之處，是修正本身所持教學理念與信念的機會。Elbaz（1981）定義教師實務知識來自教學慣例、班級經營、學生需求等實務相關知識，融合教師過去生活經驗、專業理論知識價值和信念，在實際教學過程中累積而成。因此，中小學教師的教學改革理念來自班級教學經驗的累積，針對現行的教學活動做深度的反思，進而思考班級教學需要如何修正、教學模式如何調整、教學方法如何相互調適、

傳統的教學方法只要稍微更新，仍然可以得到學生的喜愛。 **教學啟示錄**

教學成效如何提升等。

4. 來自同儕教師專業分享

在中小學的學校教育環境中，教師同儕的分享觀摩是教師改進教學的重要關鍵，透過同儕教師的分享，有助於教師了解班級教學需要修正之處，同時透過同儕教師相互討論，可以提升教學方面的效能。國內針對教師教學反思與檢討，要求中小學教師進行備課、說課、觀課、議課，針對班級教學設計與實踐，進行專業方面的相互對話分享。同儕教師專業分享的理念，係在教學環境中，教師在教學中找到知識的基礎與規則，透過表達及人際互動社會過程認同自己的社會身分，經由社會認同作用促進學習發展，建構社會的知識體系。知識雖然是由個人進行結構建置，但教學成長必須要有其他人的協助帶領，接下來才可以脫離引導者自行發展技能，走向自主學習的道路。所以，同儕教師的分享活動，有助於教師針對自身的教學理念與行動進行深度的反思，作為修正教學模式之參考（Wells, 2002）。

5. 來自教師專業培訓經驗

中小學教師教學改革理念的形成，在職後的專業培訓對於教師的成長，具有相當大的影響。一般教師專業培訓的實施，主要是來自於離開師資培育單位之後，進入教學現場成為正式教師，學校基於教師專業成長的需要，以及學校教育發展方向，實施學校本位的教師進修（如週三進修）活動，希望透過教師進修的方式，提供教師新的教育理念，以利教師改進班級教學之參考。實施學校本位的教師進修培訓活動，有利於教師學習新的教育理念，進行同儕教師之間的相互對話分享，透過專業培訓的機會反思自己的班級教學現況，進而提出改進班級教學改革之行動方案。

6. 來自自身專業反省思考

中小學教師教學改革理念的形成，另一個層面則來自於自身專

教學啟示錄 　學科教學要領「喜歡」比「學會」更重要。

業反省思考的結果，透過在教學現場中對班級教學活動實施的反省檢討，形成對於班級教學改革理念行動參與之意願。此外，就教師而言，專業新知的吸收將影響其上課的內容與成效。因此，可藉由閱讀學術期刊、掌握學科發展的最新動態，以及參加研討會等方式，積極汲取新知。此外，若能主動吸收跨領域的新知，也能有助於教學。其次，隨著數位時代的來臨，就教師而言，如果不能掌握數位時代在教學上變革，而一味固守用傳統的教學方式去教現在的學生，卻希望學生能適應未來的生活，勢必成為最大的諷刺（楊振昇，2018a）。

7. 來自學校經營發展氛圍

學校教育發展氛圍對於教師教學理念的形成與改革，具有重要且關鍵之影響力。此種論述，如同什麼環境造就什麼人，何種環境形塑何種人一般，對於教師教學理念的形成，具有正面積極的效益。例如：教育部在十二年國教基本理念中，也強調了課程發展本於全人教育的精神，以「自發」、「互動」、「共好」為理念，強調學生是自動自發的學習者。學校教育應善誘學生的學習動機與熱情，引導學生妥善開展與自我、與他人、與社會、與自然的各種互動能力（教育部，2014）。中小學在教育部的呼籲之下，積極配合中央的課程改革政策，希望學校教育能以學生的生活經驗為主來設計課程，幫助學生探究自身之興趣，成為自動自發的學習者，則教師在班級教學設計與實踐中，會積極配合此種教學改革政策理念，實施以「學生如何學習」為主軸的教學設計。

8. 來自外界教學改革行動

中小學教師教學改革理念的形成，另一種來源則為外界對教學改革行動的呼籲，透過各種媒體、形式、管道等，針對現行的中小學班級教學活動，提出需要改革的說帖或行動方案，吸引中小學教師對於教學改革方案的關注，導致自己對於教學活動現況改革之覺醒，進而

教學活動的進行，要讓學生可以看到美好的未來。　**教學啟示錄**

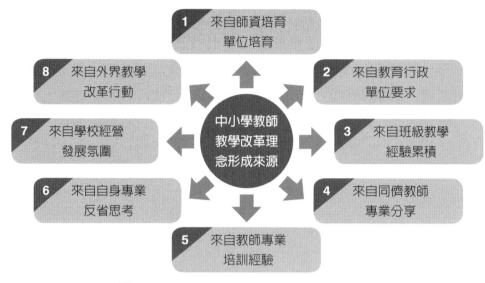

圖 2-1　中小學教師教學改革理念形成來源

形成對教學改革行動方案的共識。

　　有關中小學教師教學改革理念形成來源，整理如圖 2-1。

三 從學科教學知識到學科學習知識的轉變與實踐

　　中小學教師教學改革政策的擬定與落實，需要從教師的學科教學知識與學科學習知識之意涵與轉變，作為教師改變教學心智生活的基礎。有關學科教學知識與學科學習知識之意涵轉變與實踐，簡要說明如下：

(一) 學科教學知識之意涵與教學改革

　　教師在教學歷程中，需要具備哪些專業的知識？Shulman（1987）將教師的基礎知識結合教師教學知識的理念，指出教學內容

教學啟示錄　教學活動的設計與實施，教師需要一把好的鑰匙，才能打開學生的學習心靈。

知識包括以下各項：(1) 學科知識：包括對學科的整體概念、學科教育的目的、學科內容知識、學科的本質、學科教學信念等；(2) 教學表徵知識：多指教學策略和技巧的知識；(3) 對學習和學習者的知識：包括對學生和學生知識的了解、預計學生在學習時可能出現的問題、對學習本質的了解等；(4) 課程知識：如課程架構、目標、課程計畫和組織、對課本和教材的理解、對課程改革的理解等；(5) 一般教學知識：如教學歷程中的知識；(6) 教學情境知識：如對教學情境變化的認知；(7) 教學理念、個人信念等；(8) 內容、教學法與個人實務知識的整合（林進材，2019）。

　　中小學教學改革政策擬定與實施，需要教師的教學實踐做緊密的配合，教師的教學實踐不僅僅是一種外在教學行為的表象而已，同時也是一種內在課程意識的寫照。在教師教學實踐的框架之下，教師應該將自己視為「轉化型知識分子」，充分將自己發展為積極、具專業反省力的實踐者（Giroux, 1988）。

　　教師在教室中的教學活動，主要是受到教學實踐知識的影響，如同 Shulman 提出的教師基礎知識，如果想要教師進行班級教學改革，就必須先從學科教學知識的改變做起，了解學科教學知識的內涵，以及對教學活動實施的影響，進而調整自己的教學設計與實施，改變既有的教學模式。教師缺乏對學科教學知識的理解與運用的覺知，則改變教學或進行教學改革行動，容易導致空洞而缺乏教學的要素。

(二) 學科學習知識之意涵與教學改革

　　學科學習知識的主要意涵，是從學習者的立場探討在學科領域學習中，學生需要具備哪些基本的知識。以學習者為本位的教學改變，主要是配合教學活動的改變，從學習者立場出發，關照所有影響教學的學習者因素，進而以學習者為中心進行改革。「了解學生是如何學

教師在教學中，可以從學生的問題行為找出方法和策略。　**教學啟示錄**

習」的議題，一直是教學研究中最容易受到忽略的一部分（林進材，2019）。

Shulman（1987）指出，教師必須將學科知識轉化成為適合不同背景和學生能力的教學形式。知識本位師資培育的課程除了將教師應有的教育知識，透過教師教育教導給職前教師，透過評量的方式了解其對於知識的學習，但是在知識的轉化歷程則需要更加以教導，以協助職前教師進行知識的轉化。對於知識本位師資培育的課程，在知識的轉化上可包括以下內涵（林進材、林香河，2020）：(1) 從形式課程到實質課程的轉化：課程內容知識傳遞至學習者，學習者經由經驗，加以創造並形成經驗的課程；(2) 從教學目標到教學活動的轉化：以學習者可以理解的方式教給學習者的專業歷程；(3) 從抽象概念到實際經驗的轉化：教師的教學轉化過程中，要將各種抽象概念轉化成為實際的生活經驗，引導學習者將生活經驗內化成為思考方式的過程；(4) 從教學知識到學習知識的轉化：在知識的轉化過程，需要教師的口語傳播、經驗傳承、案例講解等；(5) 從教學活動到學習活動的轉化：透過教學理論與方法、策略與形式的運用，結合學習者的學習理論、方法、策略與形式以形成學習活動，達到預期的教學目標與學習目標。

中小學教學改革政策的擬定與實施，需要教師從學科學習知識層面做理念的修正與調整。這些學科學習的知識包括：(1) 學科學習知識：包括對學科學習的整體概念、學科學習的本質、學科學習信念等；(2) 學習表徵知識：指的是學習策略和技巧的知識；(3) 課程學習知識：如課程架構、目標、對課本與學習教材的理解；(4) 一般學習知識：如學習歷程的知識；(5) 學習情境知識：對學習情境變化的認知；(6) 學習理念、個人信念：個人對學習的觀點；(7) 內容、學習法等知識。

教學啟示錄 讓學生學習快樂，才能快樂學習。

(三)對教學改革政策實施之啟示

　　學科教學知識與學科學習知識意涵之轉變與變遷，影響中小學教師對教學改革政策實施與配合。教師在教材或教學設計上有必要發展出有效的策略融入學科學習內容知識情境中，以輔助學習者管理認知負荷之學習任務。即讓學習者能夠在有限空間存放無限的事物上，處理高認知負荷或是認知負荷超載之學習任務（Bannert, 2002）。

　　上述概念的演變與改變，對於中小學教學改革具有下列啟示：

1. 以「提綱挈領」引出學習者的舊經驗

　　即教師將學習者所希望學習的新知識「結構化」，幫助學習者將新知識和命題與其本身認知結構中的舊概念相連結，以幫助學習者吸收和同化新概念。

2. 以「漸進分化」讓學習者了解新概念和先備知識的異同

　　即教師協助學習者在其新舊知識調整、融合、趨於精緻和複雜化的過程中，可以了解新概念和先備知識之間的異同。

3. 以「層級學習」發展出學習者的上位概念

　　即教師在學習者學習更多、更新的概念時，能幫助其含攝過去所學的概念，並從中發現這些概念間似乎存在著一種新關係或某種共通性，以便可以運用更高階層的概念來含攝這些概念，如此，新知識便能與學習者認知結構中已有的概念產生一種上位概念。

4. 以「統整調和」成為有組織的知識結構

　　即教師發現學習者所學到的新概念與原本認知結構中的舊概念有衝突時，能協助其修正原有的認知結構或重新定義概念的意義，且能明確指出相似與相異概念，進而將分化後的知識再連結起來，以成為有組織的知識結構。

5. 以「含攝學習」作為後續學習的基礎

　　即教師可以幫助學習者主動地發覺新的學習內容和原有認知結構

　　教師要讓教室成為高成就感的地方，學生就可以擁有成功的機會。　**教學啟示錄**

中先備概念間的連結關係，並從中理解、統整一個更大的知識結構，以作為後續學習的基礎。

三 從教育改革政策擬定到班級教學實踐的歷程

中小學教學改革政策從擬定到實施，經過幾個重要的階段，從政策的擬定形成、公布教育改革白皮書、進行課程改革、教育單位的準備與宣導、學校單位的配合，一直到教師班級教學設計與實踐，需要各個單位的配合，才能收到預期的效果。有關教學改革政策擬定到班級教學實踐的歷程如下：

(一) 蒐集國際上有關課程改革發展趨勢

任何教育改革的研究發展，來自於國際教育發展快速，以及教育環境的變遷。以九年一貫課程與十二年國教為例，由於教育改革開展教育革新的運動，臺灣的課程教學發展，隨著教育改革的步調而有嶄新的變動，如九年一貫課程強調培養學生「帶得走的能力」，其課程綱要制定了許多基本能力指標，而目前實施的十二年國民基本教育課程則強調培育「素養」，其課程綱要描述了「核心素養」的各種面向與項目（吳璧純、詹志禹，2018）。此種教育改革的推展必然影響政策的擬定與落實，同時也影響學校教學實施的更迭，例如：教育制度的調整與改變、教育政策的擬定與落實、課程教學的改革與實施、學校教育發展與革新、班級教學的設計與實踐等，都需要隨著改革的理念步調進行修正。

(二) 透過研究提供改革方案建議

在決定需要因應國際時勢的改變、教育潮流的發展進行教育改革

時，相關的研究單位就需要蒐集教育相關資料，啟動各種教育改革需求的研究機制，透過研究途徑分析目前的教育制度（或教育政策）有哪些是需要保留的、哪些是需要修正的、哪些是需要調整的、調整的幅度需要多大等。透過嚴謹的教育改革研究方案的執行，針對現行的教育制度提出各種改革方案的建議，並進而形成政策的內容。

（三）教育行政單位形成正式的改革政策

在研究單位針對教育發展與教育政策，進行嚴謹的學理分析與探討之後，提出教育改革方向的建議，則教育行政單位就會依據實際的狀況，擬定正式的改革政策。例如：十二年國民義務教育的實施，和九年一貫課程的改革，擁有相當大的差異。108 課綱上路之後，中小學教育以核心素養為主軸，希望學校教育可以和社會生活進行密切的結合。核心素養（key competencies）指的是一位地球村現代公民的基本素養，包括發展主動積極的社會參與、溝通互動及個人自我實現等（徐綺穗，2019）。核心素養的理念，強調的是學習者的主體性，和傳統以「學科知識學習」為學習的唯一範疇有所不同，而是強調與真實情境結合並在生活中能夠實踐力行的特質。

（四）公布教育改革白皮書重要內容

在教育行政單位依據教育研究提出的建議，以形成正式的政策之後，會針對教育政策公布「教育改革白皮書」，作為後續改革參考依據。例如：十二年國民基本教育課程的擬定與修正，主要在於核心素養的培養。因此，十二年國民基本教育之核心素養係強調培養以人為本的「終身學習者」，包括「自主行動」、「溝通互動」、「社會參與」三大面向，以及「身心素質與自我精進」、「系統思考與解決問題」、「規劃執行與創新應變」、「符號運用與溝通表達」、「科技

疫情期間停課不停學，考驗著學生的學習型態與學習效能。　**教學啟示錄**

資訊與媒體素養」、「藝術涵養與美感素養」、「道德實踐與公民意識」、「人際關係與團隊合作」、「多元文化與國際理解」九大項目（國家教育研究院課程及教學研究中心，2014）。

(五) 各教育行政單位依據教育白皮書提出改革方案

教育白皮書的公布，主要是揭櫫教育改革的方向和內容，透過教育白皮書的公布，讓教育行政單位依據教育白皮書提出改革方案。例如：九年一貫課程重視的是「能力指標」，十二年國教強調的是「核心素養」，則學校教育的發展方向、領域科目、科目教學與學習重點、教學理論方法、學習策略方法等，都需要依據改革前後的差異，做各種調整或修正工作。此外，十二年國民基本教育課程的實施，希望能以學生的核心素養為主，培養可以適用生活的能力，以解決生活上的各種問題。因此，中小學教師在進行課程與教學設計時，應該聚焦在十二年國民基本教育課程實施與核心素養的重點之上，從「教師教學中心」的教學設計，轉而以「學生學習中心」的教學設計（林進材，2020a）。

(六) 有關的單位及學校進行改革前準備

在一個全國性的課程改革中，由於政策具有強制性，對學校也產生較強的約束力。通常學校必須透過各種途徑解讀政策文本，了解政策要求的目標與成果，以決定採取何種行動。在課程政策執行時，學者專家由理論觀點解說新課程的理論基礎及理想目標，實務人員嘗試不同方法以實現政策相關文件與理論上的原則（周淑卿，2002）。因此，在課程改革政策公布之後，有關單位與學校單位需要針對課程改革與學校教育的關係，進行各種改革前的準備，包括學校經費的編列、教師培訓計畫的擬定、教師專業能力的培養、班級教學的改革等。

教學啟示錄 教師的教學應該要改變作法，當作法改變了，效果就不一樣了！

(七) 班級教學設計與實踐配合改革進行改變

　　課程改革理念的提出，最終需要在班級教學中落實。主要是教育改革成功的關鍵在於課程教學，課程教學改革成功的關鍵在於教師教學。歷年來的課程改革忽略教師的教學實踐，因而導致成效不彰或無法落實的境地。想要課程改革成功，就要掌握課程改革與教師教學實踐的關係，提升教師對課程改革的意識，喚起教師對課程改革的重視，才能在教師的教室教學中收到改革的效果（林進材，2019）。教師在班級教學設計與實踐中，如果配合教學改革政策的內容，針對自己的班級教學實施教學改革方案，則課程改革成功的機會就會大增。

(八) 評鑑教學改革政策擬定與實施成效

　　任何教育改革或課程改革方案的提出，最終需要透過實施成效評鑑，才能了解改革是否達到預期的目標。行政單位在提出改革政策時，同時也應該針對改革預期達成的目標，做各種方案實施的成效指標，以利改革實施之後檢測實施成果。

　　有關從教學改革政策擬定到班級教學實踐的歷程，整理如圖2-2。

四　從教學改革政策擬定到班級教學實踐的模式與歷程

　　中小學教學改革政策的擬定到實施，需要落實到班級教學中，才能收到改革的預期效果。從教學改革政策的擬定，到班級教學實踐過程，主要的流程包括下列幾個重要階段：

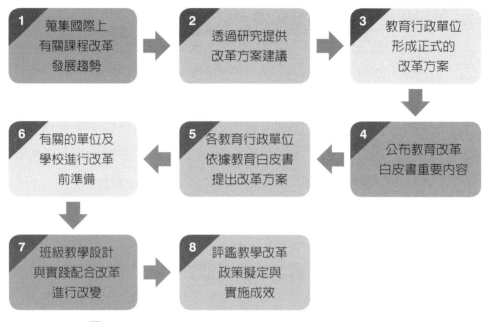

圖 2-2　從教學改革政策擬定到班級教學實踐的歷程

(一) 中央單位宣布課程改革重要政策

　　教育改革與課程改革政策的擬定，需要教育研究單位或相關單位，在蒐集國際上的教育發展、國內教育發展優缺等訊息，透過研究途徑的理論分析與闡釋，才形成課程改革政策。當中央單位宣布課程改革重要政策之後，教育行政單位就需要配合進行課程教學方面改變的規劃。

(二) 公布改革之後課綱內容和標準

　　當中央單位宣布重要課程改革之後，教育行政單位接下來就需要針對目前的課程綱要（或稱課程標準），進行修正或調整的工作。課程綱要和標準是學科領域教科書撰寫的參考依據，主要是提示學科領

教學啟示錄　當教師最偉大的發現，就是可以透過各種方法改變學生。

域單元教學的教學目標或學習目標，或是作爲教科書審查的標準。

(三) 依據課綱內容和標準編製教科書並送審

當教育單位公布課程綱要之後，相關單位（或出版商）就會依據課綱內容和標準，進行教科書的編寫工作，邀請相關專業人員針對各學科領域的課綱內容，進行教科書的撰寫和印製工作，並將完成的教科書送到教育部審查，通過審查與修正工作之後，正式印刷出版提供中小學教師選用。例如：目前國內專門出版中小學教科書的康軒、南一、翰林等書商。

(四) 教師依據班級或學科教學需要選用教科書

當出版商完成教科書的審查和修正之後，就會依據中小學目前的市場需求，出版學校教師用教科書（一般包括教科書、備課手冊、教學指引等），讓教師選用適合班級教學的教科書。中小學教師在選擇教科書時，會依據班級教學或學科教學所需，進行教科書的評選工作。目前中小學選擇教科書的流程，會依據教育單位或學校實際的情形做教科書的選擇與選購，例如：有些教育單位會由各學校派代表統一評選，有些偏鄉地區學校的教科書只能做策略聯盟的選購。

(五) 教師進行班級教學設計與實施

當教師選購教科書之後，接下來就是教師對教科書的理解，以及在班級教學設計與實踐中，如何有效運用現有的教科書，轉化成爲班級教學與學生學習。雖然，教科書的撰寫與編寫是依據中央教育單位公布之課程綱要和標準，且教科書經過專業審查，然而，教師如何解讀教科書、如何運用教科書、如何將教科書內容和教學與學習做連結、如何轉化教科書成爲學生理解的方式，需要教師本身對教學專業的轉化。

欣賞教學法的主要用意，在於讓學生眼裡可以容下他人的成就，
進而修正自己的努力。　　**教學啟示錄**

(六) 從班級教學設計與實施中擬定改革行動方案

班級教學改革政策的擬定和實施，需要教師在班級教學設計與實踐中，配合教學改革的理念，針對平常教學慣例進行新理念的調整與嘗試。例如：習慣使用傳統教學方法的教師，在教學多年之後願意配合課程改革做教學方法的改變，從傳統教師中心教學改為學生中心的教學。

(七) 教師改變班級教學模式並進行試驗

當中小學教師願意在班級教學設計與實踐中，改變習以為常的教學模式，修正自己的教學模式或流程，採用和傳統教學有所不同的教學模式，例如：採用差異化教學或個別化教學，教師班級教學模式就會有所改變。問題在於，教育行政單位如何說服教師加入班級教學改革政策行動方案，讓教師願意改變自己的教學步驟，採用與自己理念有差異的教學模式。

(八) 教師提出教學改革方案實施成效

當教師願意參與班級教學改革政策之後，就會願意改變原本依賴的教學模式，從傳統教學中修正自己的教學方法，並且針對班級教學設計與實踐做教學理論方法的調整修正。中小學教學改革政策的實施成效，需要教學現場的教師本身親自驗證，透過教學實施成效的檢驗，有助於提供其他教師在教學上的參考。

有關從教學改革政策擬定到班級教學實踐的模式與歷程，整理如圖 2-3。

教學啟示錄 建構式教學主要的用意，在於讓學生主動地建構新的概念，透過概念的建構了解學生的學習歷程。

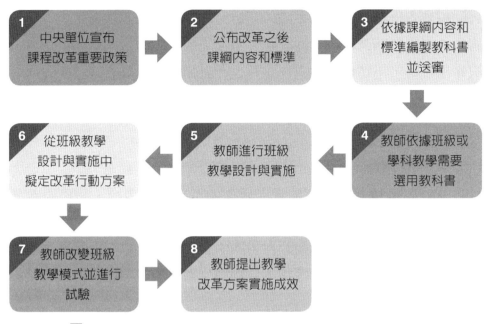

圖 2-3　從教學改革政策擬定到班級教學實踐的模式與歷程

五　從教科書解讀到教學活動實施的歷程與實踐

　　面對接連不斷的教育改革政策，無論是改革推動者、政策制定者、學者專家、行政人員和家長，都將改革成功的期許，加諸於在教學實務第一現場的教師身上，讓許多教師覺得壓力沉重、不知所措。課程改革的轉變與調整，不僅意味著教師的教學實踐需要澈底修正改變，才能回應課程改革的需要，真正落實到教師的教學實踐中；同時也強調教師的教學理念需要隨著課程改革的理念，進行教學行動的更新。唯有教師願意在教學現場進行新的教學改革，才能讓課程改革運動真正落實到第一線教師的教學設計與實踐當中。

　　中小學教學改革政策的擬定和落實，其中最重要的關鍵在於教科

書的解讀到班級教學活動實施的連結。當課程改革政策擬定之後，教育單位積極展開課程改革的說明，希望學校單位配合改革政策之後，更希望教師可以積極配合課程改革，在班級教學設計實踐中配合改革政策，教科書的解讀到班級教學活動設計與實踐，成爲中小學教學改革政策成功與否的因素。

(一) 教師解讀教科書之內容與結構

教科書是教師學科領域單元教學的主要參考內容，是班級教學活動設計與實踐的主要來源，教師對教科書的理解與運用，決定班級教學實施成效。如果教師對教科書的內容與結構可以充分且清楚地掌握，就能在教學設計與實踐中，眞實地反應教科書之內容與結構。

(二) 分析教科書的學科內容知識

教科書中的學科教學知識，指的是教師手中的教科書在內容與結構方面包括哪些重要的教學知識、學科內容知識等。在教師方面，包括教科書需要教師教給學生哪些知識、教師需要運用哪些教學理論、運用哪些教學方法、這些學科內容知識是如何呈現的、學科內容知識的先後順序、透過哪些生活經驗可以表徵學科內容知識等。

(三) 分析教科書的學科學習知識

教科書中的學科學習知識，指的是教師手中的教科書在內容與結構方面包括哪些重要的學習知識、學科學習知識等。在學生方面，包括教師如何將知識轉化成爲學生可以理解的方式、這些學習知識如何在課本中呈現、教師如何將這些知識融進教學設計與實踐中、學科學習知識與現實生活經驗如何聯繫、教師如何轉化成爲學生可以理解的形式等。

教學啟示錄　多元文化教學的主要精神在於「同中求異、異中求同」的展現。

(四) 依據教科書選擇教學方法

教師在備課時，通常會以教科書和備課手冊（或教學指引）為主，教科書呈現的內容會比較簡單，只以文字和圖片呈現出教科書各單元各課的主要內容，教師需要從教科書和備課手冊中，了解單元教學中需要運用哪些教學方法，才能在教學活動中達到預期的教學目標。例如：國小高年級的數學解題策略，備課手冊僅建議採用問題教學法、分組合作學習等方法，教師可以依據實際上的需要，以及自己的教學經驗而決定採用哪些教學方法，或者教師可以依據班級教學經驗，而決定採用哪些教學方法進行教學。

(五) 依據教科書選擇學習策略

教師想要從教科書中選擇教導學生學習策略的方法，不是一件容易的事，需要教師從教科書的內容中，配合備課手冊的講解，設計學習策略教學的方法，提供學生在學習單元時參考。此外，教師需要從教科書的內文中，決定教學時教科書內容知識的輕重緩急問題，做教學時間方面的分配。

(六) 轉化教科書成為教學活動

從教科書的解讀分析到教學活動設計與實施，需要教師對教科書的內容做正確的解讀，包括教科書的內容知識、教學方法知識、學習方法知識、教學重點分析等，才有助於教師轉化成為高效能的教學活動。

有關從教科書解讀到教學活動實施與實踐歷程，整理如圖 2-4。

每個學生的智慧發展不一樣，教師要能針對不同學生的智慧發展，
給予教學上的特別照顧。

教學啟示錄

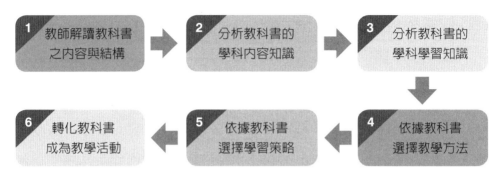

圖 2-4　從教科書解讀到教學活動實施與實踐歷程

本章討論議題

1. 從師資培育單位的專業課程中，你學到了哪些教學知識，這些知識在未來的教學現場中，你會如何運用？如果感到不足的話，你會如何精進教學知能？

2. 教師的教學改革理念從哪裡來？這些理念如何影響教師的教學設計與實踐？教師如何精進自身的教學理念？

3. 什麼是學科教學知識？什麼是學科學習知識？這些知識在班級教學設計與實踐中，如何運用？如何充實學科教學知識與學科學習知識？

4. 教學改革政策擬定之後到班級教學活動歷經哪些歷程？這些歷程對於教學實踐有什麼意義？如果你到教學現場之後，發現教學改革政策與教學實踐差距太大，你會如何因應？

5. 配合教學改革政策的落實，教師在班級教學中如何進行教科書的選擇？如何將教科書的內容知識轉化成為教學改革的行動方案？

教學啟示錄 探究教學的使用主要是讓學生學會思考技巧，針對各類問題進行思考並提出解決策略。

第 3 章

中小學教學改革的模式與實施

價值澄清教學法澄清的是教師和學生的核心價值，
要讓學生學到正向積極的價值。

教學啟示錄

本章重點

中小學教學改革政策的擬定與實施，一般都會依據教育改革或課程改革政策的執行，而進行教師班級教學改革行動方案。在配合課程改革政策之執行，有關教學改革的模式，通常包括由上而下模式、由下而上模式、教師中心模式、學生中心模式等，不同的教學改革模式所導致的改革成效有所不同。本章針對中小學教學改革模式進行學理方面的探討與論述，作為教學改革之參考。

一 中小學教學改革之由上而下模式

(一) 改革模式特性

中小學教學改革之「由上而下」模式又稱之為行政決定模式（administrative decision model），教學改革主要是植基於教育行政機關、行政人員、學者專家等扮演改革的重要角色，透過研究方法運用、政策評估、專業對話等方式，決定教學改革政策重要方向與項目，學校教師是間接及零碎的參與者。此種教學改革模式雖然具有高的效率，但是改革政策內容無法適用於學校教室與班級教學設計與實踐中。此種模式的教學改革政策之實施，傾向於形式化與表象化，無法真正落實到班級教學設計與實踐中。

由上而下的教學改革模式，主導權在中央教育行政單位，為了了解學校班級教學是否配合教學改革政策，會透過各種策略方法確保改革政策內容的落實，其中包括政策宣導、教師培訓、訪視評鑑等方式，作為確保教學改革政策落實之途徑。

教學啟示錄 當教學活動實施時，需要學生進行各種反省思考時，設計教學法是比較理想的方式。

(二) 可能遭遇的問題

中小學教學改革由上而下模式，主要是教育行政單位基於立場，以及階層體制的權威關係，透過各種委員會的成立與委員的邀請，參與改革政策的擬定與決定（黃政傑，1989）。由於教育行政單位對於各地區中小學的班級教學所知有限，無法全盤掌握教學的現況與困境。因此，擬定出來的教學改革政策，恐怕無法回應班級教學的即時需要，以及未來發展的動向與趨勢；再則，學校的教育發展與組織變革的改變，是否能配合教學改革政策的實施，常常成為教學改革成敗的主要關鍵所在。

此外，中小學教師對於行政單位制定的教學改革政策是否有充分的理解、是否願意在班級教學中配合、是否配合教學政策改變教學模式、是否願意花時間在改革政策上面、對教學改革與慣用教學模式差距理解程度如何、是否有充分的時間進行教學省思與改變等等，都是由上而下改革模式實施可能遭遇的問題。

二　中小學教學改革之由下而上模式

(一) 改革模式特性

由於中小學教學改革由上而下模式的實施，無法真正落實到班級教學中，因而採用「由下而上模式」，此一模式又稱之為「問題解決模式」。由下而上的教學改革模式，主要是以學校教師為主體，由各學校教師的教學設計與實踐開始，運用各種民主的方式解決學校及班級教學的問題，教師扮演專家及自主的角色，教學改革比較能滿足教學上實際的需求。由下而上的教學改革模式，實施的困難之處為教師的專業能力、時間以及參與改革意願不足，容易影響教學改革理想的

Bruner 的名言，任何學科的知識都可以透過各種方法教給每一位學生。　**教學啟示錄**

落實。

　　由下而上的教學改革模式，主要是以學校教師為教學改革的主體，透過班級教學設計與實踐歷程，教師將教學中遇到的問題、需要改變或修正之處，彙整成為教學改革政策方案，最後成為教學改革政策的行動方案。此種模式的實施，主要是強調各地區學校的特性、班級教學的情境脈絡等。因此，模式的實施成功關鍵，在於教師教學理念的改變，以及對教學改革政策理念的掌握。

(二) 可能遭遇的問題

　　由下而上的教學改革模式雖然能反應不同地區、不同學校、不同班級情境脈絡的需要，然而教學改革政策的擬定，不同行動方案的差異性是相當大的，在各地區的學校教師可以從班級教學中感覺到改革問題的存在，透過分析問題以確立努力的目標，尋求教學改革問題解決的途徑。

　　由下而上的教學改革模式可能因為教師從事教學改革的時間、能力和意願的不足，對於教學改革的理想與配合問題等等，而導致教學改革政策實施的失敗。由於教學改革政策行動方案在不同方案之間的差異性過大，導致教師無法從適合的模式或教學改革政策中，了解班級教學設計與實踐需要修改之處，因而抗拒教學改革政策的行動方案。

三　中小學教學改革之教師中心模式

　　中小學教學改革之教師模式，主要重點在於探討教學改革政策的實施中，第一線教師對於教學政策的理解與實踐的歷程。教師在班級教學設計與實踐中，究竟對教學改革的心態為何？如何在傳統的教學

教學啟示錄　反思的運用是引導學習者透過自我覺察、反思與分享，達到預期的學習效果。

中配合教學改革政策的理念？教師的改變歷程爲何？透過教學政策的轉化如何形成教師新的教學設計與實際？等等。以中小學教師爲中心之教學改革政策模式，主要在於教學改革計畫想要成功的實施，計畫本身就需要在中小學的課堂中眞正落實，才能使計畫實施者朝向一致的目標，而有助於教學改革計畫之實施。教學改革政策的落實，在以教師中心爲主的模式，會涉及教師採取何種觀點進行實施，不同的教學改革政策取向，會產生不同的教學實施效果。有關中小學教學改革政策計畫中的實施觀，包括下列幾種（修改自林香河，2019）：

（一）教學改革政策忠實觀

　　教學改革政策忠實觀（fidelity perspective）指的是教師在面對中小學教學政策時，對於改革政策的實施程度，依據計畫者的意圖進行運作，教學改革政策之實施越接近原來的改革計畫，其實施程度就越忠實；反之，則實施程度離計畫政策越遠。中小學教師面對教學改革政策時，採取忠實觀的態度，對於改革政策越忠實，就越能達到改革計畫所設定的目標。

　　教學改革政策忠實觀，源自於課程理論之課程實施，忠實觀的取向假設爲：(1) 教學政策由課堂之外的專家來開發；(2) 改革是一種線性的過程，由教師在班級教學中落實教學改革政策；(3) 教學改革的評鑑是以達到教學目標而定（Snyder, Bolin, & Zumwalt, 1992）。教師面對教學改革政策時，採用忠實觀即是採取計畫者與實施者分離，教學計畫者將教學改革計畫好，而教師依據計畫者的計畫實施，此種觀點的實施以計畫者爲主體，實施者爲客體，實施者如何達成教學改革政策的目標，則爲忠實觀的主要關鍵。

　　中小學教師教學改革政策忠實觀，主要強調教師完全依據教育單位擬定的改革計畫，眞實地落實到班級教學設計與實踐中，配合主管

教師想要學生學習有好成效，最理想的方法就是以身作則或自己示範。　**教學啟示錄**

單位對於班級教學的改革政策和方向，教師本身修正教學改革政策內容的幅度不高。教學改革政策落實採用忠實觀的教師，在班級教學設計與實踐中依據計畫實施，以達成教學改革政策的目標。

(二) 教學改革政策相互調適觀

相互調適觀（mutual adaptation perspective）的概念，源自於課程實施的觀點，指的是任何計畫的實施採用雙向影響改變的過程，原本計畫在實施中產生變化而進一步發展（黃政傑，2016）。中小學教學改革政策相互調適觀，主要的假設為：教學改革政策已經計畫好，教師在實施的過程中，計畫者與實施者透過一定的協商與彈性，在教學現場中落實（Snyder, Bolin, & Zumwalt, 1992）。因此，教學改革政策是擬定者擬定好，政策本身會因為擬定者與落實者討論與協商而有所改變。相互調適觀採取的是改革政策是以擬定者為主體，在政策實施時，則是擬定者與實施者互為主客體。

中小學教師與政策擬定者是如何相互協商溝通，形成互為主體性的發展，此為相互調適觀的主要關鍵。中小學教學改革政策實施過程中的協商溝通往往涉及到權力、意識形態、階段、文化等複雜因素的影響，相互調適的過程只是形式，還是真能達到相互為主體性的適應效果，端賴中小學教師在班級教學設計與實踐中，如何看待教學改革政策以及如何落實而定。

教學改革政策偏向相互調適觀者，主要是依據教學改革政策的內容，配合學校班級教學的情境脈絡，作為修改教學改革政策之參考，原則上以中央的政策為範本，再依據實際的班級教學需要，作為修正與調整參考依據。此種取向的教學政策改革模式，比較適用於不同地區、不同情境、不同班級的教師教學設計與實踐上。

教學啟示錄　好的教學要如社會化教學法，走進學生的內心世界，讓學生在感動當中學習，學習效果才會好。

(三) 教學改革政策創生觀

　　中小學教學改革創生觀的概念，主要是在忠實與相互調適取向之外，創造的課程材料和程式化的教學策略，將教學改革計畫實施視爲教師與學生使用於班級教學中共同建構經驗的工具等（Snyder, Bolin, & Zumwalt, 1992）。此取向認爲教學改革政策的實施，是師生在班級教學中共同創造出來的，將改革計畫實施視爲建構與發展班級教學的工具，教學改革政策的主體是政策實施者的教師與學生，改革計畫只是爲了要使教師與學生能發展出適合班級教學的教學策略，最終的目的在於依據教學改革政策建構發展出一種適合班級教學改革的模式。

　　因此，中小學教學改革政策並未按眞正計畫實施，而是由教師在班級教學中的運用而做調適。在班級教學設計與實踐中，要發展出適合的教學模式，受到教師專業能力、教學素養、時間、學生學習能力與各種情境脈絡的影響，因而不容易達到教學改革政策創生觀的目標。

(四) 教學改革政策情境實踐觀

　　教學改革政策的情境實踐觀，主要源自於日裔加拿大學者 Aoki 批判課程即計畫（curriculum-as-plan）的觀點是從「工具理性」的角度進行，Aoki 則從現象學、批判理論、後結構主義的觀點，以「課程實施」的再概念化角度，轉變爲「情境的實踐」（歐用生，2006）。Aoki 強調情境實踐（situational praxis）哲學，是對於課程即計畫的一種反動，呼籲課程是由親自體驗那些情境的人爲建構的主體（Aoki, 1988），是一種課程即生活經驗（curriculum-as-lived-experience），既擁抱過去的經驗，也接受未來，在生命之旅中與他人同行（Aoki, 1990）。

每一個學生需要的學習方法不一樣，教師需要透過適性教學提供學生不同需求。　**教學啟示錄**

　　因此，中小學教學改革政策計畫的主體是情境、體驗、體驗者三者之間作為主體所建構的，在這之中，並無誰是主體、誰是客體的問題。中小學教學改革政策計畫落實是一種「情境－實踐」的形式，班級教師和學生是從「存在－世界」揭示「在學習中人類超越的協調模式」的理解，開啟正確的教育經歷的可能性，情境、教育者和學生在班級教學設計與實踐中展現為本體現象。

　　中小學教學改革政策情境實踐觀點，呈現出改革政策作為存在體驗的重要性，改革政策本身與存在的體驗之間形成了一種複雜的關係，在班級教學現場無法完全依賴改革政策計畫而進行，情境、體驗、體驗者三者之間的目標受制於情境、體驗、體驗者的本身，最終是否皆能走到所預定的目標，是無未知的，是可開發的、可調整的、可修正的、可改變的。也由於如此，情境實踐觀不容易評估政策落實的成效，以及政策實施的成果。

　　由上可見，中小學教學改革政策的落實究竟要往何處去？從上述的教學改革政策實施觀點，不難得知教學改革政策的實施觀可以被視為「再建構」的歷程，無論改革政策是如何事先計畫、完整地規劃，在改革政策落實中，實施的觀點不同，主體就不同。中小學教師對於改革的看法、面對改革採取的觀點不同，教學改革政策的落實就會引導到不同的方向。

　　有關中小學教學改革政策計畫實施觀的判準，參見表 3-1：

表 3-1　中小學教學改革政策計畫實施觀的判準表

實施觀	定義
忠實觀	以教學改革計畫為主體，實施為客體，以達到解決學生學習問題的目的。

教學啟示錄　教學無法提供每一位學生的需求，
但個別化教學可以提升每一位學生的學習成效。

實施觀	定義
相互調適觀	以教學改革計畫為主體，在政策實施時，則是改革計畫與實施互為主客體，以達到解決學生學習問題的目的。
創生觀	教學改革政策實施視為建構與發展教學的工具，主體是教學改革政策實施者的教師與學生，改革計畫只是為了要使教師與學生能發展出適性的教學策略，最終的目標在於建構發展一套教學模式，以達到解決學生學習問題的目的。
情境實踐觀	以情境、體驗、體驗者三者之間作為主體所建構，以達到解決學生學習問題的目的。

四 中小學教學改革之學生中心模式

中小學教學改革對學校教育發展而言，需要學校充分理解與配合執行。因此，學校需要將教學改革政策的理念與具體作法，真正落實到教師的班級教學中。教學改革政策落實與否，決定班級教學效率的高低，更決定教學改革政策是否在班級教學中根深柢固。中小學教學改革之學生中心模式，主要在於將班級教學設計與實踐，由「教師中心主導」的教學方式，轉而為「學生中心主導」的教學方式。一般而言，中小學教學改革之學生中心模式，涵蓋下列幾個重要的理念：

(一) 讓學生參與課堂的改革模式

中小學教學改革政策在班級教學的設計與實踐，主要是以教師教學為主導。因此，學生成為教學改革的配角，班級教學中的旁觀者。班級教學改革政策的落實，需要以學生為主、教師為輔的改革理念。十二年國教課綱微調之後，以核心素養與學生學習為主的改革，在班級教學中需要調整傳統的教學模式，讓學生成為課堂改革的主角。因

教師的教學要能掌握每一個學生的需要，那怕他們的學習成就差異有多大。　**教學啟示錄**

此，班級教學設計與實踐歷程，需要從教師中心轉而為學生中心，教學轉化與實施以學生為中心。以學生參與課堂的教學改革模式，主要的思維是在班級教學改革政策的擬定中，以學生的學習為主要的角色，從學生學習思維出發，了解學生在學習方面有哪些需要；進行哪些主題的改革；學生的學習任務有哪些；學生的學習知識哪些需要保留，哪些需要調整等。

(二) 以學習為中心的教學改革模式

以學習為中心的教學改革模式，主要是教學改革設計與實踐以學生的學習為中心，而不是以教師的教學為中心。從教師主導的班級教學活動，轉為以學生主導的教學活動；從教師的教學方法運用，轉為以學生的學習運用為主。班級教學活動的實施以學生為主導，透過學生的學習表現修正教學設計與實踐，讓每一位學生都可以從班級教學中，得到最大的學習成效。班級教學設計與實踐以學生的學習為起點，讓學生在教師教學之前，就主動地學習今天的教學內容，讓學生的學習成為班級教學的一大亮點。

(三) 將學生組織起來的改革模式

以學生為中心的教學改革模式，主要是改變教師的班級教學型態，將教學活動的實施，從教師的教學轉移到學生的學習，因此，傳統的「教師教學生」轉為「學生教學生」的方式。透過教學方式的改變，採用學生手把手相互教導的方式，在班級教學中讓學生學會相互幫助，學會在學習中團結，在團結中學會學習。例如：教師在班級教學設計與實踐中，從傳統的講述教學法之運用，改為以學生為中心的分組合作學習，透過異質性的學生分組，讓同組的學生在學科單元學習中，相互學習、相互指導、相互分享、相互扶助，以達到單元學習

教學啟示錄 Thorndike 的練習律指的是學習成果和練習次數有關。

目標。在合作學習和分組教學的模式中，為那些先懂的學生提供了講解知識的機會，讓他們既鞏固了已經掌握的知識，還鍛鍊了自己的表達能力。

(四) 強調學習過程的改革模式

強調學習過程的改革模式，主要是和傳統的教學改革，以教師教學為中心而強調教學過程有所不同的模式。在教學改革設計與實踐行動方案中，重點在於學生的學習過程，不在於教師的教學歷程。以強調學習過程的改革模式，主要是將班級教學活動設計，透過學生學習歷程與學習策略運用的情形，作為教學改革的重點。讓班級教學活動的設計以學生的學習為主，讓學生成為班級教學的主人，讓學生在班級教學中有自我實現的機會，讓學生提高班級學習參與及學習動機，感覺到自己是班級教學的主角，而不是教學的配角。

(五) 加強班級教學吸引力的改革模式

傳統的班級教學活動是以教師為主導，進行班級教學設計與實踐，因而班級教學主要在於傳授知識，用教師視為理所當然的方式，進行教科書的教學轉化。加強班級教學吸引力的改革模式，主要是讓教師了解自己在教什麼，關心自己的教學是否能引起學生的學習注意力，激發學生的學習興趣並讓學生願意參與教學活動。在班級教學活動設計與實踐中，教師講授學科單元知識時，可以運用各種多樣的形式，轉化抽象的課程內容成為具體的教學活動，讓學生的學習可以和生活經驗、社會案例緊緊結合，以形成自己的學科知識。

(六) 提升學習幅度的改革模式

提升學習幅度的改革模式，主要的重點在於將班級教學活動內

角色扮演教學的用意，在於收到「凡事有體會才會有體諒」的效果。　**教學啟示錄**

容，依據教學與學習的重點和特性，擴展學科教學與學科學習的幅度，讓學生可以在班級教學中獲得最大的學習效益。例如：要讓學生考得好，就得讓學生學得多，而「學得多」在特定學科學習中，因為學生學習學科知識的邊界已經劃定了，所以「學得多」、「學得深」、「學得牢」基本上應該與班級教學改革政策做緊密的結合。

此外，提升學習幅度的改革，主要是希望教師教的學生一定要會，教師沒教的學生也要會。如果班級教學活動有需要的話，教師應該降低教學內容的難度，讓學生在學科學習上有成就感，給學生更多自主的學習空間，讓學生掌握偏、難、繁、雜的知識，並取得好成績的學習途徑。

有關中小學教學改革之學生中心模式，整理如圖 3-1。

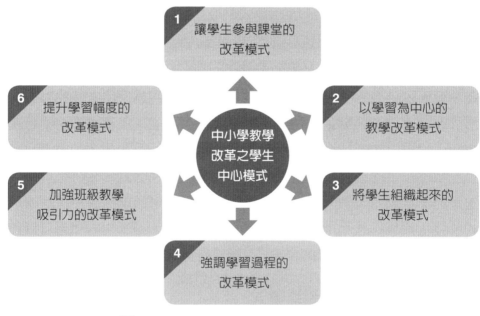

圖 3-1　中小學教學改革之學生中心模式

教學啟示錄｜講授、演練、回饋、再演練是強化各種能力的關鍵。

五 教師如何面對教學改革行動方案

中小學教學改革政策擬定與實施，需要教師在班級教學中配合，因而教師本身是教學改革政策成敗的主要關鍵。從教師班級教學立場出發，身為教師當然不喜歡班級的教學活動經常充滿不確定性或處於不穩定的狀態當中。當教師面對教育改革或課程改革時，就感受到班級教學的不穩定，或者感覺教學政策經常變動而影響教師的教學實施。有關教師如何面對教學改革，或者在改革中扮演怎樣角色方面的研究指出，教師對教學改革政策是充滿疑慮、充滿不安全感的（林進材，2020b）。

(一) 教師是教學改革系統的一員

中小學的教學政策從擬定到實施，需要將教師視為教學改革系統的一員，讓教師在忙碌的班級教學生涯中，有機會參與各種改革政策的擬定，提供身為關係人（stakeholder）對教學改革政策的想法和對改革的意見。有了教學現場教師的意見和觀點，才能使教學政策的擬定更貼近教學現場，教學政策的內容更為明確可行。教學改革政策的擬定與實施若缺乏教師的參與及行動，則容易導致改革方案的失敗。例如：有關課程改革方面的研究指出，課程改革的內容僅有「課程」而缺乏「教學」部分，導致「教學改革像月亮，初一十五不一樣，管它一樣不一樣，班級教學仍照樣」的現象（林進材，2020b）。

(二) 教師對教學改革政策的理解

任何政策的擬定與實施，關係人的理解與配合，是政策實施成敗的主要關鍵。中小學教學改革政策從擬定到實施，需要將教師視為改革系統的一員，透過各種方式（或形式）讓教師了解教學需要改革的

個案教學法的優點在於透過個案的分析，
讓學生了解各種生活經驗的重要性和因應的策略。　**教學啟示錄**

主要原因，包括這些改革方案內容是如何擬定的、改革行動方案在班級教學實施會收到什麼樣的效果、改革方案對教師的教學與學生的學習有哪些益處、教師對於教學改革政策的配合需要有哪些改變等。唯有教師理解教學改革政策，才能在未來的班級教學設計與實踐中積極配合。如果教師對教學改革政策不理解，或是對改革政策存有疑慮，在班級教學中就會產生抗拒的心理，教學改革理想就無法實現。

(三) 教師對班級教學設計與實踐的理解

中小學教學改革政策的實施，需要教師在班級教學設計與實踐中配合，才能達到改革理想的達成。因此，教學改革政策的內容和班級教學設計與實踐之間的關聯性如何、教師在班級教學中如何配合等，實為改革成功與否的主要關鍵。有關中小學教學改革政策的精神、內涵、特色、模式等，需要透過各種方式讓教師可以掌握政策的要旨，同時讓教師了解在班級教學設計與實踐中，需要做哪些配合、調整、修正等，才會有在班級教學中落實的機會。當教師對教學改革政策了解時，還需要提供教師須做哪些改變、修正、調整、因應等，以及這些改變與原本的班級教學差異何在等，才能讓教師願意參與班級教學改革行動。

(四) 教師對班級教學教科書的選擇與運用

中小學教學改革政策的擬定與實施，主要是配合教育改革與課程改革政策，因而班級教師勢必面臨班級教學教科書的選擇與運用問題，當課程改變了學科單元領域教學就跟著改變了，教師班級教學用的教科書也會隨著改變。教師在教學改革政策實施與配合時，需要針對學科教學領域的調整，而重新選擇班級教學用之教科書。由於中小學教學改革政策的擬定與課程改革政策是亦步亦趨的，所以，教師在

教學啟示錄 透過討論教學可以讓學生分享彼此的經驗和想法，作為相互學習的典範。

教科書的選擇與運用上，就需要和改革之前的教科書選擇有所比較。
教科書的選擇與運用方面，包括教材的選擇與發展，例如：參考讀
物、教學媒體、教學器材、影片、媒體等等。

(五) 教師對單元教學理論與方法之運用

　　教師依據中小學教學改革政策內容，選擇適合班級教學之教科
書之後，接下來就是針對學科領域單元教學考慮教學理論與方法之運
用，包括新的單元教學在方法運用上，是否和過去班級教學方法有所
不同，或者教學方法差異性有多大；教師在教學理論與方法的運用方
面，需要做哪些方面的調整改變；教師原來採用的教學理論與方法，
與教學改革政策的落實是否存在差距，這些理論與方法是否需要調整
或改變。

(六) 教師對教學模式的修正與建立

　　中小學教師在班級教學多年之後，透過經驗的累積與教學的沉
澱，必然會建立屬於自己特色的教學模式，作為後續教學的潛在參考
標準。教學改革政策擬定之後，教師在班級教學設計與實踐時，為了
落實改革的理念，勢必和自己的教學模式進行論證與對話，並修改原
有的教學模式。只要教師願意配合教學改革政策的落實，就需要從教
學模式的調整做起，當教師配合教學改革政策時，班級教學設計與實
踐也需要跟著調整或修正，透過教學模式的修正與建立，重新建立新
的教學模式。

　　有關教師如何面對教學改革行動方案，整理如圖 3-2。

運用問題導向的教學可以激發學生的學習好奇心，
強化學生的學習動機和學習參與。

教學啟示錄

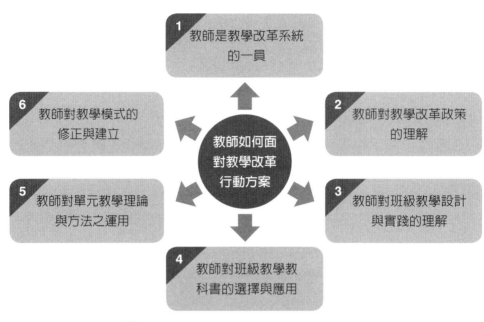

圖 3-2 教師如何面對教學改革行動方案

(本)(章)(討)(論)(議)(題)

1. 中小學教學改革之由上而下模式，具有哪些特性？可能遭遇哪些問題？這些問題如何因應？

2. 中小學教學改革之由下而上模式，具有哪些特性？可能遭遇哪些問題？這些問題如何因應？

3. 中小學教學改革之教師中心模式，具有哪些特性？可能遭遇哪些問題？這些問題如何因應？

4. 中小學教學改革之學生中心模式，具有哪些特性？可能遭遇哪些問題？這些問題如何因應？

5. 在眾多的中小學教學改革模式中，教師在班級教學設計與實踐時，如何有效地加以因應？教師本身需要做哪些方面的改變？

教學啟示錄 啟發教學的運用在於啟迪學生的思考，而不在於由教師引導學習。

第 4 章

中小學教學改革
知與行的距離

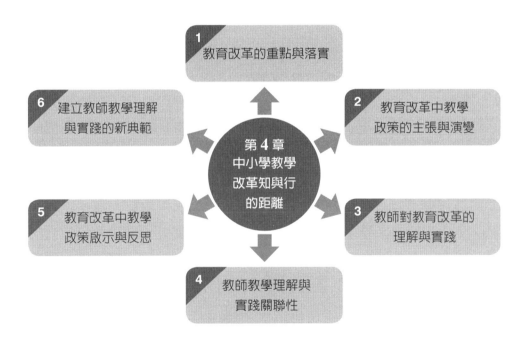

本章重點

　　教育改革中教學政策的擬定與落實，是改革成敗的主要關鍵。教師本身是教學政策落實的主角，缺乏教師教學政策的理解與實踐，則改革的理想容易淪為空談。本章的重點在於說明中小學教學改革「知」與「行」的距離，說明教師在教室教學中，想要展開教學改革行動，就需要掌握教育改革中教學政策的擬定與落實之間的關係，進而從平日的教學活動中，加入新的教學元素。本章從教師教學理解與實踐的層面，論述教育改革中教學政策的轉變與落實議題，內文囊括教育改革中教學政策的主張與演變、教師對教育改革的理解與實踐、教師教學理解與實踐關聯性、教育改革中教學政策啟示與反思、建立教師教學理解與實踐的新典範。

一　教育改革的重點與落實

　　我國教育發展從 1968 年推動九年義務教育，在教育普及方面的成果有目共睹，確實提升國民素質與國家發展；2001 年頒布九年一貫課程，將小學與國中九年之課程上下貫串起來，是一個具有時代意義的課程變革；2007 年宣布逐年推動十二年國民教育，逐步走向免試、免費及就近入學之制度，後期中等教育將是「準義務化」教育。在此情況之下，十二年國民教育應作為培養國民共同資質能力，以成為國家有用人才之規劃；因此在課程規劃方面，前後十二年之課程，甚至加上幼兒園，應使十二年學習課程上下一貫，學習內容前後銜接。教材由統整至逐步分化，另外分化中亦有統整等各種有機之課程整合，是課程規劃之重要方向與必須處理之事項（楊思偉、陳盛賢、江志正，2008）。

　　由於教育改革開展教育革新的運動，臺灣的課程教學發展，隨著

教學啟示錄 教學活動應該在團體對話的氣氛之下進行，才能收到團體合作的效果。

教育改革的步調而有嶄新的變動，如九年一貫課程強調培養學生「帶得走的能力」，其課程綱要制定了許多基本能力指標，而目前實施的十二年國民基本教育課程則強調培育「素養」，其課程綱要描述了「核心素養」的各種面向與項目（吳璧純、詹志禹，2018）。此種教育改革的推展必然影響政策的擬定與落實，同時也影響學校教學的更迭，例如：教育制度的調整與改變、教育政策的擬定與落實、課程教學的改革與實施、學校教育發展與革新、班級教學的設計與實踐等。

任何教育改革政策與計畫，最終都需要在教育系統中落實，才能收到預期的效果。課程改革的出現，或來自於行政機構的政策倡導，或來自於學校人員對課程問題的覺察。無論起自何處，課程改革所引發的改變通常有技術與理念兩個面向。所謂技術的面向包含課程方案（目標、綱要、計畫）、教材、教法、環境、資源的改變；理念面向則包含課程觀甚至教育觀的改變、思考與行動的更新，具體而微的則是學校教育中學習經驗的轉變（周淑卿，2002）。

課程改革想要成功，除了調整原有的課程架構與內涵，同時也應該重視教師教學理念的實踐與改變，才能收到預期的效果。忽略了教師教學理念的修正，容易使課程改革淪為高調，而無法落實到教室的教學活動中（林進材，2020a）。

二 教育改革中教學政策的主張與演變

國內教育改革的開展，影響的層面包括教育制度、教育政策、課程教學、學校教育、班級教學等。有關教育改革中教學政策的主張與演變之主要脈絡與軌跡，簡要說明論述如後：

教學歷程中建立電子師徒制，有助於教師和學生專業關係的發展。　**教學啟示錄**

（一）教育改革的歷史軌跡

隨著政治、社會和文化的轉變，臺灣教育改革不斷面臨新的刺激和挑戰。戒嚴時期，在反攻復國教育使命下，教學方法由上而下因循實施，進行不少教學變革。解嚴後至九年一貫課程實施前，開放教育、本土教學打開了教室大門與社區有更多連動。九年一貫課程時期，學校本位課程或統整課程，期待教學結合學生生活經驗加以活用。十二年國教上路，舉著因材施教、有教無類的精神，因應學生多元背景，倡導教學適性揚才（林佩璇，2013），學習共同體、合作學習、翻轉學習等教學不斷推陳出新，活化教學成了教改的熱門議題。可見教學政策的擬定從「無」到「有」的歷程，隨著國際社會的發展，國內政治文化的變遷，而有一定的模式與軌跡可尋，教學改革與教學實踐對教師而言，不僅僅是教學專業能力的提升，同時也是教學理念與實踐的精進議題。

（二）教育改革的教育制度與教育政策的立與破

國內在教育改革的內涵方面，所牽涉的層面包括教育制度、教育政策、學校教育、課程教學、班級教學等。在推動教育改革之際，需要配合整體環境的改變，衡量教育發展的回顧與前瞻，透過需求評估、政策發展、制度修正、改革方案、計畫擬定、行動方案等系統化的流程，擬定教育改革的可行方案，才能收到預期的成效。教育改革下的教育制度變動，不僅僅是制度的更新、政策的修正，同時也是學校教育發展、課程與教學實施的調整。如 Dunn（2008）指出，政策分析屬於一種應用性科學，具有描述性、評估性和處方性的目標，因而政策問題、政策行動、政策結果、政策績效、政策未來成為政策分析的重要架構。依此而言，教育政策制定過程中，都會涉及到政策形成背景、政策規劃、政策執行和政策評估制定過程及價值。

教學啟示錄 想要讓學生從教學活動中獲得概念，
教師就要針對教學概念進行適當的活動設計。

(三) 教育改革的相關內涵與演變

　　教育改革方案中與教師教學實踐最有關係者，為教學政策的擬定與實施。從教育改革中的相關內涵，包括教育制度、教育政策、教育系統、課程與教學、學校教育發展、班級教學設計與實施等，最終會落在「教師班級教學」層面而加以落實。因此，教師的教學理解與實踐，成為教學政策落實的主要關鍵。其主要因素在於學校存在著特定教學文化，文化歷史的延展性不易察覺，因此要探查教學改變有其難度。有些研究指出教室中的教學與課堂傾向以不變應萬變，但也有研究指出，教學行為儘管沒有被觀看出差異，不表示課堂中沒有變化，而是試圖找尋連結個人和社會結構的對話途徑，短時間內未改變，卻是醞釀下一步的轉化（林佩璇，2017）。故此，教師在教育改革中，究竟扮演何種角色、是配合改革而改變、是抗拒改革而不變等等，成為教育改革是否成敗的主要關鍵因素。

(四) 教育改革的教學主張與演變

　　歷年的教育改革行動，不管是教育政策的擬定、學校教育方向的修正、課程與教學的微調等，皆需要透過教學政策的落實，才能在改革中收到預期的效果。因而，教師對教育改革中教學主張的理解與轉化，需要有意願透過專業能力的開展，將來自改革的教學主張與演變，透過層層轉化成為班級教學的行動與落實。有鑒於此，教師在面對九年一貫課程與十二年國教改革時，需要透過專業反省與專業成長途徑，將昔日「視為理所當然」的教學實踐方案，與時俱進且去蕪存菁，修正調整傳統的教學方法，從理論與方法的運用、策略與流程的採用等，修正教師教學思考之心智生活，以落實教師教學效能與學生的學習品質（林進材，2020a）。教師面對教學改革與演變的幾種處境，包括：(1) 教師教學的「變」與「不變」的轉變與挑戰；(2) 從「教

教學需要顧及每一位學生的成長特性與學習需求。　**教學啟示錄**

師中心的教學」到「學生中心的教學」的轉變與挑戰；(3) 從「學科教學知識，PCK」到「學科學習知識，LCK」的轉變與挑戰；(4) 從「教學實踐」到「活化教學」的轉變與挑戰；(5) 從「學會教學」到「學會學習」的轉變與挑戰；(6) 從「課程改革意識」到「教學革新實踐」的轉變與挑戰。

三　教師對教育改革的理解與實踐

　　想要教師改變教學方面的思維，是一件相當不容易的事。因為，要改變一般的教學活動，需要透過各種策略的運用，以改變教師在教學中的思考歷程，進而修正教學模式，實在是一件複雜的工程。教師的教學改變，和一般機構的權力改變一樣，需要所有人員與全體情境脈絡的配合修正，才能發揮實際的效果，只有教學相關的情境脈絡改變了，教學氛圍調整了，才能在教師教學實踐歷程中收到預期的效果。此種現象如同 Popkewitz（2003）所提出發展性的權力觀，強調權力不是集中於某些團體，權力是無所不在的，它像血液一樣隨著微血管流遍全身，在個體、團體或制度中到處流竄，而形成了規訓的技術，由此建構疆界，並展望可能性。如果權力的結構和脈絡沒有改變，要進行整體的改變或局部的改革，會是一件相當困難的工程（林進材，2019）。

（一）教師對教育改革的知覺與理解：從無知到實踐

　　教育改革中的教學政策落實，成功的主要關鍵在於教師對於教育改革的知覺與理解，教師在教學生涯中對於國內的教育改革，秉持著積極或消極的態度深深影響教育改革成功與否的要素。教師對於教學政策的內涵與主張究竟是存在著何種心態，決定教師在面對改革時所

教學啟示錄｜在異質性高的班級教學中，教師應該運用分組合作學習，提升學生的學習成效。

採取的行動方案。面對教育改革帶來的擾動，課室中的教師可能消極迴避、負面回應，也可能面對矛盾顯現再創的動能。過去研究教學改變，較關注於特定期間的行為改變，少正視矛盾引發的再造歷程（林佩璇，2017）。因此，在教育改革行動中，如何讓教師從「無知」到「實踐」的轉變，如何透過各種激勵策略，鼓勵第一線教學的教師積極的投入教學改革行列中，是亟待加以關注的議題。

(二) 教師對教育改革的行動與因應策略：從理念到經驗

教師對於教育改革行動的態度，影響教師參與教育改革與否的意願。如果教師對教育改革是積極的，投入教育改革的意願是高的，則教師就能將各種教育改革的理念與主張，融入班級教學活動實施中，本身也願意配合教育改革做專業上的修正調整；如果教師對於教育改革是排斥的、對立的，則教師容易在教育改革行動中，扮演旁觀者的角色且「冷眼旁觀」、「壁上觀」，則改革理想容易束之高閣。其主要為教師教學在多重系統及聲音交織中，常會出現參與者的矛盾與衝突，Engeström 將這些衝突的立場稱之為雙重束縛（double binds），他指出當複雜度增加時，原已潛藏的和表面可見的矛盾，會引導參與者追求解決的理性活動（Stinnett, 2012）。

(三) 教師對教育改革的理解與實踐：從理解到行動

教師對教育改革的理解與實踐，端賴教育改革行動方案與教師專業改變的幅度差異有多大，如果改變的幅度大而教師的意願高，則教師偏向願意從自身的改變做起，迎合教育改革的主張；如果改變幅度大而教師的意願低，則教師的態度偏向消極，不願意加入改革的行列。例如：新課綱特別強調核心素養，而在新課綱實施後，教師必須重視對於新課綱內涵的了解，教師同儕間觀課後相互提供具體深入

傳統教學方法的運用是教師教學的基本功夫，
等熟練之後再運用新的教學法效果會更好。

教學啟示錄

的專業回饋，以及邀請家長參與公開授課等等。由於學校的運作可說是一群具有共同目標的人，藉由彼此尊重、相互協助，以達成共同目標（楊振昇，2018a）等，這些來自新課綱實施的要求，以及教師專業能力需要改變的層面，在教學忙碌的教師眼中，容易視爲「剪綵文化」、「煙火文化」式的改革運動。

四 教師教學理解與實踐關聯性：從行動到實施

教育改革中的教學政策落實，除了教育制度的改變、教育政策的周延、課程改革完善之外，教師教學理解與實踐的關聯性是否密切，影響教學改變的實施成效。

(一) 教師的課程理解歷程

教育改革的主要核心在於學校課程與教學是否完整，這些改革理念是否可以融入學校教育發展中，有效地在教師班級教學實施中運行。因此，教師對於課程理解的程度、教師心目中的課程是什麼、這些課程所代表的意義、課程改革改了哪些、這些改革與教學如何連結、課程改革如何在教學中落實、如何評價課程改革與教學實施的成效等，成爲改革的重要關鍵。例如：教學就是教師、學生和內容三者之間的動態平衡。這句話意含：教學不能單以教師爲中心、學生爲中心或內容爲中心，不應由教師支配、學生支配或內容支配。這句話的背後是以陶養理論爲主，希望包含三種動態平衡：(1) 學生與內容之間是一種自主與結構的動態平衡；(2) 教師與學生之間是一種雙主體的動態平衡；(3) 教師與內容之間是一種控制與轉化的動態平衡（吳壁純、詹志禹，2018）。

教學啟示錄 分組合作學習的主要用意，在於透過各種學習策略的運用，加強學生的學習參與。

（二）教師的教學理解模式

　　教師在教學場域中具有決定性的角色，近年來因教育改革和教師專業地位提升的需求，教師的知識日漸受到關注，而引導教師行動的教學知識自然也引起普遍的重視。教師具備哪些教學知識？回應此一問題，Fenstermacher（1994）認為：「研究是產生知識的行動，教學則是使用知識的行動。」教師在教學現場中，如何讓教學活動設計與實施，結合教育改革中主張的課程教學演變，將各種改革行動中的「新教育理念」、「新課程主張」、「新教學主張」等概念，轉化成為教師的教學行動，成為教育改革理念中「以教學為主」、「學習為重」的核心關鍵。

（三）教師的教學實踐系統

　　教育改革中的課程與教學理念，需要教師本身的課程理解與教學實踐，能與教育改革的新主張亦步亦趨，做專業方面緊密的結合，才能在班級教學中形成新的教學行動，修正以教師為主的教學模式。教師教學實踐系統的形成，係經年累月從「理解、詮釋、經驗、實踐、修正」歷程，透過反覆的修正與淬鍊而成。教育改革的步調與教師教學實踐系統的內涵如果改變的幅度過大，又缺乏有效的診斷與輔導策略，則教育改革的理念容易成為「唱高調」現象。此種現象，如教學活動有其核心的要件，從文化歷史角度而言，在時空遞移中，會對過去每日慣性的價值判斷或決定產生擾動，引發矛盾或衝突。而這些矛盾又成為轉化的源頭，因此教學活動型態存在歷史複雜中，是永無止境的再建構，而此也是人類維持發展的必要條件（McNichol & Blake, 2013）

教學活動實施的主角是學生，教師才是活動的配角，
因此教學應該以學生為主體。

教學啟示錄

（四）教師的教學理解與行動策略

　　教育改革行動涉及「政策面」、「理想面」、「執行面」、「實踐面」等層次，其中與教師有直接關係者為「實踐面」。直言之，教育改革的實踐面指的是教師如何配合教育改革，這些教育改革的理想中，哪些是教師需要在專業方面改變的？哪些是課程教學需要修正的？哪些是教學活動需要調整的？哪些是教學中師生關係需要改變的？等等。隨著教育改革與學校教育的變遷，教師應主動吸收專業與跨領域新知，尤其教師必須先了解本身所具備的優勢與強項，並檢討反省本身的弱勢與困境，進而設法改變本身的思想觀念。須知改變了觀念，就改變了態度；改變了態度，即改變了行為；改變了行為，即改變了習慣；改變了習慣，即改變了性格；而改變了性格，即改變了命運，也才能享有在教學上的價值感與成就感（楊振昇，2018b）。

（五）教師的教學實踐與專業行動典範

　　教學政策理念的實施，需要教師教學實踐與專業行動密切的結合，透過「教師中心」改革方案的理想，激發教師進行教學改革的意願與興趣，進而形成教師教學改革的氛圍與風氣，形成教師新的教學模式典範。此種教師心態的形成與轉變，如同 Drucker（1999）所提出的看法相當值得重視，他特別強調變遷乃是無法避免的時代趨勢，我們無法駕馭變遷，我們只能走在變遷之前；現在開始準備迎接新挑戰的，將會是明天的領袖；反之，那些反應遲滯者，就會被遠遠拋在後面，可能永遠沒有趕上的一天。教育改革政策的落實，需要考慮教師層面的變化與因應策略，透過有效的策略方法，引導教師進行教學改革行動。

　　有關教師教學理解與實踐關聯性：從行動到實施的概念，整理如圖 4-1。

教學啟示錄 教師想要提升教學成效，就必須從研究當中萃取結論與建議的精華。

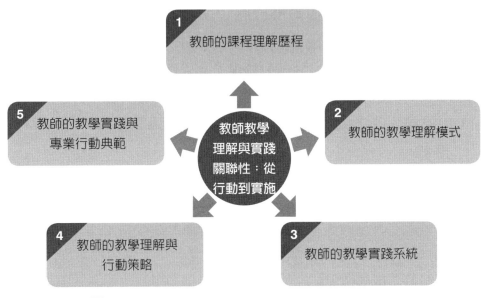

圖 4-1　教師教學理解與實踐關聯性：從行動到實施

教育改革中教學政策啟示與反思

　　教師作為教育改革的重要推手，假若在執行方面沒有充分的信念與掌握，將會嚴重影響課程改革的成效，也影響教師們對日後類似課程教學改革的信心和參與（Stewart, 2018）。教育改革中的教學政策從擬定、執行到成效評估，每個環節是否考慮教師教學實踐層面的要素？顧及教師在教學現場的困境？掌握教師對教學政策理解與意願？教師是否充分掌握教學政策的內涵與精神？教師的教學實踐與實施是否精準聚焦在教學政策上？等等，成為教育改革中教學政策落實的關鍵。

　　　　　　　　　　　　　　　教師想要改變教學活動前，
　　必須要先改變自己的教學思維模式（a paradigm shift）。　　**教學啟示錄**

(一) 教育改革的教學政策形成歷程與應用

學校教育改革的關鍵在於課程與教學，課程與教學實施取決於教師教室層級的教學。只有教師對於課程改革具有高的敏感度，感受到課程改革對教學實施的重要性，教師才願意在教學行動中，將課程改革的理念納入教學設計，從教學實施中，落實課程改革的理念（林進材，2020a）。教育改革的教學政策形成，宜包括「理想面」、「需求面」、「現實面」、「執行面」、「實踐面」、「成效面」等幾個層次方面的考慮，進而形成周延成熟的政策。忽略了上述的各層面，則教學政策的改革與落實，容易成為空談而無法收到預期的效果。

國內近幾年教育改革提出的教學政策，在上述幾個層面上的思慮有忽略教學現場情境脈絡與專業需求之虞，導致改革運動喊得震天響，教學現場靜默不動的怪現象；或者配合改革舉辦的教師專業成長，成為「喊口號」、「熱三天」、「貼便條紙」等情景。教育改革的教學政策從形成、擬定、實施到成效評估，需要顧及各層面的特性與需求，做橫向的聯繫、上下的連貫，才能真正落實到教室層級的教學中。

(二) 教育改革的教學政策落實歷程與模式

成熟而周延的教學政策，必須考慮教學設計與實施的各種因素，將影響教學的要件融入教學政策的擬定與設計中，才能讓教學政策與教育改革的理想做專業方面的配合。教學政策的真正執行者，為第一線擔任班級教學的教師，因而教學設計與實施的成敗，繫於教師對於教學政策的理解程度，才能在教學實踐行動中，進行適當的轉化。如 Shulman（1987）指出的「教學理念化與行動模式」（A Model of Pedagogical Reasoning and Action），提供一個探索活化教學的思考參照。他指出教師在課堂教學之前，須對教材

教學啟示錄 教學設計應該以學習者特質為主，否則教學就會遠離學生的學習。

進行充分的「理解」（comprehension），並依學習者的需要，進行適當的「轉化」（transformation）後，才能於課堂進行「教學」（instruction），課堂結束後應當依據學生的評量結果與教師的教學過程進行「評鑑」（evaluation），以供教學者進行專業「反思」（reflection），經過反思後，對課程、教材，甚至是學生的學習狀態，都會形成一個新的「理解」，進而啟動再一次的教學迴圈。

國內幾次的教育改革，對於教育發展與教育活動具有相當重要的改變，影響國家教育實施成效。然而，教育改革中教學政策的落實與否，成為教育改革成功的重要關鍵之一。因此，教學政策的擬定與落實，需要將教師眼中的教學政策、對教學政策的理解、如何將教學政策轉化成為教學設計與實施、教學政策與傳統的教學差異有多大、教師是否有能力落實教學政策等議題，在教學政策的擬定與實施中，納入主要的考量因素，才能在教學現場真正落實政策的理想。

(三) 教育改革的教學政策如何影響學校教育

教育改革中的課程教學主張，對於學校教育的變革與教育發展，具有相當密切的關係。如果教育改革的主張與變遷與學校教育發展背道而馳或相去甚遠，學校教育實施需要做大幅度的改變，則教育改革成功的機會就會降低。Cuban（2016）認為學校是一種動態保守的組織，其組織改革存在許多的問題，例如：政策錯誤會將學習低成就與經濟表現連結；經常忽略學校的日常結構對教師限制的影響；教師雖是實質上的政策制定者，卻仍在「教師中心取向」跟「學生中心取向」之間掙扎、取捨，教師必須面對如何在其中得到平衡的挑戰。教師的教學調整與面臨的挑戰，不僅僅是教學活動與設計的片面改變，同時還要考慮整體學校的教育組織與班級教學的氛圍。

歷來教育改革延伸的教學政策，偏向採用統一標準的形式，導

教師對學習風格的了解，和對單元知識的了解一樣重要。　**教學啟示錄**

致教學政策計畫與執行，因為各級學校的差異與各地學校的不同，而無法真正落實到學校教育當中。有鑒於此，教學政策的擬定需要囊括教學理想的大方向與教學實踐的有效策略，提供改進學校教育發展與班級教學的示範性模式，引領教師建立屬於學校特色與班級特性的教學模式，則教學政策容易在各系統中的學校生根，在不同班級教學中落實。

（四）教育改革的教學政策如何在班級教學中落實

學校教育與班級教學的關係是相當密切的，教育改革政策的落實必須將學校教育與班級教學作為政策擬定的重要參考依據，避免教育改革的教學政策與學校教育發展差異過大，導致「理想面」與「現實面」差異過大、「政策面」與「實踐面」無法配合的現象。Roth 與 Lee（2007）指出，教學是主體建構的，從活動理論而言，個人參與活動，不僅對學校產出貢獻，也增強自身行動的可能性。活動理論相信人類不只是在既有機構脈絡和諧的存在，本質上即伴隨有行動的權力，允許批評及修正。行動是包含實踐者參與行動的結果及行動的理由。Roth 與 Lee（2007）指出改變實踐取向研究有三種途徑：改變性實驗（change laboratory），跨界實驗（boundary-crossing laboratory），和協同教學／共生對話模式（co-teaching/cogenerative dialoguing model）。

教育改革中的教學政策想在班級教學中落實，則典範教師的教學模式及教學專業典範的建立，成為主要的關鍵因素。典範教師的教學模式，有助於提供教師在一般教學活動中的標準作業流程；教學專業典範的建立，可提供教師在各學科教學知識與學科教學方法的參考，讓教師可以在「學科教學知識」與「學科學習知識」的範疇中，靈活且交相運用於教學活動實施中。

教學啟示錄　學科學習要領在動機，學習動機關鍵在興趣。

（五）教師對教育改革教學政策的知覺與行動關聯

　　教師對教育改革教學政策的知覺，包括教學政策的擬定是否考慮教師實際的需要？教師本身對教學政策理解程度？教師對教學政策認同程度？教師對教學政策執行是否具備相關能力？教師是否了解教學政策如何落實在班級教學中？教師如何將教學政策融入教學設計與實施中？等等。例如：十二年國教課綱強調核心素養的教學，教師要從昔日的知識教學過渡至今天的素養教學，首先對教育的功能要有重新的理解和接納外；在教學行為方面，教師不時要思考學生需要透過怎樣的學習任務（learning task）才能如實呈現他們知識應用的能力？學生在執行學習任務的過程中，除了描述性的知識（declarative knowledge）外，還涉及哪些操作上的程序性知識（procedural knowledge）？尤其後者，往往都是過去知識教育所忽略的（林進材，2020b）。

（六）教育改革中教學政策成效評估與應用

　　任何政策的擬定與執行，從需求評估到成效評估，都需要考慮與政策有關的因素，才能讓政策的執行達到預期的效果。教育改革中的教學政策成效評估，目前是最需要加強的一環。例如：以評估為中心的教學活化策略與實踐，需要考慮的是學生、教師、家長及相關人員（stakeholder）所關心的有效學習，究竟是利用什麼樣的實證和大資料，來驗證或考察學習的成效？這些考察的學習成效，用什麼樣的方式讓相關人員信服理解？教師在進行教學活化時，需要先透過評估中心為學生進行學習成效上的測量，並提出學生學習成效方面的改變情形、學習成效方面的成長幅度、學習成效方面的變化情形等資料，作為教師活化教學的參考（林進材，2020b）。

　　　　　教學評量的目標在於了解學生學習方面的改變有多少，
　　　　　這些改變對教學有什麼意義。　　　　　　　　**教學啟示錄**

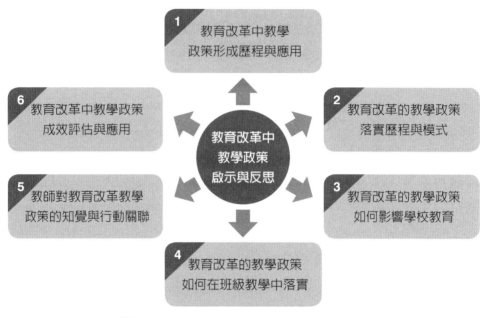

圖 4-2 教育改革中教學政策啟示與反思

　　任何教育改革中的教學政策，除了需要重視計畫擬定到實施的歷程，也應該在改革告一段落時，針對政策實施成效進行專業性的評估，了解政策執行的成與敗、政策實施面臨的問題困境，透過成效評估作為計畫修正的參考。教育改革是一個持續的活動，不是斷斷續續的歷程，唯有重視成效評估與計畫修正環節，才能在下一波的教育改革擁有更多的支持。

　　有關教育改革中教學政策啟示與反思的概念，整理如圖 4-2。

六 建立教師教學理解與實踐的新典範

　　每一波課程改革的運動與訴求，都將重點放在課程理念、課程目標、課程綱要、課程實施、課程評鑑等議題上面，希望透過課程結構

教學啟示錄 課程與教學的關鍵在師資，師資的關鍵在教學，教學的關鍵在方法。

的改變，修正學校教育活動（或教學活動），進而達到預期的目標。然而，只重視「課程改革」而忽略「教學革新」重點的教育改革，勢必無法在未來的改革運動中，形成強而有力的改革力道，進而達成課程改革的目標。如果教師的課程改革意識與教學革新實踐的關聯性不佳，則容易導致改革與實踐之間的乖離，無法在教學實際行動中，將課程改革的理念落實到教學設計和實踐中，導致課程改革與教學實踐無法亦步亦趨，收到預期的效果（林進材，2020a）。

　　教育改革行動的鑼鼓敲得震天響，教育行政機關展開「由上而下」或「由下而上」的改革模式，希望這一波的教育改革可以讓國內的教育發展脫胎換骨，快速地與國際教育發展接軌，讓國內的教育成效與各國教育迎頭趕上。然而，國內的教育改革向來重視教育政策的擬定，強調學校教育往精緻效能品質發展，主張課程發展的重點和方向，而忽略教師教學實踐層面的環節，導致教育改革「雷聲大雨點小」的現象。本文的重點不在於針對教育改革中的教學政策進行學理方面的批評質疑，而在於分析國內歷年來教育改革中教學政策的轉變與落實，從教師教學理解與實踐的角度，分析教學政策本身的利弊得失。透過上述的論述，針對教師教學理解與實踐歷程的論述，期盼可以在未來的教育改革中之教學政策的落實，建立一個「教師教學理解與實踐的新典範」以供參考。希望本文能激發國內關心教育、關注教學的教育同好，重視教學政策的擬定與落實，以提升教師的教學效能與學生的學習品質。

本文載於《臺灣教育研究期刊》，2021，2（1），1-15

教學活動要經常性的改變，才能激發學生的興趣。　**教學啟示錄**

本 章 討 論 議 題

1. 臺灣歷年來的教育改革重點有哪些？這些改革重點對於學校教育有哪些實質的改變？教師在班級教學中如何加以因應？

2. 教育改革中教學政策的主張與演變有哪些？這些改變對於學校教育有哪些意義？教師在班級教學中如何因應？

3. 教師對教育改革的理解與實踐有哪些重要的部分？這些理解與實踐之間的關係為何？教師對教育改革的理解對於教學改革政策的落實，有哪些重要的意義？

4. 教師教學理解與實踐關聯性為何？這些關係如何回應到班級教學中？對班級教學設計與實踐有哪些具體的意義？

5. 教育改革的教學政策形成歷程與應用有哪些重要的意義？這些意義對於教師班級教學設計與實踐有哪些具體的啟示？教師如何將教學改革政策落實？

教學啟示錄 教學活動設計與實踐是學生自行決定的過程，也是師生協商的過程。

第 5 章

從教學改革政策到
教室教學活動的連結

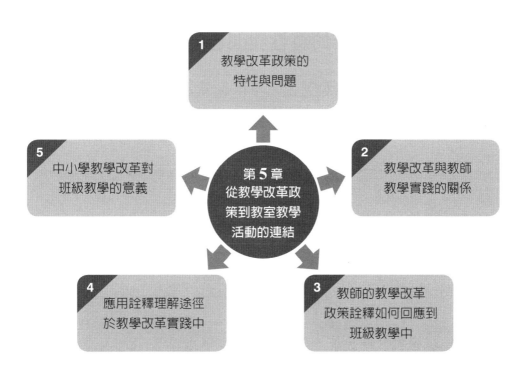

本章重點

教師的班級教學設計與實踐，與教學改革政策之間的關係是相當密切的，在二者之間的關係，需要教師對於教學改革的意識，以及對教學改革與教學實踐的知覺。透過專業能力的實施與開展，才能將教學改革政策到教師教學活動設計做有效的連結，透過緊密的連結才能使教學改革收到預期的效果。本章的重點，在於說明從教學改革政策到教室教學活動的連結關係，提供中小學教學改革之參考。

一 教學改革政策的特性與問題

教育及課程改革運動，是近年來世界各國教育的重要議題之一，各國紛紛提出重要的教育改革方案，要求學校改善教學品質以提高國家的競爭力（林進材，2019）。透過改革運動的推展，強調學校教育目前「存在哪些問題」，需要「改革哪些問題」，這些問題需要從理念、從制度、從實踐、從實務等修正相關人員的行動，才能收到預期的效果（林進材，2021）。

（一）教學改革的演變與教學的關係

在教育改革歷程中，有關課程與教學的改革，延伸到教師教室中的教學，是一段相當漫長的距離。如果教師對於教學改革政策的內涵不熟悉，或是對教學改革冷漠的話，教室中的教學活動設計與實踐，就會在傳統的教學方法之下，則改變的幅度不大，教師的教學活動與教學改革的理念就無法相對應。

此外，依據教育改革的相關論文指出，教育改革成功的關鍵在於課程教學，課程教學改革成功的關鍵在於教師教學。歷年來的課程改

教學啟示錄 個別處方教學的實施對於班級學生學習差異性大的學生，具有正面積極的意義。

革忽略教師的教學實踐，因而導致成效不彰或無法落實的境地。想要課程改革成功，就要掌握課程改革與教師教學實踐的關係，提升教師對課程改革的意識，喚起教師對課程改革的重視，才能在教師的教室教學中收到改革的效果（林進材，2020a）。

在教學現場教師和教學改革的距離有多遠，教育改革成功的路途就會有多遙遠。因而，想辦法讓教師對於教學改革的意識提高，讓教師了解教學改革和教室中教學活動的重要性，才能在教育改革的呼籲中得到現場教師的支持，教學改革才能落實到教室的教學中（林進材，2020b）。

（二）九年一貫課程改革的教學政策基本能力特性與問題

在九年一貫課程實施之前，我國「課程標準」所列的目標較為籠統抽象，無法與時俱進，未能明確將學生應該習得的知識與能力列出來；國民中小學九年一貫課程重視學生基本能力，依據教育目標，擬定十項基本能力，是課程改革的一大特色（蔡清田，2008）。

國民中小學九年一貫課程改革的基本能力，是基於社會變遷及未來生活需求所做的評估，基本能力比以往課程標準的教育目標更為具體，但仍需要在個別學習領域中轉化為各學習階段的「能力指標」，可為課程改革與學習成效評估之依據，進而實施補救或充實教學。

中小學教師在面對九年一貫課程改革的基本能力和特性時，雖然面對課程改革的重點和內涵和以往的教學有所不同，在班級教學活動設計與實施中，需要依循課程改革的重點，改變原有的教學模式與方法。然而，課程改革與教師教室教學的關係，仍需要教師花時間了解課程改革的特色和精華。

在中小學的教學改革方面，由於九年一貫課程主軸、重點、基本能力等方面的修正，教師的班級教學設計與實踐也需要依據課程內涵

教學要能讓每一位學生在學習過程中，
不會因為各種先天的條件或後天的環境而形成學習上不平等的現象。　**教學啟示錄**

的改變，而做教學方面的修正調整。例如：九年一貫課程強調的是基本能力和特性，則教師班級教學設計與實施，就需要配合修正強調學生的基本能力培養。

(三) 十二年一貫課程改革的教學政策基本能力特性與問題

十二年一貫課程的改革與實施，宜透過課程研究，進行我國國民基本能力之研究，明確地指出國民應該具備哪些基本能力，規劃建構十二年一貫課程綱要的理論依據與課程目標等「正式規劃的課程」（蔡清田，2008）。在教學活動規劃設計方面，依據基本能力的研究而作為設計實施之參考，並引發學生的學習興趣，期望可以達成學習結果，並透過各種方法的運用蒐集學生學習方面的訊息，作為改進或修正教學的依據。

從九年一貫課程的改革與實施，到十二年一貫課程的改革與實施，改革的基調都放在課程改革上面，強調學生各學習階段的能力養成，希望透過學校課程內容的實施與教師教學設計的更新，提供學生學習成功的經驗，進而確保學習方面的品質。如同 OECD（2017）從系統性的角度提出幾項創新學習環境（innovation learning environment, ILE）的原則，在內容方面包括軟、硬體、教師的信念與教學設計及實施：(1) 肯定學習者是核心的參與者，鼓勵學習者積極投入學習，為自己的學習負責任，在學習歷程中發展理解的能力等；(2) 重視並理解學習者的個別差異，包含學習的先備知識；(3) 學習本身就是社會化的歷程，引導學生在團體中進行合作與學習；(4) 在學習環境中培養學習力，調合學習者之動機、學習成就與態度；(5) 設計對學習者具有適當水準挑戰性的學習任務；(6) 連結好的學習環境以促進跨領域及真實世界之橫向連結；(7) 展現具體之期望，並安排高度支持性、學習性的評量策略，以及時回饋教與學。

教學啟示錄 教師面對新興教學議題時，需要改變教學思維與教學模式。

　　雖然，九年一貫課程改革與十二年一貫課程改革的時間期程不長，然而課程改革與實施的幅度，二者之間的差距是相當大的。教師在面對課程改革時，需要花相當長的時間進行專業能力的培養，同時也需要在教室的教學中，調整原來的教學模式和方法，從傳統的教學觀念中，引進新的教學理念，透過「汰舊更新、求同存異」方式，進行教學活動實施上的更新。

(四) 核心素養的重視與班級教學的連結

　　核心素養的理念，強調的是學習者的主體性，和傳統以「學科知識學習」為學習的唯一範疇有所不同，而是強調與真實情境結合並在生活中能夠實踐力行的特質。核心素養的主要內涵，是個人為適應現在生活及未來挑戰，所應該具備的知識、能力與態度，在於實現終身學習的理念，所以注重學生學習歷程、方法及策略（國家教育研究院，2014）。

　　相較於九年一貫課程與十二年一貫課程強調的重點，核心素養的理念更為重視：(1) 跨領域與科技整合的運作；(2) 與生活情境的連結與運用；(3) 有利於個人社會的發展（蔡清田，2014）。因此，核心素養的課程改革重點，在於教師在教室中的教學活動如何引導學生連結到日常生活中的經驗，將知識內涵與生活現實做緊密的結合。

　　十二年國民基本教育課程的擬定與修正，主要在於核心素養的培養。因此，十二年國民基本教育之核心素養係強調培養以人為本的「終身學習者」，包括「自主行動」、「溝通互動」、「社會參與」三大面向，以及「身心素質與自我精進」、「系統思考與解決問題」、「規劃執行與創新應變」、「符號運用與溝通表達」、「科技資訊與媒體素養」、「藝術涵養與美感素養」、「道德實踐與公民意識」、「人際關係與團隊合作」、「多元文化與國際理解」九大項目

　　學習共同體的理念，源自於在教學歷程中，將學習者需要承擔的責任和任務，放在彼此相互承擔、相互協助之上。　**教學啟示錄**

（國家教育研究院課程及教學研究中心，2014）。

　　中小學教師在教室中的教學設計與實施，如何與外界的教學改革政策重點、教學調整的內涵做專業上的連結，其中包括對於教學內涵的掌握、教學改革意識的提升、教學活動如何與教學改革的內涵結合、落實教學改革的理念、將教學內涵與教學活動連結，實為學校教師在班級教學現場，需要隨時將教學設計與實施更新的議題。有關教學改革政策對教師教學設計與實踐的意義之概念，請參考圖 5-1。

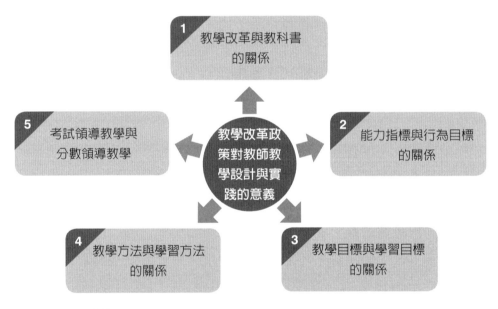

圖 5-1　教學改革政策對教師教學設計與實踐的意義

資料來源：林進材（2020a）。

教學啟示錄　教學的主要關鍵在於「讀、寫、聽、說、想、講、看」等關鍵方法的運用。

教學改革與教師教學實踐的關係

　　教育改革中的課程與教學改革，主要關鍵在於教學政策是否能在班級教學中落實。因而，教師對於教學改革政策的理解與實踐，成為課程教學改革成功的主要關鍵。教育行政單位在推展課程教學改革時，要透過教育的各種系統，提升教師對於教學改革政策的理解，進而願意在班級教學中落實。只有教師對於教學改革政策具有高的敏感度，感受到教學改革政策對教學實施的重要性，教師才願意在班級教學中，將教學改革政策的理念納入教學設計，從教學實施中落實教學改革的理念。中小學教學改革與教師教學實踐的關係，包括教學改革與教師教學實踐知識、教師的教學改革意識與教學實踐、教師教學改革政策意識與班級教學內容。

(一) 教學改革與教師教學實踐知識

　　教育改革中的課程教學改革，主要的關鍵在於教師班級教學的落實。可見，課程改革運動的推展，不僅僅代表著課程結構與內容的改變，同時意味著課程實施、課程評價、課程改革成效方面的轉變，此正意味著教師在教學方面的改變，是勢在必行的議題。課程改革對教師的啟示，包括「意義」與「情境」是教師改變的兩個重要的因素、專業社群的建立提供教師更大的實踐空間、改革是一種教師實踐知識轉變的過程（黃騰、歐用生，2009）。

　　教育改革或課程改革，必然涉及教師教學的實踐知識，教師的實踐知識在過去的教學生涯中，已然成為教師「視為理所當然」的憑藉，想要教師在短時間之內改變實踐知識，會讓教師感到無所適從、感到相當程度的焦慮。因為，這些實踐知識是透過經年累月慢慢淬鍊而成的，是在社會經驗互動中慢慢累積起來的，是一段漫長時間的體

　　教學要讓學生改變以往的教學「常客情形」，
　　而投入教學活動當中，成為「教學主人」。

教學啟示錄

驗和沉澱過程。所以，任何的教育改革或課程改革，需要考慮到教師教學改變的問題，了解教師教學改變的幅度能有多大、教師教學改變的意願高或低、教師教學改變的可能性有多少、教師教學改變需要的專業能力是否足夠等等問題（林進材，2019）。

(二) 教師的教學改革政策意識與教學實踐

教師的教學改革政策意識與班級教學時間之間的關係，需要教師對教學改革政策的理解與配合，願意將教學改革理念與自己的教學例行公事（routine）相對照，且願意從教學模式中調整教學設計與實踐。只有提升教師對教學改革的意識和敏感度，才能激發教師對教學改革的興趣，進而將各種教學改革政策的理念在平常的教室教學中加以融入，在教學實施中回應各種改革的訴求。根據 Freire（1972）對於批判教育學（critical pedagogy）及解放教育（liberating education）的主張，教師的「意識覺醒」（consciousness-awaken）是教師建立主體性、發展自主性、活出「解放教育」理想的重要關鍵。教師必須對自己以及所身處的實務世界有更多的覺知，能夠質疑、挑戰「習以為常」的作法、現象、限制和權力結構，能夠反省「習焉不察」的價值、信念、潛力和知識體系，才能夠敏銳察覺到實務現象背後的潛藏問題和改革需求，也才能判斷改革政策、口號和作法的正當性與合宜性（甄曉蘭，2003）。

Goodlad（1969）呼籲教育研究應關注到教室層級的課程轉化與教學實踐，應更多了解教材中的意識形態課程（ideological curriculum）與教師的心智課程（mental curriculum）是如何調解的。在教學的過程中，教師從其對學校「正式課程」所詮釋產生的「覺知課程」（perceived curriculum），轉化到教室內實際執行的「運作課程」（operational curriculum）（Goodlad, 1979），教師需要處理有

教學啟示錄　教師指導學生將課程教學的知識重點透過繪圖的方式，以學生可以理解的方式呈現出來，既能達到學習樂趣還能提高學習效能。

關教學目標的訂定、學習機會的選擇、學習機會的組織、教學活動的設計、教學流程的安排及評量方式的決定等等，而這些相關的判斷與選擇，表面上看來好像是屬於技術層面的操作，但實際上或多或少都反映出教師的教學信念與教學意識。教師對於教學改革政策意識的深淺，決定未來教學改革政策實施與教學實踐的方向和目標，唯有教師對教學改革充滿憧憬和改變的意願，才能在教學改革政策中取得教師的同意權，進而落實教學改革政策的願景（林進材，2020a）。

(三) 教師教學改革政策意識與班級教學內容

　　中小學教學改革中教師教學改革意識與班級教學的關係，由圖5-2 可以得知，教師在教學改革政策意識下，其教學實踐歷程可以囊括幾個重要的教學階段：

1. 教學目標的訂定與修正

　　教師在班級教學中，教學目標的訂定一般是依據學校所選的教科書，從單元教學中的學科知識擬定班級教學的目標。因此，教師在教學目標的訂定方面，屬於比較被動的層次。如果教師對於教學改革政策意識比較強烈的話，就會思考目前的教學目標是否需要修正的問題，教學目標的訂定與修正不會過於僵化或是「依賴教科書」，而會從對教學改革政策的意識中，將教學目標做彈性化的調整，配合教師在班級教學中的運作。

2. 學習機會的選擇與調整

　　教師如果依據課程改革意識，將教學目標的訂定進行相當幅度的改變，則在學習機會的選擇就會依據教學目標而做篩選。學習機會的選擇之外，教師也應該針對教學改革政策理念做學習機會的調整，以利學生未來的學習活動。

教師的教學要能顛覆傳統，才能收到教學上的驚喜。　**教學啟示錄**

3. 學習機會的組織與調適

在學習機會選擇篩選之後，接下來就是針對教學目標，將學習機會做組織性與系統性的組織，將各種學習機會和知識改變成為學生可以學習的內容；此外，教師應該依據教學改革的理念，思考在學習機會的組織方面和傳統的班級教學差異之所在，做學習機會方面的調整，讓學生可以從教學改革政策中獲益。

4. 教學活動的設計與實踐

在教學活動的設計方面，教師應該將「學科教學知識」與「學科學習知識」的內容，轉化成為各種教學活動，透過教學活動的實施，指導學生進行有效的學習；此外，在教學改革政策調整之後，教師的班級教學活動設計與實踐，需要針對教學改革前後的差異修正教學設計模式。例如：十二年國民教育重視「核心素養」，九年一貫課程強調「能力培養」，此二者之間的差異，教師要能在班級教學設計中調整教學方法與策略，以順應新課程改革理念。

5. 教學流程的安排與微調

教學流程必須依據教學目標與學習目標，做流程上的安排與設計，透過教學流程的安排，可以確保教學目標的達成，以及學習品質的提升。教學改革理念落實前，需要透過各種方式，讓教師了解教學流程的安排與微調需要做哪些方面的改變，才能在改革中落實各種理念。

6. 教學評量方式的決定與實施

教學評量方式的決定，包括教學評量標準的擬定，透過教學評量的實施，可以提供教師在教學目標的達成情形，以及學生學習方面的改變，這些訊息可以作為教師是否實施補救教學的參考依據。面對中小學教學改革時，教師在教學評量方式的決定需要依據教學改革政策的理念，改用其他的教學評量方式，或是在原來的教學評量方式上調

教學啟示錄｜教師的教學，不僅要回應整體社會發展的需要，同時還要回應種族、語言、文化、階級、地位等在教與學方面的實際需要。

整評量的標準或方式。

7. 教學模式的調整與建立

　　教學模式的建立是在教學活動結束之後，教師透過教學評量與教學反省活動，對照以往的教學設計與教學活動，建立屬於教師特色的教學模式。教學模式的建立同時也是教師教學專業精神的開展，透過具有自身特色教學模式的運作，有助於教師隨時反思自己的教學活動，進而修正自己的教學活動實施。教學改革情境下的教師教學模式需要隨著新的教學政策，做整體或部分的調整，才能將新的教學理念與元素納入班級教學設計與實踐中。

圖 5-2　教師教學改革政策意識與教學實踐內容

三 教師的教學改革政策詮釋如何回應到班級教學中

教師面對教學改革政策，究竟是如何理解的？如何詮釋的？如何因應的？皆影響教師在班級教學中的設計與實踐。中小學教師在面對教學改革時，如何詮釋理解教學改革的必要性與重要性？教師對於教學改革的知覺與信念，容易影響其教學行動（林進材，2020b）。若教師能批判自己的教學實踐，不但能覺察到自己的課程詮釋，還能進一步了解在各項教學實踐背後的原因，有助於教師找回自己的主體性。而教學環境與教育政策環境脈絡也影響教師對學校、政策的認同程度與實施。目前教育政策急於規範教師的責任、義務而非賦予教師主導、參與的權力，也使教師的課程意識難以開展，甚至漠視政策的改革脈絡（林鈺文，2017）。一般而言，教師的教學改革政策詮釋如何回應到班級教學中，可分成九個重要的步驟：

(一) 教師面對教學改革政策

當中央單位啟動教育改革時，連帶著課程與教學跟著調整，教師的班級教學設計與實踐就需要隨著修正。當課程改革的鑼聲敲得震天響時，在班級擔任教學的教師，不管在班級教學、班級經營或學校教學中，都需要面對教學改革政策問題，其中包括教學改革的方向、議題、內涵、趨勢等，這些教學改革對教師班級教學的規劃設計與實施產生哪些重要的影響。

(二) 了解教學改革的重要性

教學改革政策的制定有其崇高的理想性，以及需要實施的時代脈絡，擔任班級教學的教師，不一定深刻了解教學改革的「重要性」與「必要性」。當教師面對教學改革政策的方向和趨勢，產生排斥心理

教學啟示錄 學生的學習是經過感官察覺、注意、辨識、轉換、記憶的內在活動，將所學到的知識，轉化成為內在的記憶。

或是不了解甚至誤解時，則教學改革就無法收到預期的效果。由於教師是教學改革之後教學理想的落實者（或執行者），因此教師了解教學改革的重要性成為教學改革成功與否的關鍵。

（三）對教學改革的知覺與信念

　　教師在面對教學改革政策時，對於改革的知覺與信念，在知覺方面指的是教師對於教學改革工程了解多少、認識多少、配合意願多少的問題；在信念方面指的是教師對於教學改革秉持的想法、觀點、理念等。這些教學改革的知覺與信念，對於教師在班級教學設計與實施中，產生的影響是相當大的。想要教學改革落實，需要改變教師對改革的知覺與信念，讓教師了解改革的重要性與必要性，啟動教師對教學改革之意願。

（四）參與教學改革的工程

　　教師對於教學改革工程秉持著支持或反對的立場，對於教學設計與實施的影響是相當大的。如果教師贊成教學改革的話，就會願意花時間在教學改革的議題上面，並且在班級教學中配合教學改革的步履，進行教學設計與實施方面的調整；如果教師反對教學改革，就會採取抵制的策略，不願意在班級教學中配合教學改革理念進行教學設計與實施方面的更新。因此，教學改革政策制定過程，就需要了解教師對教學改革的看法，以及教師是否配合教學改革的意願。

（五）理解教學改革政策的內涵與精神

　　教師對於教學改革政策內涵與精神的理解程度，影響教師在班級教學改變的幅度大小。如果教師對於教學改革的內涵與精神有深刻的理解，才能對照自己的教學活動進行教室內教學活動的改革；如果教

師對於教學改革的內涵與精神理解不深且打從心理排斥，則教室內教學活動的改革就無法配合教學改革的步調。因此，中小學教學改革政策擬定之後，從政策改變的內涵與精神，到教師班級教學中的落實，需要有系統的方法和途徑，以改變教師的教學信念，讓教師願意加入教學改革行列。

(六) 批判並反思自己的教學活動

教師除了理解教學改革政策的內涵與精神之外，也應該配合教學改革的理念，深度反思自己的班級教學活動，並且批判自己的教學活動。反思教學理論與策略的運用是否經得起時間的考驗，是否提供學生嶄新的學習策略，學科教學知識是否能提升學生的「核心素養」，以因應瞬息萬變的日常生活。

(七) 察覺自己的教學改革政策詮釋

學校教育中，課程與教學的關係是相當密切的。當教師對於教學改革政策的詮釋理解程度能和教學改革的理念契合時，教師就願意在班級教學中改變教學設計、更新教學模式、提升教學效能；當教師對教學改革政策詮釋理解和改革的理念背道而馳時，教師就會偏向採用傳統的教學模式，不願意在教室教學中進行教學方面的更新。中小學的教學改革無法取得教師的配合，就容易在實施上面遇到無形的阻力，導致改革理念無法落實而失敗。

(八) 採取教學改革的設計與實踐

當教師對於教學改革政策的詮釋理解與教學改革的步調一致時，接下來就會從班級的教學中，採取教學改革的教學行動，從自己的教學設計與實施當中，做體制內的教學改革。所以，教學改革政策

教學啟示錄 在教學活動實施中，從「做中學」的效果比從「想中學」的效果好。

要真正落實到班級教學中，需要的是教師從寧靜中改革，而不是大張旗鼓的實施改革。

(九)定位教學改革的主體性

依據上述有關教師面對教學改革政策的步驟，當教師了解教學改革的重要性之後，接著就會從教學改革理念中批判自己的教學活動，並進而參與教學改革的工程，最後就會從班級教學中進行各種教學改革工程，並進行教學活動方面的反思。

有關教師的教學改革政策詮釋如何回應到班級教學中的步驟，整理如圖 5-3。

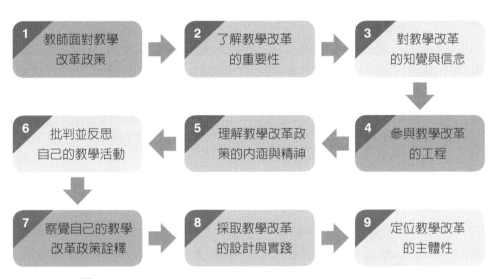

圖 5-3　教師的教學改革政策詮釋如何回應到班級教學中

優質教學應從多角度來考慮或定義，必須具有人性、民主化、溫馨、關懷、同理、包容、關愛、效率化的班級氣氛。　　　　　**教學啟示錄**

四 應用詮釋理解途徑於教學改革實踐中

　　教師在面對教學改革政策時，如何調整教學行動使其符合教學改革政策的訴求，關係著教學改革成功與失敗的關鍵。相關的研究指出，透過政策分析的詮釋途徑是相對新興的研究取徑，沒有固定的研究方法與研究步驟，其哲學觀點主要受到下列學派的影響：詮釋社會學（interpretive sociology）、Saussure 的結構主義（structuralism）、Bourdieu 的符號宰制（symbolic domination）、Edelman 的符號政治（symbolic politics）及批判理論、Habermas 的溝通行動理論（Theory of Communicative Action），以及 Foucault 的權力觀。其共同特色是認為權力是分散的，行動者在使用符號（包括語言、文字、行為等表意工具）時就是在行使權力（林進材，2021）。教師可以透過詮釋理解的途徑，深入了解教育改革或教學改革的各種主張（或訴求），包括：這些改革的重點與教師教學的關聯性究竟如何？可以透過哪些方法（或策略）的運用，連結教學改革與教師教學實踐的關係？教師如何修正現有的教學模式？透過模式的修正與教學行動的調整，使教學實踐歷程和教學改革政策理念更貼近。

　　當教師在面對教學改革政策時，如何應用詮釋理解途徑於教學實踐中，包括：(1) 教師面對教學改革政策；(2) 透過詮釋理解教學改革的意義；(3) 教師了解改革的重點；(4) 分析改革與教師教學的關係；(5) 思考採用哪些方法；(6) 連結教學改革與教師教學實踐的關係；(7) 修正現行的教學模式；(8) 運用模式的修正；(9) 形成自己的教學模式（參見圖 5-4）。

教學啟示錄 | 教學效能的高與低，是取決於師生的互動與反應。
教師必須學習如何不斷地修正。

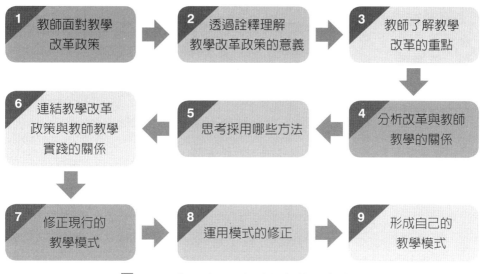

圖 5-4　應用詮釋理解途徑於教學實踐中

五 中小學教學改革對班級教學的意義

　　國內有關中小學教學改革的演變，主要源自於教育改革與課程改革的實施，其中課程改革對教學的意義包括三個重要的階段，依序為舊世代的教育、新世代的教育、異世代的教育（參見表 5-1）。

表 5-1　課程改革進程對教師與教學意義的典範轉移

教育時期 教師與教學	舊世代的教育 （70 年代以前）	新世代的教育 （70-90 年代）	異世代的教育 （90 年代以後）
教師角色	教師是知識的權威 （說與教的年代）	教師角色漸漸轉化：資訊工具操作或其他角色	教師是百變魔術師：生動、活潑、創意

課程改革與教學革新是一體兩面的關係，
教師的教學應該隨著課程改革修正教學理論與方法。　　　**教學啟示錄**

教育時期 教師與 教學	舊世代的教育 （70 年代以前）	新世代的教育 （70-90 年代）	異世代的教育 （90 年代以後）
教學活動	教學是知識的背誦：強調記憶與熟練的重要性	教學的知識來源不一：視訊媒體、網路達人或其他	知識是可質疑與推翻的：真理是此時此刻的準則
考試觀點	考試決勝負，成績定能力：成績好＝成功	考試多元，成績計算不一：例如基本學科、術科	考試只是一種基本門檻：高學歷不一定有用

依據課程改革進程對教師與教學意義的典範轉移，從舊世代、新世代到異世代的教育，對教師角色、教學活動、考試觀點等，產生相當大的轉變。教學改革政策的擬定與執行，循著課程改革的不同時期而有不同的理念與主張，教師在班級教學設計與實踐中，宜順著改革的步調而隨時修正自己的教學理念與模式（林進材，2020a）。

（一）從教師教學的「變」與「不變」的轉變與挑戰

教師在教學多年之後，由於時間和經驗的累積，導致教學設計與實施淪為固定的模式和流程。教師應該依據現實環境和班級教學情境的需要，改變固有的教學思考和流程，從教師心智生活調整，進而活化教學活動，透過以「教師為中心」的教學思維調整為「學生為中心」的教學思維，活化教學設計與教學實施，引導學生運用高效能的策略，提升學習成效進而提升教師的教學效能。教學改革政策的執行與落實勢必和教師基本思維有所不同，需要教師能「勇於改變」、「敢於改變」，才能收到教學改革政策的預期效果。

教學啟示錄 當課程內容更新時，教學活動的內容也應該跟著修正。

(二)從「教師中心的教學」到「學生中心的教學」的轉變與 挑戰

在教師教學活動的實施中，想要改變教學必須從教師教學型態做改變，才能收到教學活化的效果。教師教學型態的改變工程，需要一段漫長時間的積累。如同 Cuban（2016）指出，在過去的教學歲月中，近 50 年來雖然有部分的教師採用培養學生學科學習思維能力的「學生中心」教學；然而，對於大部分的教師而言，學校以「教師中心」的教學取向仍是沒有多大幅度的改變。主要的原因是學校教育的大環境沒有改變，學校的氣氛與機能結構改變幅度不大，仍舊採取年級、教學時數、教學科目等傳統的固定日常組織，教師的教學活動仍是關在自己的課堂內與他人分離，用教科書及考試來決定學生的成績。即使歷經多次的教育改革或課程改革，教師在教學的光譜中仍多數偏向「教師中心取向」那一端，偶爾雖然有些小組討論與安排學生做探究的教學，但學習基本上仍然是以傳遞內容爲主的教學，而非啟發或學生主動探究思考的教學，這些傳統的教學型態，仍舊牢牢地縈繞在教師教學思考與心智生活中，成爲牢不可破或無法挑戰的教學信念（林進材，2019）。

(三)從「學科教學知識」（PCK）到「學科學習知識」（LCK）的轉變與挑戰

課程改革的理念與作法，需要第一現場教師的配合，而想要教師在教學設計與實施配合，則需要了解教師的知識是從何而來、包括哪些層面、這些層面對於教師教學的影響如何等，進行教師教學模式方面的改進與調整（林進材，2019）。教師在教學歷程中，需要具備哪些專業的知識？Shulman（1987）將教師的基礎知識結合教師教學知識的理念，指出教學內容知識包括以下各項：(1) 學科知識：包括

對學科的整體概念、學科教育的目的、學科內容知識、學科的本質、學科教學信念等；(2) 教學表徵知識：多指教學策略和技巧的知識；(3) 對學習和學習者的知識：包括對學生和學生知識的了解、預計學生在學習時可能出現的問題、對學習本質的了解等；(4) 課程知識：如課程架構、目標、課程計畫和組織，對課本和教材的理解，對課程改革的理解等；(5) 一般教學知識：如教學歷程中的知識；(6) 教學情境知識：如對教學情境變化的認知；(7) 教學理念、個人信念等；(8) 內容、教學法與個人實務知識的整合。

學科學習知識的主要意涵，是從學習者的立場探討在學科領域學習中，學生需要具備哪些基本的知識。以學習者為本位的教學改變，主要是配合教學活動的改變，從學習者立場出發，關照所有影響教學的學習者因素，進而以學習者為中心進行改革。「了解學生是如何學習」的議題，一直是教學研究中最容易受到忽略的一部分。傳統的教學研究將教學窄化在教師的教學行為，忽略學生的學習行為。近年來教學研究發展趨勢之一，是從「以教學中心的研究典範」轉向「以學生為中心的典範」。許多的高等教育教學中心會透過研究的理論與實際分析，提出重要的教學要領與方法，幫助教師更深入了解學生的學習，或是引領教師從各個層面了解學生的學習思考，了解學生的學習風格。以學習者為主體的教學革新，才能在研究與實務之間取得平衡，真正落實教學改革的成效（林進材，2019）。

(四) 從「教學實踐」到「活化教學」的轉變與挑戰

想要引領教師從「教學實踐」到「活化教學」，需要了解教師的教學實踐不僅僅是一種外在教學行為的表象而已，同時也是一種內在課程意識的寫照。在教師教學實踐的框架之下，教師應該將自己視為「轉化型知識分子」，充分將自己發展為積極、具專業反省力的

教學啟示錄 教師教學活動的設計與實踐，都是在課程綱要的架構之下實施。

實踐者（Giroux, 1988）。換言之，教師應該在教學實踐內涵方面，針對教學前的準備、教材的運用，和教學互動中的教學策略、師生互動，以及教學後的評量與補救教學等，重視教師教學行為的「行動－反省－行動－修正」的迴圈，以活化教學的實踐模式（林進材，2019）。

　　歷年來的課程改革中有關教學的改變，例如：學會教學、學會學習、核心素養的教學、適性教學、差異化教學等方面的重視與轉變，不僅僅代表著教師教學理念的轉變，同時意味著課程改革的主張同步地影響教師教學理念的改變，唯有教師教學理念的轉變修正，才能使得課程改革的理想同步落實。

(五) 從「學會教學」到「學會學習」的轉變與挑戰

　　「學會教學」與「學會學習」感覺上是不同的議題，前者涉及教師的教學，後者涉及學生的學習。在教師的教學方面，一般指的是教師教學理論與方法的運用、教學策略與步驟的選擇，透過教師教學設計與實施達成教學的目標；在學生的學習方面，一般指的是學生學習理論與方法的運用、學習策略與學習步驟的選擇，透過學生的學習參與和學習投入達成學習的目標。然而，歷年來的課程改革，都希望透過教師教學方法的改變，影響學生的學習型態（或品質），進而提升學生的學習效能。Crick（2014）指出，教學的主要目標在於讓學習者全心、明智、成功地處理生命中不確定性及風險，那麼我們就需要重新省視我們的教學工作。

　　課程改革想要達到預期的目標，就必須同時檢視教師的教學，引導教師將「學會教學」與「學會學習」二個重要的概念，在教學設計與實施中做專業上的連結，使教師的教與學生的學能隨著課程改革理念的調整，進而調整二個歷程中的架構、概念、策略、方法等，才能

課程綱要與課程目標是教室教學的總精神，
在此精神之下教師進行教學設計與實踐。

教學啟示錄

達到預期的效果。歷年來的課程改革過於偏重「課程改革的架構」而忽略「教學改革的策略」，導致改革者唱高調而忽略第一線教師的教學，無法收到預期的成效。

(六)從「課程改革意識」到「教學革新實踐」的轉變與挑戰

課程改革的實施與問題方面，一般包括課程結構與內容、課程實施、課程評價、課程改革的成效等。在課程結構與內容方面，指的是包括哪些層級的課程，例如：國家課程、地方課程、校本課程等，這些課程的內容組成需要包括哪些知識，教師在課程結構與內容方面擁有哪些決定權等。在課程實施方面，指的是教師教室層級的教學，包括在教學過程中與學生的互動情形，引導學生質疑、調查、探究，促進學生在教師指導下主動地進行學習。在課程評價方面，透過教師各種評價方式的實施，了解課程與教學實施的成效，以及學生學習的成效。在課程改革的成效方面，包括直接影響與間接影響，直接影響指的是教師與學生的改變，間接影響主要是重視教師教學方面的改變。

每一波課程改革的運動與訴求，都將重點放在課程理念、課程目標、課程綱要、課程實施、課程評鑑等議題上面，希望透過課程結構的改變，修正學校教育活動（或教學活動），進而達到預期的目標。然而，只重視「課程改革」而忽略「教學革新」重點的教育改革，勢必無法在未來的改革運動中形成強而有力的改革力道，進而達成課程改革的目標。如果教師的課程改革意識與教學革新實踐的關聯性不佳，則容易導致改革與實踐之間的乖離，無法在教學實際行動中，將課程改革的理念落實到教學設計和實踐中，導致課程改革與教學實踐無法亦步亦趨，收到預期的效果。

有關中小學教學改革對班級教學的意義之概念，整理如圖 5-5。

教學啟示錄 十二年國民基本教育課程綱要的內容，提醒教師教學設計與實踐需要配合修正。

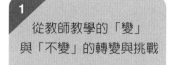

圖 5-5　中小學教學改革對班級教學的意義

本章討論議題

1. 教學改革的特性與問題有哪些？這些對於班級教學設計與實踐有哪些改變？教師如何配合教學改革政策？

2. 教學改革與教師教學實踐的關係有哪些？這些關係對於教學政策的落實有哪些具體的意義？

3. 教師的教學改革政策詮釋如何回應到班級教學中？教師對政策的詮釋對於教學改革的主要意義何在？如何運用教師對政策的詮釋達到教學改革之目標？

4. 應用詮釋理解途徑於教學改革實踐中的主要意義為何？如何有效運用在教學改革政策執行中？

5. 中小學教學改革對班級教學的意義有哪些？這些改革對於教師班級教學設計與實踐有哪些重要的改變和具體的意義？

教學啟示錄　今日那些教學凌駕我們的國家，明日的競爭力將凌駕於我們之上。
（美國總統歐巴馬）

第6章

中小學教學改革的 教學論議題

- 1 教學的科學與 藝術改革議題
- 第6章 中小學教學 改革的教學 論議題
- 2 多元文化教學實踐 改革議題
- 3 教師計畫設計與 實施改革議題
- 4 論教室為學習社群 實踐改革議題
- 5 教學評量的實施與 教學改革議題

核心素養是課程改革強調的重點，
教師要在單元教學中將各類知識與生活應用結合。

教學啟示錄

本章重點

　　中小學教學改革重點在於班級教學中的實踐議題，內涵包括教師的教學活動設計與實施、學生的學習活動設計與實施等二個重要的層面。透過教師「如何教學」與學生「如何學習」的教學規劃與設計，希望可以在原有的教學活動中，加入新的元素讓傳統的班級教學活化，使得教學活動更新、學習活動更為精彩。

一　教學的科學與藝術改革議題

　　中小學的教學改革，主要的改變不在於將傳統的教學全盤否定，而是從班級教學中釐清教學的主要意義，並且從教學中找出需要調整或修正之處。在教學的科學與藝術改革議題方面，一般包括教學理念的運用、學習如何教學、教學模式的改變、教學的科學與藝術、有效的教學原則等。

(一) 教學理念的運用

　　教師在教學理念的運用方面，隨著時代的發展，以及外在環境的改變，加上資訊快速地成長，教師的教學理念應該隨著精進調整，在傳統的教學觀念與新的教學理念不斷地相互影響下，教師在班級教學與角色扮演上，必須持續調整以因應快速的社會變遷。例如：臺灣的貧富差距與城鄉教學品質差異，都是現任教師在教學設計與實施中需要面對考慮的問題（林進材，2006）；此外，教師的教學改革，也應該圍繞在新教學理念的運用議題上面，才能收到改革的實質效果。

1. 多元文化教學活動設計與改革

　　多元文化教學活動，主要的意義在於回應不同社會種族、不同社

教學啟示錄　學習表現與學習內容是教師教學的重點，掌握好學習成效才是教學關注的重點。

經地位、語言與文化階級等，在教學方面的實際需要。例如：在中小學的教室裡，學生的組成方面異質性比較高，學生來自於不同的家庭社經地位、不同的族群、不同的社會地位、不同的家庭經濟狀況等，教師的教學活動設計與實施，就需要考慮多元文化社會的屬性，才能收到文化回應教學的效果。因此，教師的教學改革應該在傳統的教學活動設計中，將多元文化的議題和理念融入教學改革的方案當中，使教學活動的進行能兼容並蓄、多元融入且收到精彩多樣的效果。

2. 教學意義化的建構與改革

　　一般對學校教育有所批評者，大部分提到將學校教育比喻為「學校即工廠」，是屬於一種標準化的流程，教師透過各種系統化的流程，將自認為「真理、原理、原則」不斷透過標準化程序灌輸給學生。因此，教師的角色就被界定在知識的傳遞，原理原則、概念事實的教導。新教學理念的教學活動應該採取多元化教學的模式，可以將各種知識與現實生活進行緊密的結合，學生可以透過各種知識與價值的學習，有效運用在日常生活中。

　　意義化的教學活動是奠定在「一切以學生為先」的理念之上，教學成為一種社會與文化的交融、教師與學生的分享活動，學習不再是單調乏味的，而是教師與學生共同討論有意義的事件。因此，教學改革設計與實施需要將教學意義化的理念融入，使教學活動更生動、更具意義。

3. 樂趣化的教學實施與改革

　　傳統的班級教學活動被認定為被動式的學習，就是教師透過「一支粉筆、一張嘴、一個黑板」將自認為有價值的知識，在長方形的教室、固定的座位下傳遞給學生。有效的學習就是學生安靜坐在位子上，靜靜聆聽教師講課，並專心地記筆記。

　　新的教學理念將教學建立在建構主義的觀點之上，認為學習並非

教學設計是教師的教學藍圖，同時也是教學指引的方向。　**教學啟示錄**

單向的、被動地接收訊息，而是教師的教學活動可以引導學生進行自主學習，在師生互動歷程中，可以致力於有意義經驗的分享，並且從對話中發現機會，從雙向互動中建構知識。所以，學生學習不是被動的，是一種有意義對話與分享的過程。教師在教學實施過程中，應該讓教學活動充滿樂趣，讓學生願意且積極地投入學習中，從各種樂趣化活動的進行，達成預定的教學目標。因此，中小學教學改革的設計與實施需要以學生為中心，讓學生可以在教學中尋找樂趣，使得學習活動充滿樂趣且吸引學生的參與。

4. 能力新觀點的教學與改革

個體在智能方面的表現與反應，心理學者向來有不同的解釋說明，儘管智能的意義不容易取得共識，然而，智能與學習成就、智能與學習性向、智能與學習反應方面的相關及其在教育上的意義卻不容忽視（林進材、林香河，2020）。教師在教學設計與實施中，應該對學習者的能力有更深入的了解，藉以調整或改變自己的教學活動。如果教師對學生基本能力的觀點停留在舊時代的話，容易在教學現場中採取傳統僵化的策略，無法在教學實施中以創新的教學方法，提供學生更新穎的學習。因此，中小學教學改革行動需要考慮能力新觀點的理念與議題，對於學生的能力需要有更進一步的了解，將學生的「學習力」納入教學改革的核心中。

5. 教學實施績效責任與改革

新教學理念強調教師的角色逐漸由傳統的教師角色，轉而為強調教學的績效責任制。教師的教學不僅要為自己負責任，也應該為家長及學生負責任。在相關的教師角色中，對教師的責任與義務有相關的規範。例如：要求教師必須具備下列條件：(1) 在社會系統中具備專業的方法；(2) 當學生遇到疑難問題時，教師可以引導學生了解不同面向的意義；(3) 能引導學生運用各種資訊解決生活上的各種問題；

教學啟示錄　當教師了解核心素養的意義之後，就需要進行教學設計與實踐方面的修正。

(4) 培養學生具備創造性能力；(5) 學生對於自己的行為可以負責任，同時可以和同儕相互合作；(6) 學生能夠學以致用，透過科學與科技驗證一些道理；(7) 教師可以引導建立各種想像的基模。因此，中小學的教學改革，需要強調教學績效責任方面的重點，將教師必須具備的條件納入行動方案規劃中，從教師角色條件的加強中，使得教學改革跳脫「形式框架」，真正落實在班級教學實施中。

6. 教學實施配合科技發展與改革

科技的發展對於教學活動的實施，能夠提供快速的轉變契機，教師在教學過程中，除了依據相關的課程教學進行規劃之外，也應該針對教學準備運用各種科技的產品，強化預期的教學效果，激發學生的學習興趣，讓學生可以積極參與學習，透過教學科技的觀念與發展融入教學實施中，以提升教學品質與學習效果。因此，中小學的教學改革，除了各種理念的融入之外，也應該將快速的科技發展納入教學改革方案中，透過科技的各種技術與發展，強化教學改革的成效。

有關新教學理念與教學改革的概念，整理如圖 6-1。

(二) 學習如何教學與教學改革

學習如何教學（learning to teach）的議題，主要是分析教師在教學實施多年之後，如何在傳統的教學活動中融入新的改革元素，使得原有的教學能更為提升。教師學習如何教學與改革的行動方案中，其問題需要教學實踐的藝術來解決，有時候解決的方法是無法從課本中學來的，需要教師在教室教學中運用各種實踐經驗與專業智慧，擬定教學改革行動方案，並付諸實施。

如果教師單純地將師資培育歷程中的知識，直接地運用在教學現場中，勢必受到各種的阻礙並產生教學中的挫折。學習「如何當老師」是需要學習的，需要教育經驗的累積，才能在面對問題時採取問

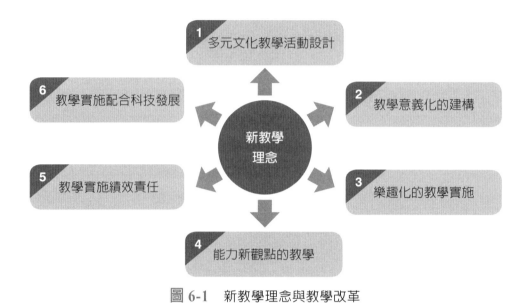

圖 6-1　新教學理念與教學改革

題解決導向的態度和從教學實踐中反思來解決問題。因此，當教師面對一些特殊問題時，科學的知識雖無法幫他們決定解決之道，但可以幫他們了解問題的本質。

　　此外，引導教師學習如何教學的技巧，可以讓教師成為具備技巧與稱職的教師，透過各種專業訓練的方式，提供教學資訊讓教師可以跳脫以往片段或不完整的教學知識，真正反思教學上的實際問題以解決問題。專業的教師必須將教學視為終身持續成長的過程，不可以在教學現場中僅將「手持的知識」單純地運用在複雜的教學情境中。想要成為專業熟練的教師，必須透過各種長期的努力，具備追求卓越的動力，從終身學習的教學反省與批判中得到最好的教學模式。

　　有關教師學習「如何教學」的流程，整理如圖 6-2。

教學啟示錄　教師在班級教學中要懂得賞識自己的學生。

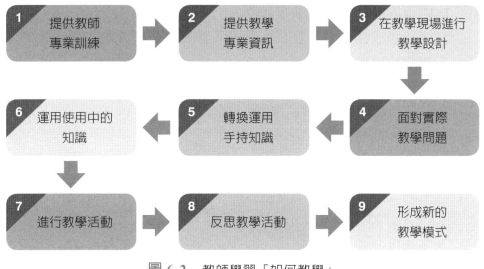

圖 6-2 教師學習「如何教學」

(三) 教學模式的運用與改革

　　教學活動的實施不一定要遵守固定的模式，但成功的教學需要以教學模式為主，才能達成預期的目標。教學模式是作為教師教學實施時，以一個參考架構作為引導，使教師在教學時比較能有整體的概念，透過工作分析（task analysis）了解教學活動進行時產生的問題，並且加以改進或修正。教學模式的建立，必須針對教學活動的進行，結合各種教學要素、教學理論、教學方法、教學目標的訂定、教學評量的規劃設計等，建立一個教學的綜合模式。

　　教師應該在教學前的規劃設計階段，針對各種內在外情境，分析影響教學的各種因素，建立屬於自己特色的教學模式。在教學模式的運用與改革過程中，教師需要了解教學模式的內容與教學改革之間的關係，透過教學模式內容的調整與修正，才能在教學歷程中進行相關的教學改革活動。

教師在班級教學中，要經常運用賞識教育，讓學生對自己的學習充滿信心。　**教學啟示錄**

1. 明確的教學目標與教學改革

任何教學活動規劃設計，都要以明確的教學目標為依據。教學目標訂定決定教學活動的方向與重點。教師在教學活動進行時，可以整合各種教學活動的資源、素材、設備，將各種經過篩選的目標做教學活動邏輯上的編排，轉換成為具體的目標，依據教學計畫進行教學，同時需要評鑑教學目標的適切性。

因此，教師在進行教學改革時，需要從教學目標的內涵開始，了解在固定的教學目標中，如何進行教學方法與教學策略方面的改變，以達到原本就設定的教學目標。唯有在教學目標之下進行的教學改革，才不會違背原有的教學目標設定，達到預期的教學成效。

2. 學習情形的診斷與教學改革

學習情形的診斷，主要在於有了明確的教學目標之後，教師應該針對教學目標，了解學習者在學習上的準備度（例如：學習者會哪些？不會哪些？已經有了哪些先前概念？的問題）、個人需求與興趣、學習的特質，以及舊有的學習經驗，依據這些訊息訂定新的學習起點，作為教學活動實施的參考。教師在診斷學習者的學習起點之後，比較能掌握教學計畫的安排是否能符合學習者的程度與喜好，進而提高學習效能，並可以作為調整教學計畫的參考。

因此，在學習情形的診斷之後，了解學習者在學習方面的表現情形，透過這些訊息的掌握，教師的教學改革才能在以學習者為中心的基準之下擬定教學改革的方案，透過教學改革的推動給予學習者比較好的學習方案。

3. 學習策略的選擇與教學改革

就教師的教學活動而言，並無一種「最好」的教學策略適用於任何情境或任何學習者。教師選擇教學策略，如同建立基本假設一般，尋求教學中可能的教學策略，以促進學習者的學習能力，基本假設必

教學啟示錄 ｜ 教師的教學需要不斷地更新，才能提升教學效能。

須透過教學活動的實施與評鑑，加以驗證假設的準備度。良好的教學策略必須透過教學現場的驗證與修正，才能找出適合教學現場的各種策略。

因此，教師的教學改革可以在各種學習策略教導的選擇與運用中，進行不同學習策略的實驗與改革，例如：以同一單元的教學中，選擇多種不同的學習策略，作為教學方法或教學行動的實驗，進而評估不同策略實施之後，教學成效與學習效果方面的評估。

4. 師生關係的建立與教學改革

教學模式的選擇與應用，展現在教師與學生的互動關系上。教學活動進行時，教師透過各種教學專業技巧和學生產生互動關係，例如：發問的技巧、增強技術的運用、班級經營技巧的採用、人際關係的處理等。教師在教學活動進行時，如何有效地與學生進行雙向溝通，產生教學上的互動，是教師在教學活動中應該思考的議題。缺乏良好師生互動關係的教學，則教學效果無法提高，學生的學習效果無法如預期。

在師生關係的建立之上，教師可以在原有的教學活動中考慮不同師生關係的運用，配合教學實施成效方面的評估，例如：以「教師中心」的教學活動改革與以「學生中心」的教學活動改革，不同師生關係的教學活動，其教學實施成效差異有哪些，這些差異對於教師的教學設計與實施提供了哪些啟示和意義等。

5. 教學活動的評鑑與教學改革

教學活動的評鑑工作，涉及教學效能是否能提升的問題。教學評鑑工作的進行，應該在教學歷程中的每一階段實施，讓教師可以隨時了解教學活動的進行情形。在教學中、教學後蒐集與教學有關的資料，以評鑑教學活動的優缺點，讓教師針對教學的缺點部分隨時改進，作為調整教學計畫的參考。

任何學科知識的結構，都可以用某種方式教給學生（Bruner 名言）。　**教學啟示錄**

　　教學活動的評鑑內容包括具體的教學目標是否適當、診斷教學的相關資訊是適宜、所選擇的教學策略是否得當、教學中師生關係互動是否可以促進教學效果、透過各種形式的評鑑所得結果是否有效、是否足以作為教師調整教學活動計畫的參考等。

　　在教學活動評鑑與實施中，教師可以考慮透過不同形式的評鑑，作為檢討教學成效實施的參考依據，例如：採用外部評鑑與內部評鑑，教學實施成效的結果是否有差異？不同的教學評鑑對於教師教學設計與實施，導致哪些不同的差異？透過教學活動評鑑改革的實施，教師需要有哪些教學設計與實施方面的改變？

　　有關教學模式的內涵與教學改革的流程，整理如圖 6-3。

圖 6-3　教學模式的內涵與教學改革

教學啟示錄　教師的教學思考與決定應該要奠基在學生的學習效能之上。

(四) 教學的科學和藝術與教學改革

　　教師教學活動的實施，應該要以科學和藝術為主，針對學生的特質進行教學設計與規劃，才能讓教學活動順利進行，讓學生獲得最高效能的學習。因此，教師的教學改革行動，應該要奠基於教學活動的科學與藝術之基礎上，透過教學的科學與藝術的相互運用，才能在原有的教學活動中，進行專業的教學改革活動。

1. 以科學方法為主的教學藝術

　　教師在教學歷程中，應該不斷反省思考自身對教學的關心、教學主張、教學信念及教學哲學，是否足以讓自己成為具備專業能力的教師。在以科學方法為主的教學藝術，教師應該主動培養對教學知識的基礎要求，主動反省自己是一位教師的角色需求，並且在遇到教育問題時具備專業解決問題能力；其次，主動從事於擴展對教學實踐的功能，主動從事於有關「學習如何教學」的永續學習。

2. 以藝術鑑賞為主的教學科學

　　教師在面對教學藝術時，必須不斷與專家教師進行教學經驗的反省與對話，了解教學藝術的科學基礎，培養對教學藝術的知覺，運用鑑賞、欣賞的高層次心理了解方式，引導教師進行教學藝術方面的自我實現。

　　有鑒於此，教師教學改革時，除了要了解教學本身的意義，掌握影響教學的各種因素，也應該了解教學的科學與藝術的意涵，針對教師的教學與學生的學習，進行教學改革活動的規劃設計，以達到教學成功的理想；缺乏對教學科學與藝術掌握的教學改革，則無法掌握教學的全貌，無法運用相關的資源來達成成功的教學，教學活動的改革實施容易功虧一簣。

高效能的教學要配合高效能的學習策略，學習效果才能提升。　　**教學啟示錄**

（五）有效的教學原則與教學改革

一般而言，有效的教學原則包括教學活動的實施以及教學的相關因素。

1. 教學活動意義化與教學改革

有效的教學必須教師運用意義化的策略，鼓勵學生將學習主題與學習舊經驗（包括過去、現在及未來的經驗）進行學理上的連結，使學生的學習和教師的教學活動做橫向的聯繫和縱向的連結，使學習活動變得有意義。

在教學活動意義化方面的教學改革，教師必須在活動設計中，採用傳統的教學活動與新的教學活動，相互運用且準備各種「變通方案」，以利教學活動更為意義化，讓學生可以透過不同的教學方案學習學科知識。

2. 重視學習的先備條件與教學改革

教師在教學前，必須了解學習者「已經知道什麼？」「還需要學什麼？」的議題。透過學習先備條件的評估，了解學生的學習知識和技能水準，作為調整教學以及學生學習的準備。

教學改革在學習的先備條件方面，教師可以透過各種形式的評量，了解學習者在這個單元學習前已經擁有哪些先備條件，這些先備知識對於本單元的學習有什麼積極的意義。例如：教師上分數的除法之前，可以先讓學生談談分數的概念、分數的加減法、分數的乘法，透過學生的分享可以提供教師教學改革的素材，同時可以提供教師教學準備的參考。

3. 雙向教學溝通原則與教學改革

教學是一種「教」與「學」雙向溝通的活動。教師在教學時，應該以開放的心，確實讓學生了解所要學習的內容，以及在未來的教

教學啟示錄｜教學的新五聲運動：「驚訝聲」、「歡笑聲」、「讚歎聲」、「鼓勵聲」、「感動聲」。

學活動需要扮演哪些重要的角色，以專注於學習內容。因此，教師的教學活動計畫應該由師生共同協商而成，讓學生也有參與教學計畫的機會。

在教學雙向溝通原則方面的改革，教師可以在教學前請學生針對單元教學進行「課前的準備」，在單元教學時先讓學生分享「對單元學習的看法」，將教學溝通調整為教師與學生雙向溝通，有利於提供多方面的教學訊息，讓教師順利的進行單元教學。

4. 編選和組織教學內容與教學改革

教師在教學歷程中，應該指導學生專注於學習內容，運用有效策略協助學生建構學習的重要內容，使其成為知識體系的一部分。教學內容的組織與編選，有利於學生做下一個階段學習的準備。

例如：教師可以在教學前，指導學生進行單元學科知識的認識與組織，在單元教學開始時請學生分享教學內容組織的成效，如此有助於教師教學活動的展開，同時提升學生對學習內容的熟悉和專注。

5. 善用教學媒體與教學改革

教師在教學活動實施前，應該規劃教學媒體的運用，以利於教學活動的推展。教學輔助器材的運用不但可以增強教學效果，強化學生的學習經驗，同時可以促進學習的成效。教師在教學歷程中，引導學生使用各種教學設施，可以讓學生在學習進行時減少學習困難的產生，讓學習更快更容易，同時可以降低教師在教學時的焦慮，增進教學的自信心。

例如：在教學媒體的運用方面，教師可以針對不同學科單元的性質以及學習特性，而規劃運用不同的教學媒體，以增進教學成效與學習成效。地理學科的教學，可以透過網路 YouTube 對於各地風景的介紹與各地建築之美，加強學生對於地理學科知識的熟悉，增進地理學科學習成效。

教學應該要儘量避免嘗試錯誤。　**教學啟示錄**

6. 運用新奇原則與教學改革

學習效果的產生來自於對外界訊息的好奇，進而對各種原理原則產生學習的需求和驅力。教師在教學中應該運用各種策略，變化教學刺激以維持學生的學習專注力。新奇原則的運用可以讓教師的教學充滿「神奇色彩」，導引學生對教學產生好奇心，進而強化學習的效果。

在新奇原則與教學改革方面，教師可以運用對學科知識的分析，運用各種新奇原則激發學生的學習動機，讓學生對於學習產生高度的興趣，進而提升學習方面的成效。

7. 教學示範原則與教學改革

教師教學歷程中，應該依據教學內容重要的原理原則，向學生展示記憶、思考、行動與解決問題的過程，讓學生了解教師教學思考與決定。良好的教學示範對學生的學習不但具有正面的意義，同時可以隨時作為學生修正學習行為的參考，對教學中各種抽象概念的轉化具有正面的作用。

在教學示範原則方面的教學改革，除了教師提供各方面的示範之外，也可以請教學助理（teaching assistant, TA）針對教學內容進行各種示範，或是在課前請學生做教學示範的準備。

8. 積極的練習原則與教學改革

教學歷程中屬於技能層面的學習，教師必須提供學生正確、適當且足夠的練習時間或機會，讓學生擁有不斷練習各種知識形式的機會。教師提供記憶、思考、實際操作，以及解決問題的練習機會，讓學生可以將學習到的知識應用在實際生活中，透過練習知識的轉化，解決生活上面臨的各種問題。

在積極練習原則方面的教學改革，教師可以針對學科知識進行教學之後，設計各種練習的機會，讓學生可以從練習中更熟練學科知

教學啟示錄 教學活動的實施要因應學生的個別差異，才能提供學生適性的教學活動。

識。例如：在上完「人際溝通」一課之後，教師可以設計各種人際溝通的主題，讓學生進行人際溝通方面的練習，透過真實情境的練習可以更熟練人際溝通的要領、人際溝通的技巧、人際溝通的流程等。

9. 適性的情境和結果與教學改革

　　教學歷程中，應該提供讓學生可以感受到愉悅的情境與學習後果，使學生對學習內容感到舒適，而且可以具體明確地了解學習可以達到的成果，學生就能激發對學習的動機並持續練習，將學習應用到日常生活中。相反的，枯燥或過於僵化的教學內容，容易降低學習的興趣和動機，影響學生的學習參與和學習品質。

　　在適性情境與結果方面的教學改革，教師可以在單元教學之後，設計各種適性情境的練習與運用，提供學生「再度學習」或「真實情境學習」的機會，透過情境的學習，有助於提供學生從學習中與生活情境結合的練習機會。

10. 一般性原則與教學改革

　　教師應該設法讓教學目標、內容、活動、練習概念等能前後一致，讓學生在練習歷程中可以收到前後連貫的效果，引導學生學習需要的內容，並應用於教學情境之外，使其對所學的內容可以收到實質的效果。

　　高效能的教學改革原則，在於教師可以有意義且快速地將各種教學原則融入教學中，使教學活動快速順利進行，引導學習者從事高品質學習。透過原理原則的運用，結合教學的科學與藝術，使教學活動達到預定的效果。

　　有關有效的教學原則與教學改革的概念，整理如圖 6-4。

教學氣氛的營造影響學生的學習動機和意願。　**教學啟示錄**

圖 6-4　有效的教學原則與教學改革

二　多元文化教學實踐改革議題

　　教師在班級教學中面對來自各個不同家庭背景的學生，有責任積極地回應多元文化及多元語言、特殊需求的學生。在教學活動設計與實施、教學改革中採用適當的策略協助學生學習與成長。

　　多元文化的教學改革，重點在於探討多元文化教學理論與實務議題，提供教師在進行教學改革時，了解呈現在教室中的異質性文化、各種文化依據的學習型態、文化期待對教學的影響、如何吸引學生注意教師的教學活動、提供學生相同的關注與鼓勵，和教師如何辨別自身的、學生的、教材的種族及文化傾向等，以及上述議題在教學改革中如何設計、如何實施等。

教學啟示錄　教學五要項：慎始、慣例、持續、再生、迴圈。

(一) 對學生的差別待遇與教學改革

　　教師在教室教學中，因爲各種內外在因素而存在對學生的差別待遇現象，此種現象對於教師而言或許是一種「視爲理所當然」或是「習焉不察」。此種現象，在班級教學中對大部分的學生是相當不利的。

1. 自我應驗預言與教學改革

　　自我應驗預言（self-fulfilling prophecy）概念是 Rosenthal 和 Jacobson 在《教室中的比馬龍效應》（*Pygamalion in the Classroom*）一書中提出來的概念，認爲教師在教室中對學生的期望，影響學生的學習成就及自尊。教師在教室中如果對某些特定學生有特別的關注，或特別的注意的話，則教師的期待心理容易影響學生的學習成就。因此，教師在教學中應該特別留意各種心理狀態對學生的影響（林進材，2020b）。

　　因此，教師的教學改革應該要先「自我反思」自己對教學的概念爲何；對學生的學習態度爲何；對不同學生的觀點爲何；上述這些先前概念是否影響教學設計與實施，或是影響學生的學習成效。

2. 教師期望與教學改革

　　Rosenthal 和 Jacobson 依據教師期望的研究，提出「教師對學生期望的循環圖」。由圖 6-5 看出，教師行爲影響學生的學習行爲，學生的行爲影響教師對學生的期待。因此，教師對學生的觀點，例如：學生的穿著、使用的語言、舉出的經驗和案例、處理人際關係的技巧等，都會影響教師對學生的主觀判斷。更重要的是這些與學生有關的家庭訊息、平日行爲紀錄等資訊，影響教師在日後的教學實施過程對學生的看法。教師對學生的期望不管是正面的或是負面的，都會透過各種形式傳達給學生，學生也會以教師喜愛的方式表現各種學習行爲。

　　　　　　　　　　國外研究指出，令學生難忘的教師，
　　　　　　　　往往來自於當年令人印象深刻的教學活動。　**教學啟示錄**

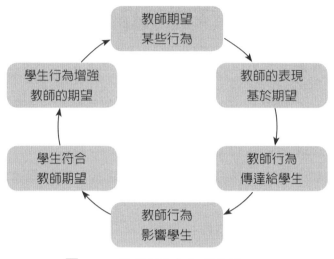

圖 6-5 教師對學生期望的循環圖

　　有鑑於教師期望對學生的影響，因而教師應該在平日的班級教學中，透過自我反思、教學反思等方式，將各種存在的「不當教師期望」、「對學生的意識形態」、「存在的偏見」等，透過教學反省的方式將影響力降到最低，避免不當的教師期望，影響班級教學成效、影響對學生的對待、影響教學與學習成效。

3. 教師期望效應與教學改革

　　教師期望效應（sustaining expectation effect）指的是教師在了解學生的各方面能力之後，會依據對學生的觀點而決定對待學生的方式，倘若學生在學習表現方面有所改變，教師也不會改變對學生的看法。例如：某學生如果在平日是一位品學兼優的學生，儘管在課堂中有打瞌睡的現象，教師仍會以「昨晚準備課業太晚睡」為理由幫學生解圍，此即為教師期望效應的典型例子。

　　因此，教師在教學與實施中，應該儘量將自己對學生的期望心理，透過各種反思活動摒除，避免因為教師期望而影響學生的學習。

教學啟示錄 教師的教學知識應該包括學科教學知識（PCK）與學科學習知識（LCK）。

教師的班級教學設計與實踐中，想要提升學生的學習參與，就需要了解學生對學習的期望心理，在班級學習中想要達成哪些目標，才能提供學生有效的學習氛圍。

4. 能力分組的問題與教學改革

在班級教學中教師往往因為學生的各種表現，配合學科教學上的需要進行分組，因而容易產生能力分組上的各種問題，例如：社經地位比較低的學生和少數族群的學生，會被分配到教學品質或學習品質比較差的一組，使原本文化刺激就比較差的學生，在學習過程中受到不平等的待遇。如同教師如果過於依賴各種標準化測驗的結果，並用來作為分組的參考，然而這些標準是不可靠的，因為測驗本身容易受到各種種族和階級因素的影響。

教師在班級教學中，如果因為學科單元教學性質上的需要，必須做學習上的能力分組，教師可以考慮運用異質性分組的方式，讓不同學習成就的學生，都可以受到均等的、公平的分組學習機會，避免因為能力分組的關係，影響學生的學習品質與學習效能。

(二) 學習者學習特性與教學改革

在學習者學習特性與教學改革方面，一般包括學習者能力高低、一般性智慧差異、多元智能表現差異、情緒智能表現差異、遺傳或環境差異、認知及學習型態差異、認知發展與學習性向差異、學習風格差異等（參見圖 6-6），茲將上述議題簡要分析如下：

1. 學習者能力高低問題與教學改革

教師在教室教學中，想要了解多元教室中學生的學習與學習狀況，就必須了解學習者在學習能力上的不同，以及這些學習能力究竟是如何被定義的。如果教師對學習者的能力與智能有所誤解，或是對測驗所提供的資料解讀錯誤的話，容易形成教師對學生各種的刻板印

適性教學的主要意義，在於教學可以配合學生的能力、興趣、需要。　**教學啟示錄**

圖 6-6　學習者學習特性與教學改革

象，影響教學活動的設計與實施。

　　教師在進行教學改革之前，需要先了解學生學習能力的高低問題，對於學習者的學習能力有所了解掌握，才能在學習者學習能力的基礎之上，規劃設計適當的改革方案，透過改革方案與學習能力的結合，進行適性的教學改革。例如表 6-1 中學校和教師針對不同期望學生的處理，對於能力好的學生與能力差的學生的處理是有所不同的。教學改革行動的擬定，不可以因為學生的能力高低（或好壞），而採取不同的處理措施。

表 6-1　學校和教師對不同期望學生的處理

學校與教師的教學層面	對於能力好學生的處理	對於能力差學生的處理
課程、流程、速度、環境品質	當眾練習機會較多、豐富資源、思考機會多	當眾練習較少、資源有限、思考機會少，以練習為主

教學啟示錄　提高學生的學習動機，才能提升教學效能。

學校與教師的教學層面	對於能力好學生的處理	對於能力差學生的處理
小組練習	給高能力組需要理解的作業	給低能力組學習單、操練題目類型的作業
學習責任	更多自主權且選擇多	教師經常指導且監控
給予回饋與評估作法	自我反饋或評估的機會較多	自我評估的機會較少
激勵策略	較誠實、直接且經常回饋	不太誠實且多無謂的回饋
師資	合格、有經驗的	尚未合格、缺乏經驗的
教師關係	尊重學習者有個別需求	不太尊重學習者個別的需求

2. 一般性智慧差異與教學改革

　　一般性的智慧差異，至少包括四個論點：(1) 在測驗上所反應出來的就是智力：將智力測驗中所呈現出來的成績或分數作為智力的象徵；(2) 智力為一種綜合能力：在分析智力本身的意義，應該從各種層面或能力加以說明個體在智力方面的表現或反應；(3) 智力為認知發展的內在潛力：透過此種智力的發展，可以使個體在解決問題方面，形成各種模式並適應外在的問題；(4) 智力為未來行為發展的潛力：將智力視為流動能力，包括一般性推理、記憶、注意廣度與圖形分析等測驗，智力在個體未來的表現上扮演主要的關鍵地位，並受到情境測驗與經驗、文化等要素的影響。

　　依據一般性智慧的差異表現，提供教師在教學改革規劃與設計的重要參考，教師應該要針對學生的一般性智慧差異表現，思考擬定改革方案（或策略）的選擇與運用，才能針對學生的智慧表現設計適合學生發展的各種改革方案。例如：學習扶助的學生在教學設計上，就需要針對學生的一般性智慧表現與學習方面的表現情形，選擇適合提升學生學習成效的方法，作為教學改革的基礎。

教學需要提供誘因，學生才能在學習中全力以赴。　**教學啟示錄**

3. 多元智能表現差異與教學改革

Gardner 在 1983 年提出多元智慧理論（參見圖 6-7），強調智力是人類用來學習、解決問題及創造的工具，智慧的構成應該包括八種智慧的展現，包括語文智慧、邏輯—數學智慧、視覺—空間智慧、音樂—節奏智慧、肢體—動覺智慧、自然觀察者智慧、人際智慧、內省智慧等（林進材，2020a）。多元智慧理論對於人類認知歷程的描述，採用多元的途徑，承認每個個體在認知方面的文化差異，指出每個個體都是獨特的，具有各種發展的潛能和可能性，此種發展和學習上的無限性，提供教育學者更多思考的方向，在教育歷程中應該以更寬廣的方式，指導學生依據個體的獨特性進行適性的學習活動（林進材，2020a）。

因此，教師的教學改革設計與實施，需要考慮學生在多元智能方面的表現，針對學生的學習差異以及在各方面的智能表現，進行教學方案的擬定，依據學生學習上的文化差異，設定適性的教學策略與方法。例如：偏鄉學生的學習改善計畫，就需要針對偏鄉學生的文化差異，了解偏鄉個別學生在多元智能方面的表現差異，設計「個別化」教學策略，作為改善偏鄉學生學習低落的教學改革方案。

4. 情緒智能表現差異與教學改革

情緒智能的發展決定個體在學習成就受到情緒狀態的影響程度，教師應該指導學習者經營自己的情緒，明白對他人的情緒以及處理人際關係的能力。在教學中將情緒視為一種基本能力，並且將情緒對學習的負面影響降至最低。此外，教師應該指導積極面對自己的情緒問題，以理性的態度和策略面對非理性的情緒反應。如果學生在學習過程中容易受到負面情緒的影響，進而降低學習成效，教師應該透過各種學習輔導策略的運用，協助學生處理自己的負面情緒問題。

教學啟示錄　教師應該將每一位學生視為教學生涯中的貴人。

語文智慧
透過書寫、口語、閱讀等各個語文層面的正式系統。它使用的工具包括論文、辯論、公開演講、詩詞、正式和非正式的談話、創意寫作及語言的幽默（謎題、雙關語、笑話）。

邏輯－數學智慧
透過尋找和發現型態的歷程，採用的工具包括計算、思考技巧、數字、科學推理、邏輯、抽象符號，以及型態辨識等。

視覺－空間智慧
透過對外在的觀察（運用肉眼）與對內在的觀察（運用心眼）來達成。運用的工具包括素描、繪畫、雕塑、剪貼、剪輯、具象化、影像化、意象化，以及創造心像。

內省智慧
透過內省、後設認知（思考的思考）、自我反省，以及「提出人生的大問題」（生命的意義為何？）使用的工具包括情感的處理、日記、思考日誌、教學轉移、高層次的思考，以及自尊練習。

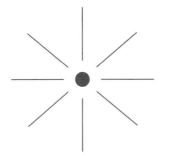

音樂－節奏智慧
透過傾聽、聲音、震動型態、節奏以及音色的形式，包括聲帶所能發出的所有聲音。運用的工具包括歌唱、樂器、環境的聲音、各音質的合鳴，以及生活中無窮盡的可能節奏。

人際智慧
透過人與人的關聯、溝通、團隊工作、合作學習、同理心、社會技巧、團隊競爭，以及團體規劃等以培養彼此之間正面的依存關係。

自然觀察者智慧
發生在大自然世界的邂逅，包括欣賞和認識動植物，辨認物種的成員，以及連結生命組織的能力使用的工具。包括動手做的實驗、田野之旅、感官的刺激，以及嘗試去分類和聯繫自然的型態。

肢體－動覺智慧
透過身體移動和表現（做中學），採用的工具包括舞蹈、戲劇、肢體遊戲、默劇角色扮演、身體語言、運動，以及創作。

圖 6-7 多元智能的八種智慧

教學經驗的學習與更新，是提升教學效能的重要關鍵。 **教學啟示錄**

教師的教學改革，在情緒智能的表現方面，可以依據班級教學中對學生的觀察，擬定各種情緒輔導策略，透過學習輔導策略的運用，改善學生因為情緒問題而影響學習的情形。例如：學生因為學習表現不佳而出現自我傷害的行為時，教師可以在教學改革方案中，將情緒輔導策略融入教學改革設計中，提供學生適性的學習輔導。

5. 遺傳或環境差異與教學改革

相關的研究指出，個體的智慧表現受到遺傳與環境交互作用的影響。教師可以對學生在智能方面的發展情形，透過各種智力測驗工具的實施，了解學生在此方面的發展，作為教學活動實施的參考。如果學生在智力測驗方面無法得到比較優異的表現，至少教師可以了解文化刺激與家庭生活對學生學習的影響，進而決定如何教學或如何教學生學習的策略。

依據上述的遺傳或環境差異，導致學生在學習表現方面的不同，可以提供教師在教學改革時有關學生學習成效的參考依據。例如：想要透過分組合作學習改進學生的學習成效，此種教學改革的假設應該將學生的學習表現差異，納入教學改革行動方案的參考。

6. 認知及學習型態差異與教學改革

在認知與學習型態的差異研究方面，相關的研究不斷指出個體在認知與學習型態上的差異，對個體學習成果的影響相當深遠。教師在教室教學實施中，應該了解學生在認知與學習型態方面的表現情形，作為擬定教學計畫與實施的參考。如同學生對世界的理解、對資訊的處理與反省，是因為智力、個人喜好及文化差異方面的問題。

教師的教學改革設計與實施，可以將學生在認知及學習型態方面的差異作為教學設計方案的參考，依據不同的認知與學習型態，設計提升學生學習成效的策略，從教學實施中融入提升學習成效的方案，進而分析比較不同認知及學習型態在學科方面的表現情形。

教學啟示錄 班級經營是教學的前置作業，做好班級經營才能使教學順利流暢。

7. 認知發展差異與教學改革

認知發展理論者關心人類如何獲取、處理與使用資訊的議題。認知發展指的是個體在智力發展中所涉及的階段與歷程方面的描述。認知學派認為個體在面對學習情境時，學習的產生有賴於：(1) 新情境與舊經驗相符合程度；(2) 新舊經驗的結合並重組；(3) 學習並非是零碎經驗的增加，而是以舊經驗為基礎在學習情境中吸收新經驗（林進材，2020a）。認知發展的研究，在學習方面強調心靈的內在歷程，著重個體主動學習的驅力，依據 Piaget 的理論，個體的成熟實際上並不能決定發展，而僅會使各類學習變得可能發生。

依循認知發展表現差異的研究與論述，中小學的教學改革活動，除了關注學科性質與學習之外，也應該從學生認知發展差異情形，探討學科與認知發展之間的關聯，並進而擬定改進學生學習成效的方案。

8. 學習性向差異與教學改革

學習性向指的是個體在學習方面可以發揮的潛力，透過教學者適當的引導，可以使學習者提升各種獲得某種知識、技能的能力。因此，教學者在擬定教學計畫時須透過各種形式的評量，了解學習者在學習方面的性向，作為教學活動實施的參考。如此，才能引導學習者在學習進行中獲得最大的幫助。唯有了解學習者的學習性向，教師才能透過適性的教學將學習效果提升，同時引導學習者進行有意義的學習。

中小學教師在進行教學改革時，可以將學習者的學習性向納入改革的主要變項之一，透過對學習者學科學習性向的分析，結合學科性質與學科學習知識，作為改進教學實施成效的參考。

9. 學習風格差異與教學改革

學習風格或稱之為學習形式，指的是學習者在學習過程中會偏向

使用自己比較喜歡或比較習慣的方式進行學習。例如：學生如果喜歡在有背景音樂的環境下學習，教師可以選擇比較柔和的音樂配合教學活動的進行；學生如果喜歡在安靜的環境下學習，教師應該設法使教室的氣氛維持在安靜的情境之下，輔導學生進行學習活動。

因此，教師在進行教學改革時，需要考慮下列幾個重要的議題：(1) 哪些認知與學習型態對於學科學習是最重要的；(2) 學生偏好的學習方式，可能是學習者習慣依賴的學習情境；(3) 學習型態太多有時會導致教師無法適應每一位學生的學習型態；(4) 教師在教學設計與實施中，應該要以學生偏重的學習型態爲主；(5) 教師應該不斷調整自己對個別學生在學習方面的觀點。

三 教師計畫設計與實施改革議題

教學設計主要的意義，在於正式教學之前，針對教學的所有步驟做構想式的規劃設計。想要提升教師教學效能，就必須針對教學活動的主要內涵進行專業方面的構思，才能在未來的教學活動中提升教師的教學效能，進而提高學生的學習品質（林進材，2020b）。

(一) 傳統的教學計畫觀點與教學改革

傳統的觀點中將教學計畫分成「理性—直線的計畫模式」和「非直線計畫模式」。理性—直線模式將教學設計的焦點放在目標的設定，然後接下來的活動是選擇適當的策略以達成目標，認爲一般的教師在進行教學設計與教學實施時，採用的是直線的計畫模式，教師的教學設計以教學目標爲主，透過教學目標的擬定作爲教學實施的主要標準；非直線計畫模式，主要是以教學行爲作爲起點，教學目標則在行動之後（參見圖6-8）。

教學啟示錄 高效能的教師要在教學中運用屬於自己的教學方法。

理性－直線計畫模式（Rational-Linear Planning Model）

非直線計畫模式（Nonlinear Planning Model）

圖 6-8　不同型態計畫模式

　　教師在教室教學中，從教學設計到實施歷程，教師本身已經將相關的理論與方法融合經驗及對教學的想像，成為屬於自己的「教學計畫模式」，並依據教學計畫模式進行教學活動。因此，中小學教學改革在教學計畫方面，不管採用「教師中心」或「學生中心」的教學計畫模式，都需要以「教師建立的模式」為主，才能讓教師在計畫與實施中，達到預期的教學目標。

(二) 教學設計的意義與教學改革

　　教學設計是一種多面向且持續的歷程，其範圍幾乎包括教師教學中的每一個層面。不僅僅是教師對明日課程的計畫，也包括教學中必須立即判斷和評鑑教學成果所做的計畫。教學設計的歷程是一種循環的歷程，每一個評價的訊息或資料，都影響教師教學的下一個步驟，以及接下來的教學行動（林進材，2006）。綜上所述，教學設計的意義包括三個重要的議題：(1) 我們要往哪裡去？（教學目標）(2) 我們怎麼去？（教學理論、策略與方法）(3) 如何了解已經達到目標？（教學評量與修正）（參見圖 6-9）

　　　　　　教學設計與實施時應該將家長視為教育的合夥人。　**教學啟示錄**

1 我們要往哪裡去	1. 釐清教學需求 2. 擬定教學目標 3. 確認教學目標
2 我們要怎麼去	1. 教學理論的應用 2. 教學策略的選擇 3. 教學方法的採用
3 如何了解已經達到目標	1. 教學評量標準的擬定 2. 教學評量方法的選擇 3. 教學評量方式的確定

圖 6-9　教學設計的範圍

中小學教學改革在教學設計方面，可以分析傳統的教師教學與教學改革政策的差距有多少，從「政策面」到「執行面」的銜接，需要教師做哪些方面的修正，才能在教學設計與執行中達到教學政策上的要求標準。依據相關的研究指出，教師在班級教學中不會依據原先設計的教學流程進行教學活動，而是在教學現場中，依據學生的表現與教師心智生活的差距，調整教學設計並採用變通方案（林進材，2020a）。

(三) 教學設計的重要觀念與教學改革

林進材（2019）指出，教學設計的重要觀念包括：(1) 教學設計應該包括教師的教學與學生的學習；(2) 教學設計包括書面式與內心式計畫；(3) 教學設計是一種科學與藝術的過程；(4) 教學設計應該

教學啟示錄　學習動機＝期待 × 價值。

可以針對教學現場隨時修正調整；(5) 教學設計過程是一種系統化的歷程；(6) 教學設計重點在於讓教師了解如何教學，學生了解如何學習；(7) 教學設計應該從書面方式逐漸發展至內心式；(8) 教學設計目標在於提升教學品質、提升學習效能；(9) 教師應該透過專業能力發展適合自己的教學計畫模式；(10) 教學設計是專業能力與教學能力的結合。

　　中小學教學改革在教學設計方面，可以依據上述的教學設計重要觀念，進行原有的教學設計改革，從書面式的教學設計到內心式的教學設計，探討教學設計與教師教學活動實施的關聯性，並探討此二者之間的關係，以及相互間的影響關係。透過改革方案的擬定，可以提供教師在教學設計方面的訊息，提升教師在教學設計與教學效能方面的品質（參見圖 6-10）。

圖 6-10　教學設計的重要觀念

教學活動進行時，教師要設法維持學習者的注意力。　**教學啟示錄**

(四) 教學設計詳案的主要內涵與教學改革

教師在教學前，將所要達成的目標、使用的方法與策略、師生活動與教學資源，事先作妥善的規劃，作爲教學上的參考。部分教師在進行教學設計時，會以書面式設計呈現，將教學設計過程中的主要因素（例如：學習者、方法、目標、評鑑）等以文字方式呈現出來（參見圖 6-11）。書面式的設計有簡案與詳案之分。教學設計的詳案通常包括單元主題名稱、一般教學目標的敘述、教學內容的主要概念、具體行爲目標、單元活動順序、時間的安排、評量標準、評量實施等完整的教學設計。簡案是教師以簡單的書面文字所做的教學設計，用意在提醒教師主要的教學流程或概念。依據相關的研究（林進材，2020a）指出，教師通常會以簡單的文字或符號進行教學設計活動，並且在適當的地方（例如：教科書、筆記本、雜記本或行事曆）寫一些文字提醒自己，作爲引導教學活動的依據。

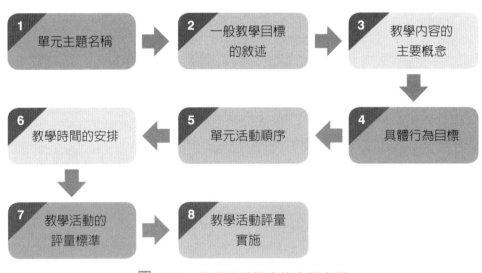

圖 6-11 教學設計詳案的主要內涵

教學啟示錄 學生的學習專注是需要教師教導的，透過學習專注才能提升學習效能。

　　一般而言，新手教師在進行教學設計時，偏向教學設計詳案方式的模式，在經過一段時間的教學之後，經驗與能力方面的累積之後，教師會轉而採用簡案方式的設計。中小學教師在教學改革時，可以針對教師採用的教學設計模式，探討不同形式的教學設計與教學效能之間的關係，提供教師在進行教學設計時的參考。

(五) 教學設計要考慮的因素與教學改革

　　教學設計要考慮的主要因素，在於「學校教什麼」、班級「教學內容」包括哪些的問題。在學校教什麼方面，主要包括教師本位課程與價值、國家課程架構與規準、地方課程架構與規準、學校本位課程、學習目標等方面的議題（參見圖 6-12）。

　　中小學的教學改革，在教學內容的規劃設計時，需要從「學校教什麼」的議題著手做通盤性的考慮，將改革想要納入的議題，或是班級教學想要增加的部分，透過改革方案的擬定與實施，分析所加入的要素（或課程）在原有教育中的地位與實施成效，作為後續教學改革的參考。

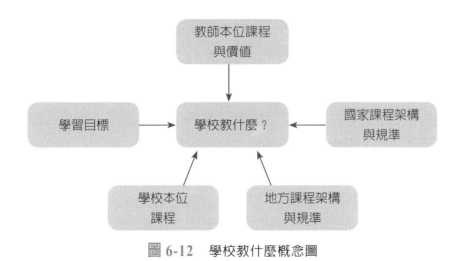

圖 6-12　學校教什麼概念圖

　　教學的自我應驗效果，指的是教師在教學過程中，對學生的期望產生學生自我應驗的效果。　　**教學啟示錄**

(六) 教學設計的內容與教學改革

從相關的文獻與理論分析，教學設計的內容應該至少包括下列九要項（林進材，2020a）：

1. 教學目標

教學目標是教學設計的首要關鍵，使教師對於未來的教學內容與程序有更清楚的了解，引導教師從事教學活動。教學目標是教師選擇教學活動與組織教學資源的依據，可用來研擬評鑑學生的方法與標準。教師將教學目標明確地定出來，才知道要教些什麼？並且依據教學目標評量教學成果。教學目標在擬定方面應該先指出總體目標，再列出細項目標（參見表6-2）

表 6-2　教學目標的屬性

內容	範例
總體目標	了解和欣賞臺灣社會的多元性
附屬目標 1	多元性的定義
附屬目標 2	舉例多元文化對臺灣社會的影響
附屬目標 3	論述維持臺灣社會多元性的困難點

教學目標的擬定與選擇，容易受到國家教育政策及教師本身喜好的影響，然而，教學目標擬定的意義在於引導學生了解教師所要表達的意涵，並作為教師評量學生學習成果的依據。因此，教學目標的擬定在撰寫方式必須依據目標本身作為取捨的參考。

(1) **認知領域教學目標**：認知領域教學目標依據 Bloom 的分類修定包括知識層面（knowledge dimension）與認知層面（cognitive dimension）（Arends, 2019）。

教學啟示錄 教學的比馬龍效應指的是只要教師對於自己的學生給予適當的讚美，學生受到正面肯定之後，就會努力成為教師希望的樣子。

表 6-3　Bloom 修定教育目標雙向度分類表

知識層面	認知歷程層面					
	1. 記憶	2. 理解	3. 應用	4. 分析	5. 評鑑	6. 創作
A. 事實知識						
B. 概念知識						
C. 程序知識						
D. 後設認知知識						

資料來源：Arend（2019）。

表 6-4　知識層面中的主要知識類型

主類別／次類別	範例
A. 事實知識（factual knowledge）：學習科目後與解決問題時應該具備的基本要素。	
A.A. 術語的知識（knowledge of terminology）	技術性詞彙、音樂符號
A.B. 特定細節和要素知識（knowledge of specific details and elements）	自然資源、可信的訊息來源
B. 概念知識（conceptional knowledge）：知識結構中能產生功能的各基本要素之相互關係。	
B.A. 分類的知識（knowledge of classification and categories）	地質年代、商業所有權的形式
B.B. 原理原則知識（knowledge of Principles and generalization）	畢達哥拉斯原理、供需法則
B.C. 理論模式結構性知識（knowledge of theories, models and structure）	進化論、美國國會組織
C. 程序性知識（procedural knowledge）：有關如何完成事情的流程、探究方法，以及使用技巧、技術和方法的相關規準。	

教師的教學需要一把「萬能鎖匙」，打開學生的學習心房。　**教學啟示錄**

主類別／次類別	範例
C.A. 特定學科的技能和演算的知識（knowledge of subject-specific skill and algorithms）	運用水彩畫圖的技巧、整數的除法運算
C.B. 特定學科的技術和方法知識（knowledge of subject-specific skills Techniques and methods）	面談技巧、科學方法
C.C. 決定何時使用適當程序的規準知識（knowledge of criteria for determining when to use appropriate procedures）	決定何時運用牛頓定律、判斷決定商業成本方法的可行性
D. 後設認知知識（metacognitive knowledge）：認知和知覺的知識及對自身認知的知識。	
D.A. 策略知識（strategical knowledge）	啟發式教學法
D.B. 認知任務知識（包括情境脈絡知識）（knowledge about cognitive tsaks, including appropriate contextual and conditional knowledge）	認知任務需求
D.C. 自我知識（self knowledge）	批評文章為一個人長處，然而撰寫文章是一個人的弱點，是一個對自我認知的覺察

資料來源：Arend（2019）。

表 6-5　認知歷程層面及其相關內容

主類別／次類別	範例
1. 記憶（remember）：從長期記憶中提取相關知識。	
1.1 確認（recognizing）	確認美國歷史上重要事件的日期
1.2 回憶（recalling）	回憶美國歷史上重要事件的日期
2. 理解（understand）：從口述、書寫和圖像溝通形式的教學資訊中建構意義。	

教學啟示錄　教學中面對學生的問題行為不要急著處理，要先想想最佳策略。

主類別 / 次類別	範例
2.1 說明（interpreting）	解說重要的演講和報告
2.2 舉例（exemplifying）	舉例說明不同繪畫風格
2.3 分類（classifying）	將可觀察或描述的心理疾病案例加以分類
2.4 摘要（summarizing）	將錄影帶中的情節寫成一篇簡短摘要
2.5 推論（inferring）	學習外語時，從例子中推論出文法規則
2.6 比較（comparing）	比較歷史事件和現代發展之異同
2.7 解釋 explaining）	解釋十八世紀法國發生重要事件的原因
3. 應用（apply）：面對某種情境時所執行或使用的程序。	
3.1 執行（executing）	多位數的整數除法
3.2 實行（implementing）	決定牛頓第二定律使用的適當狀況
4. 分析（analyze）：將教材的組成成分分散，並判定各成分的相互關係。	
4.1 辨別（differentiating）	分辨在數學文字題中何者為關鍵數字
4.2 組織（organizing）	利用歷史證據作為支持或反對某特定解釋
4.3 歸因（attributing）	從作者的政治立場決定文章的觀點
5. 評鑑（evaluation）：依據規準或標準下判斷。	
5.1 檢視（checking）	從可觀察的資料中判定一個科學家的結論
5.2 評論（critiquing）	判斷解決問題的最佳方法
6. 創造（create）：集合要素以組成一個具協調性或功能性的整體；重組要素為一個新的模型或結構。	
6.1 歸納（generating）	從觀察到的現象建立假設
6.2 計畫（planning）	撰寫一個以歷史為主題的研究計畫
6.3 製作（producing）	為某些生物疾病類建立分類表

資料來源：Arend（2019）。

(2) **情意領域教學目標**：Bloom 將情意領域教學目標，依據學生的學習態度或是情感的需求分成五類（參見圖 6-13）：

① 接受（receiving）：指學生對於環境中某事物的察覺與參與。

② 反應（responding）：學生展現由於經驗產生的新行為，

圖 6-13　情意領域教學目標的分類

並對其經驗有所回應。

③ 評價（valuing）：學生表現出明確的涉入行爲或對某些經驗有所保證。

④ 組織（organization）：學生將新價值觀念和本身的價值觀相結合，使之成爲有組織的系統。

⑤ 性格化（characterization by value）：學生依據價值表現出一貫的行爲並與經驗相結合。

(3) 技能領域教學目標：技能領域的教學目標是從個體簡單的反射動作，到與他人溝通的複雜行爲，將技能領域的教學目標分成六大類（參見圖 6-14）：

① 反射動作（reflex movement）：學生對於刺激所產生的本能行爲。

② 基本動作（basic fundamental movement）：學生具有本能

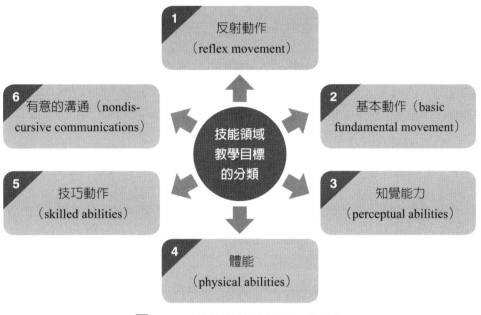

圖 6-14 技能領域教學目標的分類

的運動類型，此爲反射動作的組合。

③ 知覺能力（perceptual abilities）：學生將接收到的刺激轉化成爲想要的動作。

④ 體能（physical abilities）：學生發展基本動作，以便能發展更高技巧的動作。

⑤ 技巧動作（skilled abilities）：學生透過一定的效率來發展更複雜的動作。

⑥ 有意的溝通（nondiscursive communications）：學生透過肢體動作進行溝通的能力。

2. 教學內容

教學內容在教學過程中，是屬於「教什麼」的部分，通常是指有關課程與教材的部分，是依據教學目標以及任教對象的特性編製而

讓學生專心學習是提高教學效果的主要關鍵。　**教學啟示錄**

成。教學內容的決定，有助於教師選擇教材教法以及決定教具，並作爲教學成果評鑑的依據。一般而言，教學內容的選擇應該要符合適切性與多樣性，依據教學目標而定，考量學習者的能力和興趣，並提供多樣性的學習經驗。學習內容應該以有意義的次序安排，依照邏輯性及複雜程度合理的分配，學生的學習活動才會有進展。

3. 教學對象

教學對象的了解與需求，是教學設計中重要的一環。教師在從事教學設計時，需要先了解學習者的能力、興趣、需求、起點行爲、舊經驗、成熟度、特殊才能、身心狀態，以及對教學內容具有的學習動機與態度、先前的學習經驗等方面的資料，才能決定主題的選擇、想要達到的目標、前述目標的優先性、主題的難易度，以及各種有關學習的決定等。

4. 教學方法

在擬定教學目標與需求，進而分析學習對象之後，接下來的工作就是依據前述的特性，配合學科領域的需求，選擇適當的教學與學習方法。教學方法是達成教學目標的途徑與手段，通常教學方法的選擇，取決於三個主要的條件：(1) 以教學目標爲依據；(2) 以學習者的狀態及特性爲主；(3) 視教材的性質而定。

5. 教學資源

有效的教學活動與學習活動，除了需要選擇適當的方法之外，也需要運用相當的教學資源，教學資源的運用有助於教學進行中引發學生的學習興趣，讓學生可以在教學中積極參與，使學習者獲得有意義的學習經驗，並協助補充教學內容及提供學習者個人能力表現的評估。例如：108 課綱強調學生核心素養的培育，希望透過教學活動結合各項生活能力所需，使學生的基本能力可以更爲提升。一般而言，教學資源的內涵泛指教師用來作爲輔助教學活動進行的各種實物（或

教學啟示錄 教學活動的進行要符合教學的特性，以多樣性的活動和經驗呈現。

資源）、非放映性教材（例如：圖書、圖解、表、圖表、相片）、錄音器材、電腦資訊設備、教學媒體等各種設備。

6. 教學環境

教學環境的規劃設計，一般指的是學生的學習場所，教學環境包括心理環境與物理環境。教學的心理環境通常指的是班級教室氣氛或班級學習環境、班級的心理社會環境，是一種無形的心理環境。由班級學生的相互關係、師生之間的互動關係、學生與課程教學及學習活動的關係，以及對班級組織特性的知覺所構成。教學的物理環境指的是班級教室及其他可以提供教學活動進行的場所，以及相關的教學設施而言，包括教室配備、地點、外觀等。近年來，由於開放教育與教育改革運動的流行，教師的教學環境已經不只限於學校教育場所，而是強調「走出教室」、「走進社區」、「走進社會」、「放眼世界」的理念。因此，教師在教學環境的規劃設計，應該要以更為寬廣、更為開闊的理念，提供學生更有寬度與廣度的學習。

7. 教學活動

教學活動的安排是教學設計過程中，想要達成各種教學目標所規劃的主要內容。主要目的是依據教學內容與教學目標，選擇安排各項「教學」與「學習」的活動，以達到最高的學習成效與預定的目標。教師在教學設計階段，教學活動應該考量的要素包括：(1) 教師將要做什麼？(2) 學習者可以做什麼？等問題。因此，教學活動的規劃設計，必須參酌上述各個教學要素，作為教學活動設計的參考依據。

8. 教學時間

教學時間的規劃與考量，一般來說需要配合學科領域的教學時間，以及學生在該領域學習所需要的時間。不同學科領域在教學時間上的分配，提供教師在教學設計時的參考。時間的變化與消逝，使教師了解教學活動進行的情形，改變時間與控制時間同時也改變並支配

教師在教學過程中，應該要重視教學績效責任的問題。　**教學啟示錄**

相關的教學活動。

9. 教學評量

　　教學評量的標準與方式的擬定，主要是確定教學目標達成的情形。當學習者完成一個教學單元時，評鑑學習者以確定教學是否成功達成該單元的目標。教學評量的實施運用科學方法，蒐集有關學生學習行為及其成就的正確資料，再依據教學目標，就學生學習表現的情形給予分析、研究與評斷的一系列工作。教學評量的功用，是教師在教學活動之前先衡量學生的起點行為，而後配合教學目標，依據學生的需求提供各種學習活動，學習活動結束之後，再加以評量學習成果，作為修正教學目標，並改進教學活動及使用的教材教法。因而，教學評量不是教學活動的終點，就整個教學歷程而言，是屬於起承轉合的關鍵部分。

　　有關教學設計的內容與流程，整理如圖 6-15。

　　中小學在教室教學改革中，有關教學設計的內容與流程，教師可

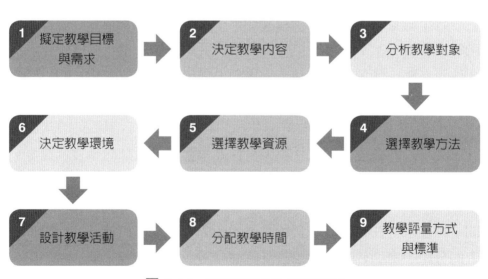

圖 6-15　教學設計的內容與流程

教學啟示錄　教學活動的設計與實施，要整合不同文化取向的教學策略。

以先參考一般傳統的流程與模式，作爲教學改革的參考基礎；在實施一段時間之後，分析教學效能與學習品質之後，再針對原有的教學設計內容與流程進行教學改革設計與實施，分析原有的模式中有哪些需要調整？哪些需要重新建立模版？哪些先後順序要調整？哪些流程是可以合併的？等議題。

四 論教室爲學習社群實踐改革議題

班級教室的學習氣氛營造，需要教師透過各種策略與方法的運用，才能將教室的學習氣氛營造成爲學習社群的氛圍。在教室爲學習社群的營造方面，主要的重點包括：(1) 教室是展現個人與團體需求的地方；(2) 教師動機策略的選擇影響學習型團體的發展；(3) 學習型團體的概念與特質促成正向發展。中小學的教學改革，在論教室爲學習社群的議題方面，應該將重點圍繞在上述的議題之上，提供教師在教學改革時的參考。

(一) 教室應為個體與團體的融合與教學改革

教師在班級教學中，應該關注教室應爲個體與團體融合的概念，此種概念包括：(1) 設法使團體與個人做學習生活的融合，教師要顧及團體的利益，也讓個體的學習需求得到滿足；(2) 爲個人建立鼓勵和安全與支持的團體，讓團體中的每一分子可以在教室安全的環境中進行學習活動；(3) 每個人都可以得到教師的關愛，讓學生的學習是輕鬆自由的。

中小學的教學改革，在教室個體與團體的融合方面，教師可以參考有效的學習社群個體和團體的特色（參見表 6-6），依據班級教學的特性與需要，規劃將個體與團體的各種特色融入班級教學設計與實

施中，讓學生可以在班級學習社群中，發揮個人與團體的各種特色，完成各種的學習目標。

表 6-6　有效的學習社群個體和團體特色

個體	團體
1. 學生和教師有共同的目標。 2. 學生認為自己有能力而且可以自我決定。 3. 學生們和同儕間有高度彼此吸引力。 4. 學生和教師反思過去的經歷並讚揚成就。	1. 規範存在於期待個人充分發揮天賦。 2. 規範存在於完成學術的工作。 3. 規範存在於幫助別人及被幫助。 4. 規範支持開放的交流與對話。

(二) 教室為學習型社群的特性與教學改革

　　教室為學習社群的特性方面，包括四個主要的特色：(1) 將教室建構為學習型社群比正式教學重要：透過同儕之間的相互合作，進行分組合作學習，可強化教室學習效果；(2) 學習型社群影響學生的投入與學習成就：讓每一位班級成員對自己的學習活動負責，同時也為班級群體榮譽努力；(3) 使班級成為具有凝聚力的團體：讓班級成員為了班級榮譽付出心力，可強化班級學生之間的凝聚力；(4) 學習型團體是精心設計與執行的成果：需要教師不斷在班級教學前、教學中、教學後引導學生進行有效的學習活動（參見圖 6-16）。

　　中小學教學改革在教室為學習社群的改變中，可以透過對於上述四種特色的理念，將班級學習社群的各種理想，融入原有的教學模式中進行教學設計與實施，透過教學改革方案與傳統教學模式的分析比較，探討將教室改變為「學習型社群」與「傳統教學社群」的差異何在，作為改變教學的契機與機會。

教學啟示錄 教師的教學行為與班級管理有正向的關係，影響教師教學活動的進行。

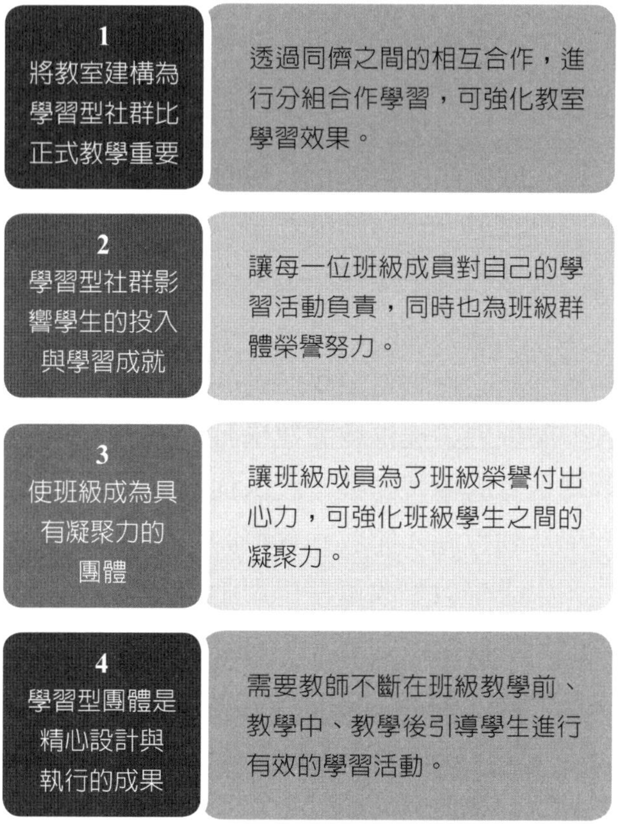

1 將教室建構為學習型社群比正式教學重要	透過同儕之間的相互合作，進行分組合作學習，可強化教室學習效果。
2 學習型社群影響學生的投入與學習成就	讓每一位班級成員對自己的學習活動負責，同時也為班級群體榮譽努力。
3 使班級成為具有凝聚力的團體	讓班級成員為了班級榮譽付出心力，可強化班級學生之間的凝聚力。
4 學習型團體是精心設計與執行的成果	需要教師不斷在班級教學前、教學中、教學後引導學生進行有效的學習活動。

圖 6-16　教室為學習社群的特性

（三）學習動機的意義與教學改革

　　有效的教學活動涉及影響因素相當的多，在教師方面包括教師的人格特質、教學策略的擬定、教材教法的運用、教學資源的統整、教學溝通能力、教學計畫的規劃等；在學習者方面包括學習者的特質、舊經驗、起點行為、學習需求、學習動機、身心發展狀態等（林進材，2020b）。林進材指出，動機是所有事物目標導向活動的動力。動機理論探討人類行為的「為何」（why），而學習理論的重點在於

教學活動進行時教師應該來回走動，有效地監控學生的學習活動。　**教學啟示錄**

行為的「如何」（how）和「學什麼」（what）的問題上。

　　學習動機理論的研究將學習歷程中的心智生活（mental life）透明化，提供影響學習的各種內外在因素方面的訊息，同時提供教師做有效教學策略擬定的依據，教師在教學設計規劃歷程中，從學習者的動機形成了解因應之道。行為動機理論強調行為所帶來的後果；人本主義動機論認為動機的衍生是為了追求自我實現；認知主義動機論主張個體的主動性。無論動機的形成是外顯的或內涵的，主動形成或被動形成的，動機理論的探討對教學活動的進行與教學設計的應用，具有深遠的意義。動機理論提供教師建構有效教學活動的思考方向，唯有正確地理解學習者的學習動機，設法提高學習者的成就動機，教學活動設計與教學活動實施才能收到實際的效果。

　　有鑒於此，中小學教學改革在學習動機方面，教師應該先了解傳統教學中，有關學生的學習動機、學習參與、學習興趣等方面，對於教學成效與學習品質的影響，透過對學生學習動機的了解，才能在教學改革行動中，將學生的學習歷程及相關因素納入教學改革的設計與實施中，進而調整教學模式與教學步驟，以達到改革的目標。

表 6-7　強化動機理論的四個觀點

理論	學者	主要觀點
增強	Skinner	個體對環境的事件和外來的增強有反應。
需求	Maslow, Decl, MaCell, Csikszentmighlyi	個體努力去滿足像自我實現、自我決定、成就感、歸屬感和影響力的需求。
認知	Weiner	個體的行動受到他們的信念和對成功、失敗情境的歸因之影響。
互動學習	Bandura	個體的行動受到他們對成功的期待及價值觀的影響。

教學啟示錄　教學活動的進行需要教學技巧的變化與應用。

（四）學習社群的教室特性與教學改革

在學習社群的教室特性方面，包括生態系統與教室歷程二個重要的概念。

1. 學習社群的教室生態系統

學習社群的教室生態系統特性，包括 (1) 多元性：教室中的學生來自不同背景、能力和興趣；(2) 同時性：教師教學中視線要眼觀四面耳聽八方；(3) 立即性：教室中的偶發事件處理，需要採取立即性；(4) 不可預測性：教室中的各種偶發事件不可預測；(5) 公開性：教室中的各種事件學生是共同的目擊者；(6) 歷史性：教室中師生分享共同的經驗、慣例、文化等（參見圖 6-17）。

圖 6-17　學習社群的教室生態系統

教學歷程中要有效運用學科學習知識。　**教學啟示錄**

2. 學習社群的教室歷程

學習社群的教室歷程，主要內涵包括：(1) 預期性：包括教師對學生表現的預期與學生對自己學習的預期；(2) 領導者：班級生活具有各種影響力的人，包括教師與各方面表現優異的學生；(3) 吸引力：學生相互影響、相互學習、相互楷模、相互尊重；(4) 規範：建立共同的生活規範，讓教師與學生在班級中有所依循；(5) 溝通：雙向溝通，不僅是教師講解，學生單向吸收；而是教師理念傳達給學生，學生的想法也可隨時提出；(6) 凝聚力：對班級各種事務的參與展現出積極主動的態度（參見圖 6-18）。

圖 6-18　學習社群的教室歷程

教學啟示錄　教師在教學時應該要先對學科學習時間做有效的規劃，將時間運用到最大化。

3. 中小學教學改革的意義

　　中小學教學改革在學習社群的教室中，需要考慮的是教室生態系統與教學歷程的特性，將這些特性做班級教學實施成效與影響因素之探討，透過前開的特性以及對班級教學的影響，了解彼此之間的相互關係，以作為教學改革在班級學習社群中，需要調整或修正的參考依據。如果中小學的教學改革，僅從教師的教學理論與方法本身著手，忽略班級學習社群的營造與修正，容易導致教學改革成效不彰，甚至降低教學改革成功的機會。

(五) 建立自主的學習社群策略與教學改革

　　在班級學習社群的營造中，主要是建立自主的學習社群，讓學生可以在學習社群中自動自發的學習。因此，教師應該透過各種方法激發學生，並且建立自主的學習社群策略。教師在建立自主的學習社群策略方面（參見圖6-19），包括：(1) 相信學生的能力並注意各種可變的因素；(2) 避免過於強調外在動機；(3) 運用鼓勵性的語調建立學習環境；(4) 從學生的興趣與內在價值出發；(5) 透過建構學習以達到福樂（flow）理論效果；(6) 運用回饋作用並避免為失敗找藉口；(7) 了解學生的需求並給予適度的尊重；(8) 注意學習目標的架構及教學工作的困難；(9) 運用多面向的學習任務；(10) 促進團體發展與合作的學習氣氛。

　　依據上述的自主學習社群策略之應用，中小學教學改革的規劃與設計，可以針對班級學習社群的建立，透過班級學習社群的特性與歷程，分析學生在學習方面的需要，透過各種激發學生並建立自主學習社群的運用，融入教學改革的方案行動中，作為教學改革在班級教學上的應用。

　　　　　　　學習需要有夥伴在身邊，才能激發學習的動力。　**教學啟示錄**

1. 相信學生的能力並注意各種可變的因素。
2. 避免過於強調外在動機。
3. 運用鼓勵性的語調建立學習環境。
4. 從學生的興趣與內在價值出發。
5. 透過建構學習以達到 FLOW 理論效果。

激發學生並且建立自主的學習社群策略

6. 運用回饋作用並避免為失敗找藉口。
7. 了解學生的需求並給予適度的尊重。
8. 注意學習目標的架構及教學工作的困難。
9. 運用多面向的學習任務。
10. 促進團體發展與合作的學習氣氛。

· 促進團體認同及心理性的團體情誼
· 建立規則及例行工作
· 建立分享性的感受與凝聚力
· 從事獨立性及學術性的學習目標
· 完成自我增強轉化與結束

圖 6-19 激發學生並且建立自主的學習社群策略

五 教學評量的實施與教學改革議題

　　教學評量的實施是教師為了解教學目標的達成程度，以及了解學生在學習方面的變化所實施的方法，在實施教學評量過程中，教師應該秉持評量的結果不僅僅是了解學生的學習變化，同時可以提供作為補救教學的參考。傳統的班級教學評量實施，大部分以紙筆測驗作為統一的標準，因而往往透過一次的總結性評量，就論斷教師的教學品質好壞，此種以偏蓋全的作法，貶低教學評量的主要功能（林進材，2020a）。

(一) 教學評量的類型與教學改革

　　一般而言，教師在教室使用的教學評量類型，依據學科單元教學的性質，而採用不同類型的教學評量。教學評量包括形成性評量、總

教學啟示錄 教學活動的進行，教師要即時掌握影響教學的要素。

結性評量、安置性評量與診斷性評量。教師可以依據教學上的需要，以及學科單元性質的不同，決定選用不同類型的教學評量。有關教學評量的類型、功能、實施時機、功能與特色，請參見圖6-20及表6-8。

圖 6-20　學校教學評量的類型

表 6-8　教學評量類型與功能

教學評量類型	教學評量功能	實施時機	功能與特色
形成性評量	提供教師與學生學習過程回饋訊息	教學中	1. 試題配合學習單元難度 2. 標準參照
總結性評量	評定學生等第或精熟度	教學後	1. 試題廣泛 2. 常模參照
安置性評量	用來決定教學起點，了解學生程度或起點行為	教學前	1. 試題容易、廣泛 2. 常模參照
診斷性評量	教學中或後，評量學生學習困難之處，以作為補救依據	教學中	試題容易、診斷學生特殊錯誤原因

優質的教學設計規劃，才能產出完整的教學成果。　**教學啟示錄**

　　中小學的教學改革在教學評量方面，教師必須先了解傳統教學評量的性質與使用時機，分析和教學設計與實施之間的關係，並蒐集學生與家長對於教學評量的觀點，透過現有教學評量的分析擬定改進教學評量的方案。

(二) 教學評量結果的通知與教學改革

　　學校教學評量結果的通知，指的是教師在班級教學結束之後，為了想要了解學生在學習方面的變化情形，以及教學實施的成效，透過實施紙筆測驗或各種形式的測驗所蒐集到的學習成效，以各種方式通知家長或學生，作為改進教學與學習的參考。一般而言，評量結果的通知，包括幾個要項（參見圖 6-21）：(1) 加評語的分數：在打完成績後，根據學生的努力或特殊狀況給予適當的鼓勵與提示，將更具意義；(2) 努力的分數：教師將學生的努力分數納入評分，可強調學生學習的歷程，也可針對學習成果較差的學生強化其信心；(3) 期望分數：讓學生寫下自己期望得到的分數，再對照此分數與學生平時的表現，之後給予學生鼓勵性的適切分數；(4) 加符號的等級：如甲上、甲、乙、○、△、？、× 等。

　　傳統的學校評量結果通知，僅限於將評量結果之分數或等第情形通知家長，讓家長了解孩子在學校的學習精熟程度或努力程度。中小學的教學改革，在教學評量結果的通知方面，可以考慮將上述努力的分數、期望分數、加符號的等級等方式，納入學校教學評量結果通知的改革上，讓家長與學生可以更進一步掌握學生在學習方面的努力情形，以及教師對學生的期望情形，作為未來學習需要加強的參考。

教學啟示錄 ┃ 教學經驗的銜接，提供教師教學準備的各種思維線索。

加評語的分數	在打完成績後，根據學生的努力或特殊狀況給予適當的鼓勵與提示，將更具意義。
努力的分數	教師將學生的努力分數納入評分，可強調學生學習的歷程，也可針對學習成果較差的學生強化其信心。
期望分數	讓學生寫下自己期望得到的分數，再對照此分數與學生平時的表現，之後給予學生鼓勵性的適切分數。
加符號的等級	如甲上、甲、乙、○、△、？、×、☺

圖 6-21　學校班級教學評量結果通知類型與內容

(三) 教室教學評量的目的與教學改革

　　學校中的教室教學評量目的，一般分成三個項目，包括診斷、回饋、評量／報告等（參見表 6-9），在教學評量的功能、使用時機、測驗形式、計分等均有不同的類型與應用。教師在班級教學設計與實施中，應該針對學科單元教學的不同性質，採用不同的教室教學評量，以利精準了解學生的學習歷程與學習成效，作為後續改進教學的參考依據。

教學活動的實施，要將教學內容做專業的排列。　**教學啟示錄**

　　中小學教學改革的設計，在教室教學評量之目的方面，主要是透過對傳統教學評量可能產生的困境或限制，採用不同的教學評量，蒐集學生在學習方面的改變情形，以及後續是否進行補救教學的參考。因此，規劃不同的教室教學評量類型，並分析不同類型的教學評量對於教室教學作為改進參考，有助於教師在後續的教學精進與教學改進方面的依據。

表 6-9　教室評量三種主要目的與項目

目的 ＼ 項目	診斷	回饋	評量／報告
功能	安置、計畫及決定已有或缺乏的技能和先備知識	對學生和教師的回饋	評定學生成就
使用時機	一學期、一學年或一個單元教學結束後	教學中	一個單元或一個學期結束後
測驗形式	標準診斷測驗；觀察或檢查表	隨堂考、特別的考試或回家功課	期末考試
計分	常模參照和標準參照測驗	標準參照測驗	常模參照和標準參照測驗

(四) 真實評量的運用與教學改革

　　真實評量是要求學生在教師設計的情境中，展現自己各項學習之後的能力。真實評量的重點在於強調學生行為能力如何運用在實際生活中。因此，真實評量重視學習者在實際生活情境中，如何有效地將知識運用在生活中。通常真實評量的類型包括科學展覽、藝術表演、學習檔案建立、音樂演奏會等。

教學啟示錄　教師教學改革行動需要教師運用正確的方法和模式。

　　在眞實評量的運用當中，中小學教學改革的重點可以放在學生
檔案的建立。在教學評量過程中，除了傳統的紙筆測驗之外，實作評
量、眞實評量、學生學習檔案的建立，可以提供另類的評量方案讓教
師參考。學生檔案的建立通常運用在視覺藝術方面，例如：藝術創
作、畫作、設計等可以透過各種創作檔案的方式，提供學習者在各個
領域的學習情形。學生檔案的建立包括學生的學習情形紀錄、學生的
作品以及反思，透過學生學習檔案的評量，可以提供教師有關學生一
段時間的學習情形。

本 章 討 論 議 題

1. 教學的科學與藝術改革議題有哪些？中小學教師如何因應這些改革
議題？

2. 多元文化教學實踐改革議題有哪些？對班級教學設計與實踐有哪些具
體的意義？

3. 教學計畫設計與實施改革議題有哪些？教師在班級教學中如何進行改
變？這些改變對教師教學有哪些意義？

4. 論教室為學習社群實踐改革議題有哪些？教師的班級教學設計與實踐
如何因應？有哪些具體的作法？

5. 教學評量的實施與實踐改革議題有哪些？教師在教學評量的設計與實
施如何因應？需要做哪些方面的改變？

教學目標是教學活動的關鍵，可用來研擬評鑑學生學習的方法與標準。　**教學啟示錄**

第 7 章

中小學教學改革
實施的方法

1 演繹和解釋及改革
議題與策略

第 7 章
中小學教學
改革實施的
方法

5 學校領導階層和
合作實踐與改革議題

2 直接教學法的實踐
及改革議題與策略

4 問題導向教學實踐
與改革議題

3 合作學習實踐與
改革議題

> 學習共同體的主要精神,在於透過各種策略與方法的運用,
> 讓學生學會為自己的學習負責任,同時也幫助同儕進行學習。

教學啟示錄

本章重點

中小學教學改革在實施的議題方面，包括教學演繹與解釋、直接教學法、合作學習、問題導向教學、學校領導階層與合作議題，透過教師教學與學生學習實踐的探討，提供中小學教學改革實施的參考。

 演繹和解釋及改革議題與策略

教師在教學過程中，必須透過各種有效教學的策略，將形式課程轉化成為實質課程，運用各種演繹與解釋的方式，提供學生具有意義的學習環境。在教學轉化中，教師應將班級教學時間做妥善的規劃，以結構方式將知識傳授給學生，並且營造良好的學習環境（林進材，2006）。

（一）知識的結構與組織和教學改革

相關研究指出，教師在班級教學活動實施過程中，花太多時間在概念講解上，因此影響學生的學習效果。研究中建議教育學者必須考慮運用各種策略與方法，引導教師減少並降低在課堂中的講話時間，以便發展以學生為中心的教學（林進材，2020a）。知識的結構與組織是教學過程中重要的一環，教師必須在教學前了解知識的結構問題，透過知識的結構與組織，將各種重要的概念傳授給學生，讓學生可以將各種概念整合成為知識體系中的重要成分。任何學科知識都是有結構性的，而教育的過程，就在於協助學習者有效地掌握知識的結構，才能對所學的知識有比較好的理解、記憶和學習遷移（林進材，2020b）。

教學啟示錄 教學資源的運用要考慮教學上的成本，以及學習成效的達成問題。

知識的結構與組織，對教學活動的實施扮演關鍵性地位。教師應該將單元目標中所包含的各種概念、原理原則教給學生，讓學生從學習過程中有系統地歸納知識。因此，教學是一種統整性的活動，不應像百科全書一樣，只是資料的蒐集記憶而已，應該是以更積極的方式，讓日常生活中的各類知識變得更有意義（林進材，2020a）。

知識結構與組織對教學活動實施扮演關鍵要素，影響教師教學設計與實施。因此，中小學的教學改革，在學科知識結構與組織方面，教師在擬定教學改革方案時，應該先分析學科教學中原有知識結構與組織的形式，探討這些知識結構與組織和學生學習成效之間的邏輯和關聯，進而將傳統的學科知識結構與組織，做「教學需要」與「學習需要」的重新排列組合，提供學生最適合的學習模組，才能精進學生的學習成效。

（二）有意義的學習與教學改革

有意義的學習概念是 Ausubel 提出來，認為影響學習的基本要素有二：一為個體已存在知識結構之數量、清晰度和組織的情形，此為意義學習的組型，即個體在學習每一概念時，是否存在必備的知識於該概念有關的認知結構之中；二是所要學習的概念特質或潛在的意義，如何促進學習者對新概念內容的吸收。

教師在教學中為了營造有意義的學習，應該掌握教學情境，讓學生可以從學習中獲得系統性的知識。在教學情境的營造方面，包括：(1) 以一個有意義的方式呈現學習的材料，以一個主要的、同一個觀念和原則，有效地融入教學活動中；(2) 設法將舊學習材料與學生的主要知識做有效的連結，引導學生創造新的知識（林進材，2006）。

在有意義的學習概念之下，中小學教師教學改革的設計與實施，需要從學習材料與學生的有效學習連結上，進行學理方面的分析

教學環境指的是教師教學活動進行的場地，包括教學的心理環境與物理環境。　**教學啟示錄**

探討，了解學習困難成因，分析有意義的學習與學生學習系統性知識之間的關係，進而擬定有效學習策略，並融入教學活動實施中，以提升學生的學習成效。

(三) 心智技能的學習策略與教學改革

教師在教學前應該針對學生在學習上心智技能的學習歷程（如圖 7-1），了解學生的學習思考歷程，以及如何思考等問題，作為擬定教學計畫的參考。若鼓勵教師了解學生的思考歷程，對學生學習效果的提升具有正面積極的意義。學生在心智技能的學習方面，包括：(1) 辨別：心智技能學習的基礎，學生學到能辨別刺激的不同而給予不同的反應；(2) 概念：包括具體概念如事物的共同屬性具體顯現者，例如：形狀、顏色；定義概念如不能用指認的方式來學習的抽象概念，例如：民主、秩序；(3) 原則：數個概念合在一起作為一個完整意義的表達；(4) 問題索解：運用學得的原則從事解決問題的心理歷程。

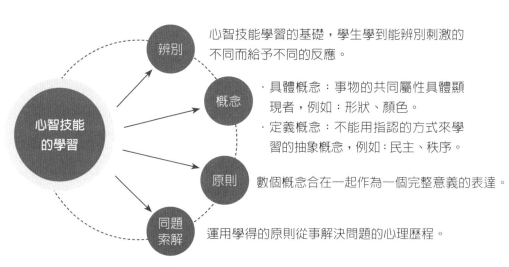

圖 7-1 心智技能的學習歷程

教學啟示錄 教學活動的安排主要在於依據教學內容與教學目標，選擇安排各種教學與學習活動，以達到最高的教學成效。

學習增進記憶的策略	按訊息處理論的原理，記憶分為短期記憶和長期記憶。在學習新知識時，短期記憶的有效運用最為重要。
學習組織知識的策略	如所學的是有組織的知識，除理解其內涵之外，最好學習用自己的口語或文字，將其要點加以組織，從而轉化成自己的知識。
學習後設認知的策略	後設認知是指個人對自己認知歷程的認知。

圖 7-2　學習認知策略的類型

在學習認知策略的運用方面，包括：(1) 學習增進記憶的策略：按訊息處理論的原理，記憶分爲短期記憶和長期記憶。在學習新知識時，短期記憶的有效運用最爲重要；(2) 學習組織知識的策略：如所學的是有組織的知識，除理解其內涵之外，最好學習用自己的口語或文字，將其要點加以組織，從而轉化成自己的知識；(3) 學習後設認知的策略：後設認知是指個人對自己認知歷程的認知（如圖 7-2）。

在心智技能學習策略的運用方面，中小學教學改革在學習策略的擬定與實施方面，需要了解各學科單元教學時，學生需要學習或運用哪些心智技能；這些心智技能對教師教學與學生學習有哪些重要的啟示；心智技能在教學中扮演哪些重要的角色等，透過心智技能的分析與設計，才能在教學改革中提升學生的學習效能。

(四) 知識類型向度的學習與教學改革

在學生學習歷程中，主要的知識向度包括：(1) 陳述性知識：指有關事實性或資料性知識；(2) 程序性知識：能將陳述性知識付諸實踐的知識，如既能知，也能行的知識；(3) 條件性知識：指什麼時候該做什麼，什麼時候不該做什麼的知識，更兼具選擇能力的知識（參

教學評量的功能與教學目標的達成具有積極的關係。　**教學啟示錄**

見表 7-1）。

表 7-1　學習知識類型

學習的知識		
陳述性知識（Declarative Knowledge）	指有關事實性或資料性知識。	例如：人名、地名、時間、地點以及事實經過等，以陳述方式表達的知識。
程序性知識（Procedural Knowledge）	能將陳述性知識付諸實踐的知識；「既能知，也能行」的知識。	例如：解答數學題、駕駛、操作機器、理化實驗、烹調、縫紉。
條件性知識（Conditional Knowledge）	指「什麼時候該做什麼，什麼時候不該做什麼」的知識，更兼具選擇能力的知識。	例如：考試遇到選擇題時，對不能肯定的選項是可以冒險猜測的，但如果有倒扣的條件，就應考慮放棄冒險。

　　其次，在知識類型方面，學生在學科單元學習中，需要學習的知識類型包括：(1) 事實知識：指的是術語或專有名詞的知識、特定細節或要素的知識，例如：家鄉人文資源；(2) 概念知識：包括分類和類別的知識、原則和通則化的知識理論、模式和結構的知識等；(3) 程序知識：包括學科特定的技巧及演算知識、學科特定技術和方法的知識、決定何時使用適當程序的規準知識；(4) 後設認知知識：包括策略的知識、認知任務的知識、自我的知識等（參見表 7-2）。

表 7-2　四種知識向度與案例

知識類型	定義	例子
事實知識（Factual）	・術語或專有名詞的知識 ・特定細節或要素的知識	家鄉人文資源、人文資源中所包含的廟宇和文教機構等。

知識類型	定義	例子
概念知識（Conceptual）	·分類和類別的知識 ·原則和通則化的知識理論 ·理論、模式和結構的知識	臺灣歷史的分期、師生互動關係、產業三級分工模式。
程序知識（Procedural）	·學科特定的技巧及演算知識 ·學科特定技術和方法的知識 ·決定何時使用適當程序的規準知識	測量距離繪製簡略地圖、地方問題的解決方式、遭遇爭議時何時召開公聽會？
後設認知知識（Metacognitive）	·策略的知識 ·認知任務的知識 ·自我的知識	客人來訪時會做什麼？為什麼？面對性平議題，自己的價值觀為何？

在知識類型向度的學習方面，中小學教學改革在學科單元教學與學習方面，應該要先了解各學科單元教學，學生需要學習哪些「學科知識」，這些知識的學習屬於哪幾種類型知識，這些知識如何在教學中呈現，呈現的先後順序是否適合學生的心智技能等，透過學科知識類型與向度的分類與分析，才能在原有的教學設計與實施方面，進行分析並形成「新的教學模式」與「新的學習模式」。

（五）課程實施與教學改革

班級教學活動的實施，教師的演繹與解釋方面，課程實施包括四個主要的步驟（參見圖7-3）：(1) 檢視先備知識：檢視學生是否具備新知識學習所需要的先備知識，對於先備知識不足的學生，應立即給予補充說明；(2) 陳述教學目標：陳述教學目標的目的，在於引導學生對即將學習的新知識，先有一個概約的認識；(3) 講解教材內容：課堂教學的主體，注意事項為使用通順易懂的口語解釋、生動有趣的語言等；(4) 觀察學生反應：從功課、測驗、提問、眼神等。

教學活動的進行不必拘泥於某一種固定的方法，
應該依據學生的學習狀態隨時改變教學方法。　　**教學啟示錄**

　　中小學的教學改革在班級教學中，有關教師的演繹與解釋方面，應該先檢視課程實施的流程是否有教學與學習上的問題，這些問題對於教學與學習的影響為何，是否應該調整課程實施的順序，對於各個流程的實施是否有問題等，作為改進教學模式的參考。

✓檢視先備知識
檢視學生是否具備新知識學習所需要的先備知識，對於先備知識不足的學生，應立即給予補充說明。

✓觀察學生反應
· 功課
· 測驗
· 提問
· 眼神

✓陳述教學目標
陳述教學目標的目的，在於引導學生對即將學習的新知識，先有一個概約的認識。

✓講解教材內容
課堂教學的主體。
注意事項：使用通順易懂的口語解釋、生動有趣的語言等。

圖 7-3　課程實施流程圖

二　直接教學法的實踐及改革議題與策略

　　直接教學法（direct instruction）於 20 世紀初於美國興起，當時的語言研究興趣集中在兒童如何學習母語的行為上，外語教育者有鑒於兒童學習母語的驚人成效，就套用母語的學習模式，引為外語的教

教學啟示錄 記住每一位學生的學習狀況是教學的前置作業，也是教師的必備課程。

學方法。一般而言，直接教學法比較常運用在語言教學上（林進材，2006）。

(一) 直接教學法的定義與教學改革

一般而言，直接教學法的定義，包括下列幾個重點：

1. 屬於「教師中心」的教學模式，也稱為明確教學（explicit instruction）、教導教學（didactic teaching）、主動教學（active teaching）。

2. 教師以直接的方式呈現資訊、技能或概念給學生，由教師組織上課時間，以達成所列的教學目標。

3. 這種教學法是教師主導整個教學歷程，有明確的教學目標、一定的順序及高度結構性的教學步驟，可以持續評量學生的學習結果，並立即提供回饋與評量的教學法。

4. 講述教學法是其中一種策略，教師在過程中也可以運用討論、提問，提供學生練習的機會。

中小學的教學改革在直接教學法的運用方面，可以依據目前班級教學中教師使用直接教學法的情形，包括學科單元教學的運用、概念教學的運用等，了解直接教學法在學科單元教學實際運用情形，作為後續採用教學法的參考。此外，亦須了解直接教學法除了運用在語言方面的學習，是否也可以運用在其他學科的學習上，或者需要配合其他教學方法的運用等。

(二) 直接教學法與一般教學法比較之教學改革

直接教學法的應用與一般教學有所差異，在教學策略、教學形式、學習觀、學習策略等，有所不同（參見表 7-3）。直接教學法運用在學科教學上面，偏向採用教師中心的教學策略，在教學形式上面

只要學生用對學習方法，學科學習成就仍可以提升。 **教學啟示錄**

提供結構化的內容，引導學生進行學科知識的學習與練習，並在教師的引導之下讓學生獨立練習；間接教學法的運用，在教學策略方面屬於高層次教導概念，在教學形式方面，運用歸納和演繹獲得概念，鼓勵學生運用自己的經驗和觀念，並且在教師引導之下進行團體討論。

表 7-3 直接教學法與間接教學法的比較

教學法	教學策略	教學形式	學習觀	學習策略
直接教學法	教師中心策略	提供結構化內容	引導學生練習	獨立練習
一般教學法	高層次教導概念	運用歸納和演繹獲得概念	鼓勵學生運用自己經驗和觀念	團體討論

中小學的教學改革，在直接教學法與一般教學法的運用之上，教師可以依據學科性質的需要，分析直接教學法和間接教學法使用的實施成效，了解不同教學法在學科單元教學上的應用情形，作為改進教學方法的參考。

(三) 直接教學法的教學設計與教學改革

直接教學法運用在學科單元教學上，在教學設計方面，通常包括七個重要的階段：(1) 確立行為目標：與一般的教學法相同，需要先確立教學的行為目標；(2) 決定問題策略：直接教學法的特性在於不強調學習者在學習過程中死記、死背，而是重視實際問題的解決；(3) 決定教學技術：在決定問題策略之後，教師應該依據各種問題的策略，決定採用哪些教學技術，以強化教學效果並促進學生的學習成效；(4) 決定教學順序：教師在採取直接教學法時，在教學實施前應該將教學順序決定好，才不至於在教學過程中，因為各種內外在因素的影響，導致教學順序紊亂而影響教學品質；(5) 選擇教學程序：指

教學啟示錄 教學技巧的變化與運用是教師教學活動進行的關鍵。

的是教師將各種教學活動中的原理原則與概念做專業的處理，在教學計畫中擬定有效的教學程序；(6) 設計教學程序：教師針對教學內容設計相關的教學程式，以利教學活動的進行；(7) 選擇範例系統呈現例子：在教學活動實施中，教師將各種概念的正面與負面的範例，系統化整理之後呈現例子讓學生進行學習；(8) 提供大量練習和複習機會：透過練習與複習的程序，強化學生的學習效果。

　　中小學的教學改革在直接教學法的教學設計方面，可以針對教學設計的七個重要階段，反覆檢視教學設計的各個階段中，是否有需要修正或是對學生學習的影響，透過每個階段的檢視結合教學實施成效的比對，作為改進教學的參考。

三　合作學習實踐與改革議題

　　分組合作學習教學法和一般的教學法不同，主要的用意在於從「教師中心」的教學，轉而為「學生中心」的教學，透過同儕學習輔助合作的策略，讓每一位學生都可以從教學中得到成功的機會。合作學習的成效不僅包括教學成效、學習成效，還包括學習動機、學習參與、合作技巧的強化（林進材，2020a）。本文告訴你合作學習的意義和策略，讓想要改變教學的教師採取教學改革的行動。

(一) 分組合作學習的主要意涵與教學改革

　　在合作教學中，每個學習者不只對自己的學習負責，也對其他學習者的學習負責，讓每個學習者都有成功的機會，對團體都有貢獻，能為小組的學習成功盡一份心力。因而，合作學習教學是建立在以團體方式，達到學習目標的教學策略之上。合作學習教學在教學原理方面，主要的構成因素包括任務結構、酬賞結構、權威結構（林進材，

2020）。

　　分組合作學習的意涵，主要包括：(1) 合作學習的實施與重視個別式、競爭式的學習過程有相當大的差異；(2) 在教學活動的實施，或是學習活動的進行，分組合作學習都有助於提升學生的學習成就；(3) 分組合作學習有助於增進學生的學習動機；(4) 分組合作學習可以發展學生合作技巧及溝通技巧、增進學生在學習方面的自尊，同時具備多種功效的教學策略。有關分組合作學習的主要內涵，參見圖7-4。

　　分組合作學習的教學與一般傳統教學的實施，差異性是相當大的，而且需要教師在教學前將學生依據不同性質而分組，由教師中心

圖 7-4　分組合作學習的主要內涵

教學啟示錄 只要教學方法使用得當，學生都可以改變。

的教學轉而以學生中心的教學。因此，中小學教師改革行動方案中，分組合作學習是最常被用來進行教學改革的方式之一。教師在班級教學多年之後，除了採用傳統的教學方法，也應該針對班級學生特性、學科教學單元的特性等，嘗試性地採用分組合作學習的策略，並檢視分組合作學習的實施成效。

(二) 分組合作學習與傳統教學的差異及教學改革

分組合作學習與一般傳統教學的差異是相當大的，包括教學活動與學習活動的實施，二者主要差異簡要說明如下：

1. 合作學習與傳統教學活動的實施，在各方面差異性相當大。
2. 傳統教學活動的實施，強調只要將課程教材內容教給學生，引導學生達到知識學習的精熟程度即可。
3. 傳統教學活動的進行偏重於學科教學知識的傳授，而忽略學生在學習方面的參與和樂趣，學習活動的進行是單向的。
4. 合作學習的實施強調以學生為學習的主體，教師提供各種合作技巧的情境，引導學生進行學習活動，在教學中協助學生達到各種精熟的程度。
5. 合作學習強調學習的責任是學生本身，由學生為自己的學習負責。

合作學習教學和傳統教學的主要差異，包括教學者角色、獲得知識方面、課堂主角、座位安排、小組分組方式、學習責任、互動方式、教學成效檢討等（參見表 7-4）。

中小學教學改革在分組合作學習方面，可以針對合作學習教學法與傳統教學法的差異，以及在實施過程中的優缺點、對教學與學習成效的影響，透過班級課堂教學的改革行動方案，分析二種不同教學法在學科單元教學的差異，作為擬定改進課堂教學的參考依據。

教學改革需要以漸進的方式進行，並且以學生學習成效提升為目標。　**教學啟示錄**

表 7-4　合作學習與傳統教學差異比較表

項目	合作學習教學法	傳統教學法
教學者角色	引導學習	支配學習
獲得知識方式	主動學習、討論、溝通	被動學習
課堂主角	學生為主、教師為輔	教師為主、學生為輔
座位安排	以討論及互動方式安排	固定座位
小組分組方式	異質性分組	不分組
學習責任	重視個人與團體學習績效	重視個人學習績效
互動方式	採用合作技巧	採用個人技巧
教學成效檢討	重視歷程與持續性的改善	重視個人酬賞

(三) 分組合作學習的類型與教學改革

1. 學生小組成就區分法

　　學生小組成就區分法（student's teams achievement divisions, STAD）是合作學習中最容易實施的方式，其應用範圍最廣，也是實施效果最顯著的方法。其包括五個主要的構成要素：(1) 全班授課：教師利用口頭或視聽媒體介紹需要學習的教材；(2) 分組學習：教師依據學生的能力、性別、背景、學習心理等特質，將學生分為 4-5 人一組；(3) 採取異質性分組方式，再以教師指定的形式一起學習以精熟單元教材；(4) 小考：學生透過個別小考的方式評鑑學習成效；(5) 個人進步分數：以學生過去的學習成績作為基本分數，視其進步的分數決定每個人為小組爭取多少積分（林進材，2020a）。

2. 拼圖法（Jigsaw instruction method）

　　拼圖教學法將教材分成五個小子題，教師將全班學生分組，每組有六個學生，每位學生負責一個小子題，另一位學生列入候補，以

教學啟示錄 教師想要提高教學效果，就要利用時間教導學生有效的學習策略。

便遇到學生缺席時遞補之用（Slavin, 1995）。負責相同子題的學生先成立「專家組」共同研究負責的子題，以達到精熟的程度。而後，負責的學生將精熟的內容教給同組的其他同學。拼圖法是由學生形成學習上的共同體，經由同儕學習的關係，完成預定的學習目標（林進材，2020a）。

3. 拼圖法第二代（Jigsaw II）

拼圖法二代的教學流程為：全班授課→（原小組、專家小組）分組學習→分組報告或發表→小組及個人成效評鑑→（採個人、小組成效評鑑方式）。此項教學法大多被運用在社會科學的教學，以及以閱讀為主的科目中。其中專家小組的形成是讓每一組分配到相同主題的學生自成一組，共同討論教材內容並精熟研究的主題，之後將討論結果加以整理記錄，再回到原組報告自己研究的主題。

4. 認知學徒制（cognitive apprenticeship）

認知學徒制是 Collins、Newman、Rogoff 等人提出來，是一種「做中學」的形式，教師針對教學活動目標與內容，將學生需要完成的學習任務置於真實情境中，引導學生學習活動的進行，從實際工作環境的社會情境中產生，並重視學生的認知及後設認知等。

5. 學習共同體（學習社群，learning community）

學習共同體的概念是透過學習社群的方式，以學生學習分組的形式，運用學習共同責任與相互分享策略，達到教學與學習目標。

6. 共同學習法（learning together）

共同學習最有名的推動者為 Johnson 與 Johnson（1994），其概念源自學習中共同合作、競爭與個人主義三種學習目標的比較。此法對小組人數有限定，且均為異質分組。此種方法特別重視組內成員互信互賴的關係，以及各組間合作關係的建立；因此，經由作業的安排、學生角色的任務分配、獎勵制度的建立、合作技巧的指導等來增

好老師在教學上的定義，主要是讓學生可以聽得懂上課中的講解。　**教學啟示錄**

進學生的合作學習，是此法的重點。

7. 團體探究法（group investigation）

團體探究法其步驟包含六個連續階段：(1) 組織探究小組，並界定主題；(2) 計畫探究工作；(3) 進行探究工作；(4) 準備成果發表；(5) 小組成果發表；(6) 師生共同評鑑。

8. 配對學習（paired learning）

配對學習的特色在於教師應該摒除學習者僅使用自己的方式達成合作學習目標的缺失，應該藉由配對式合作學習方式，引導學生小組成員透過彼此認知互動的過程，促使學習者達成共同的學習目標。

9. 小組學藝競賽法（簡稱 TGT）

小組學藝競賽法的教學流程如下：全班授課→分組學習→學藝遊戲競賽→小組及個人成效評鑑→（個人、小組）表揚。

10. 小組協力教學法（簡稱 TAI）

此種教學法結合了合作學習及個別化教學，其教學步驟說明如下：安置測驗→分組學習（閱讀說明頁—單元練習—形成性測驗—單元測驗）→小組評鑑（小組評分）→個人學習評鑑（真正測驗）→全班授課。

有關分組合作學習的類型概念，整理如圖 7-5。

中小學教學改革在分組合作學習的類型方面，教師可以依據想要改進的學科單元教學，以及班級學生的學習特性，選擇自己比較熟悉的分組合作學習類型（例如：學生小組成就區分法）進行教學改革行動方案的設計，透過行動研究法或實驗研究法，了解分組合作學習類型對學生學科學習的改變情形，透過相關的研究方法評估適合班級學生學習的模式。

教學啟示錄 教學時機的掌握是相當重要的，因為時機影響學生的學習成效。

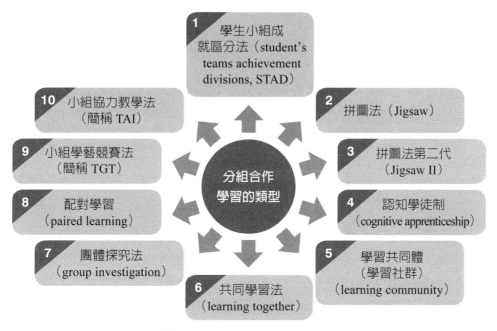

圖 7-5　分組合作學習的類型

（四）分組合作學習的教學流程與教學改革

　　分組合作學習教學的實施，對於增進學習者的學習氣氛有正面的效益。實施步驟如下（林進材，2020a）：

1. 教學前的準備

(1) 小組人數的決定：通常以 4-6 人較為適當。

(2) 進行學生分組：通常以異質性分組為主，使每組成員皆有不同背景的學生。

(3) 分配組內角色：組內角色可以針對實際的需要而重新組合，以符合小組分工的需要。教師在角色上的安排，可以依據學生本身的特質或學習上的表現而定。

(4) 學習空間的安排：小組成員的座位應該儘量接近，小組和小

組之間應該儘量加大空間。

(5) 準備教材：教師依據教學目標做準備。

2. 實施教學

(1) 說明學習任務：教師在學習開始前應明確說明學習目標作業安排，讓學生了解。

(2) 說明學習標準：教師在教學時應該讓學生了解學習表現標準、學習的最終目標和努力的方向。

(3) 建立積極互賴關係：教師在教學時應該營造小組積極互賴的關係，使小組之間的成員為自己也為團體的學習負責任。

(4) 設計個別績效評鑑：教師透過小組學習後的評鑑活動，確保個別的學習績效。

(5) 指出期許的合作行為：教師在實施教學時，應該讓學生了解具體的合作行為。

(6) 進行合作學習教學。

3. 學習評鑑與表揚

(1) 追蹤學生的學習行為：教師在教學進行時，應該隨時觀察小組成員之間的互動關係，評鑑學生的學習情形。

(2) 提供學習任務和社會技巧方面的協助：教師在教學中，應指導學生學習的錯誤，協助學生減少學習上的障礙，觀察學生的社會技巧，隨時給予各種指導。

(3) 評鑑學習結果：經由評鑑的實施了解學生的學習績效，並適時提供回饋，作為修正教學的參考。

(4) 進行學習表揚：教師對於小組的學習表現應該給予適當、共同的表揚，以鼓勵學習者在學習上的努力，並激勵小組成員之間的互賴關係。

教學啟示錄 教學活動的進行要善用各種鼓勵的語言。

4. 團體歷程與教學反省

(1) 反省團體歷程：教師在教學結束後，應該針對自己的教學行為進行反省。

(2) 反省及改進教學：教學完成之後應該進行檢討活動，作為反省教學是否適當的參考。

有關分組合作學習的教學流程及教學實施，整理如圖7-6、7-7。

中小學教學改革在分組合作學習部分，教師可以依據班級教學的特性，設計適合自己班級教學的方案，針對分組合作學習的教學流程，結合學科單元性質的教學，評估比較適合改革的教學流程，並分析學科知識與教學流程之間的關聯性，建立適合班級教學的分組合作學習模式（林進材，2020）。此外，也可以透過分組合作學習落實差異化教學，進而評估教學與學習成效（參見圖 7-8）：

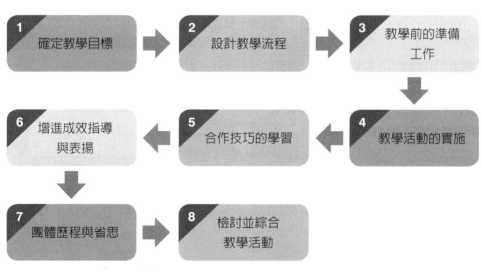

圖 7-6　分組合作學習的教學流程

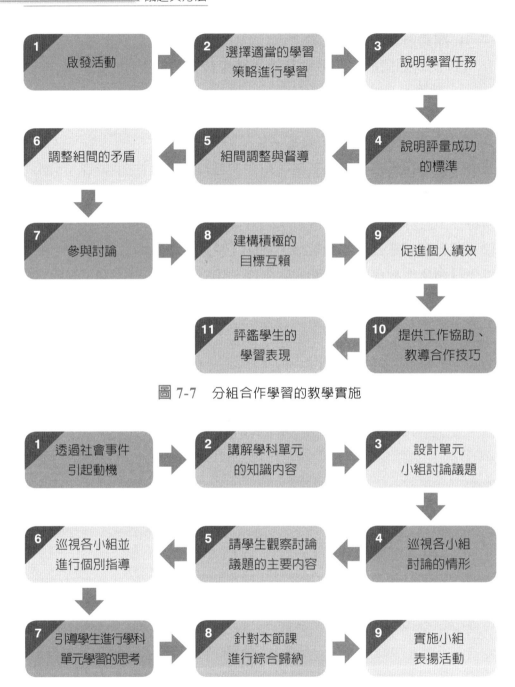

圖 7-7 分組合作學習的教學實施

圖 7-8 透過分組合作學習落實差異化教學的實施流程

教學啟示錄 教師的教學需要有 73 變，才能引發學生的學習動機與興趣。

1. 透過社會事件引起動機

例如：在上小學自然與生活科技時，舉出上一週金門下豪雨的事件，激發學生對學習的興趣與動機。

2. 講解學科單元教學的知識內容

依據引起動機的事件，教師告訴學生豪雨的單位是什麼？這些和生活有什麼關係？教師再請學生說明測量雨量的單位是什麼？這些單位怎麼應用？

3. 設計單元小組討論議題

教師講解小組討論的主要規則，讓學生了解小組討論進行的程序以及每一位成員要遵守的規則；接下來，教師提供小組討論的議題材料，引導學生進行小組討論。

4. 巡視各小組討論的情形

當小組成員討論時，教師必須在各小組之間，巡視並了解學生討論的情形，包括是否遵守小組討論的規則、每一位小組成員是否充分發言、小組討論是否依據教師提供的材料等。

5. 請學生觀察討論議題的主要內容

當小組成員討論之後，教師需要運用教學媒體，將討論議題的主要內容提供讓學生了解，以利後續的討論進行。

6. 巡視小組並進行個別指導

教師在學生觀察結束之後，針對個別學生進行指導，尤其是有學習差異的學生，需要教師進行個別的指導。

7. 引導學生進行學科單元學習的思考

當學生完成小組討論之後，教師需要設計各種學科單元討論的材料，引導學生進行學科知識內容的思考。

8. 針對本節課進行綜合歸納

教師在小組討論結束之後，針對本節課各小組討論的情形，進行

想要了解自己是不是好老師，想想看願不願意讓自己的孩子到班級學習。　**教學啟示錄**

綜合歸納。

9. 實施小組表揚活動

　　教師在教學結束之後，進行小組討論活動成果統計，並進行小組表揚活動，獎勵學生在這一節課中的表現優異行為。

四　問題導向教學實踐與改革議題

　　問題導向教學（problem based teaching, PBT）的實施，在於激發學習者高層次的思考運用在問題的解決上面，包括學生如何學習與教師如何教學的相關議題。教師在班級教學中實施問題導向教學，主旨在於將各種重要概念與原理原則，轉化成為各類型的問題，以「提問題」、「問問題」方式，指導學生運用詢問的方式進行學習活動。

(一) 問題導向教學的實施與教學改革

　　教師在教學歷程中，應該深切了解教學是「教」與「學」交互作用所形成的專業活動，如果教師忽略學習者在學習歷程中的參與、投入，便無法落實教學活動應有的價值。學生的學習與成長改變多少，教師的價值引導對學生產生多少影響，學生到底有沒有在學習狀態中等問題，往往容易讓教師否定教學的成效，並排斥任何改進教學方法與策略的可能性和必要性（林進材，2006）。

　　問題導向教學法的益處包括：(1) 促進師生間的正向互動；(2) 提供適當的問題情境；(3) 激發學習者學習動力等（參見圖 7-9）。

　　此外，問題教學法的實施，主要是從傳統教學法「教師中心」的教學，轉而以「學生中心」的教學取向。教師在面對問題教學法時，必須針對教學法本身有深入的了解，有足夠的時間進行教學活動設計與規劃，統整相關的教學資源與教材，才能使問題教學法發揮最大的

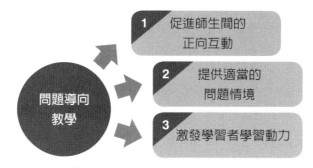

圖 7-9　問題導向教學法益處

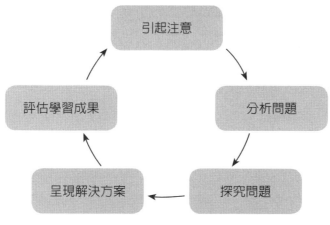

圖 7-10　問題教學法的流程

功效。問題教學法的實施流程包括：(1) 引起注意：在教學活動開始前，教師透過各種事先擬定的問題，以引起學生的注意力，例如：麥當勞炸雞店全年無修，請問炸雞的油有在更換嗎？(2) 分析問題：教師在引起注意之後，針對提出的問題進行學理方面的分析；(3) 探究問題：分析問題之後，透過討論探究問題的本質以及解決之道；(4) 呈現解決方案：針對課前提出的問題，引導學生探討解決的方案，並且呈現解決方案；(5) 評估學習成果：針對學生提出來的解決方案，引導大家討論解決方案的可行性並評估學生的學習成果（參見圖 7-10）。

教師應該將各種基本的生活能力融入各學科教學中。　**教學啟示錄**

中小學教學改革方案的設計與實施，可以針對問題導向教學的實施與學科單元教學，進行相關的改革方案擬定，將問題導向的流程融入班級傳統教學中，並形成改革之後的新模式，透過教學新模式的實施與評估，探討班級問題導向教學模式的可行性。

(二) 問題解決技能的學習與教學改革

問題導向教學的實施，重點在於學生問題解決技能的培養，在培養歷程中包括獨立學習的技能、成人角色行為與詢問、問題解決技能等三個重要的層面。問題導向學習的重點，在於思考技巧的運用，思考是一種透過語言表達事情的過程，透過象徵物表達物體和事情之間的重要原則。在思考技巧的運用方面，尤其是高層次的思考歷程，是問題導向學習的重點（參考圖 7-11）。

問題導向教學與學習的重點，在於引導學生完成真實生活的情境過程，和學習重要的成人角色模式。此方面包括如何與人進行合作、個人在社會中如何面對各種情境、如何獨立進行各種思考活動、如何

· **思考技巧**

透過語言表達事情的過程，取決於生活中的情境，需要教師去做引導及給鷹架。讓學生有更多面向的思考解決。

圖 7-11　問題解決技能的培養

進行人際接觸等（林進材，2006）。

　　在問題解決技能的學習方面，中小學的教學改革在問題導向的學習，在於幫助學生變成獨立和自動調節的學習者。教師可以透過反覆鼓勵和獎勵問問題的方式，並且引導學生尋找解決自身眞實問題的方法，教導學生在日常生活中學習獨立解決問題。此外，問題解決技能的學習改革方案，教師可以透過各種問題的研擬與面對，引導學生獨力面對問題，思索如何解決各種問題，進而培養獨立思考的技能。

(三) 問題教學法的實施與教學改革

　　問題教學法的實施必須配合各種日常生活的眞實情境，教師針對生活經驗研擬各種眞實問題情境，提供學習者解決問題的機會，透過各種角色模擬和問題情境的解決，達成教學目標。問題教學法的實施，包括四個主要的步驟（參見圖 7-12）：(1) 提出問題：問題的提出必須是學生所關心的、適合學習的問題包括校外生活問題、合適而且有效的問題、鼓勵學生嘗試創新的方法等；(2) 組織學生學習：內容包括組織學習團、實施合作計畫、進行團隊研究或獨立研究；(3) 發展模擬物與展示品：模擬物的發展可以展現問題情境的特性，以及作爲學生回饋方式；(4) 問題解決歷程的分析與評鑑：包括學習者透過問題情境的處理提出採取哪些觀點的假設，爲何拒絕某種觀點，最後爲何獲得結論。

　　教師在問題教學情境布置上，除了針對教學目標特性之外，同時應考量學習者的學習特性，通常在問題情境布置上，應該要考慮幾項特性（林進材，2006）：(1) 教室內工作目標及規範：例如何時該聽、何時該說的規則，針對每一位學習者或學習小組監督學習任務的完成；(2) 學習者工作監督及管理：清楚說明所有學習者的工作要求、進行監督學習者工作並提供各種回饋、持續記錄各種學習歷程；

學校教育存在的二個潛在問題：
(1) 讓學生看不到未來；(2) 學生的學習「知其然」而不知「其所以然」。　**教學啟示錄**

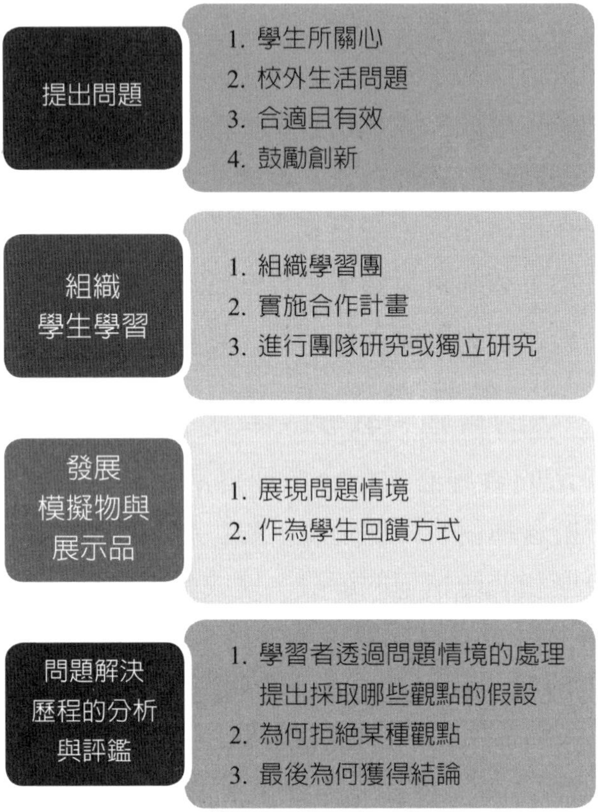

提出問題	1. 學生所關心 2. 校外生活問題 3. 合適且有效 4. 鼓勵創新
組織學生學習	1. 組織學習團 2. 實施合作計畫 3. 進行團隊研究或獨立研究
發展模擬物與展示品	1. 展現問題情境 2. 作為學生回饋方式
問題解決歷程的分析與評鑑	1. 學習者透過問題情境的處理提出採取哪些觀點的假設 2. 為何拒絕某種觀點 3. 最後為何獲得結論

圖 7-12 問題教學法的實施

(3) 學習者工作進度的協調：針對學習速度不一樣的學生，給予不同的學習要求；(4) 蒐集資料之各種倫理規範的建立：指導學習者在蒐集各種資料時，應該遵守的各種禮儀和規範（參見圖 7-13）。

　　問題導向教學的規劃與實施，對於學生各種核心素養的培育具有正面積極的意義，是一種融合問題導向教學與落實核心素養能力的教學模式。在中小學的教學改革中，此種教學模式是培育核心素養與落實生活經驗最適宜的教學模式。教師可以在學科單元教學中，將問

教學啟示錄 情意教學不僅強調認知上的目標，還包括情意方面的陶冶。

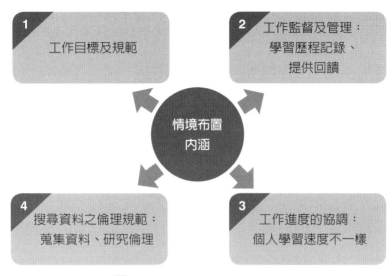

圖 7-13　問題教學情境布置

題導向教學的模式融入各個重大議題，引導學生結合單元課程目標，
運用問題導向的學習，將生活經驗中的各種問題情境進行學理與實務
方面的分析，找出解決問題的方案，進而真實地解決生活中的各種問
題，培養各種核心素養能力。

五　學校領導階層和合作實踐與改革議題

　　班級教學活動的實施，除了教師必須運用各種專業知識，結合教
學理論與策略之外，也需要學校和社區系統方面的支持協助。

(一) 學校如工作場所的概念與教學改革

　　對教師而言，學校是教師生涯中重要的場所。早期當學生時對
學校的觀念，完全取決於學習者的立場，對教室中的教師角色、學生
角色、課程與教學的概念、師生互動間的關係，影響學習者對教學活

教師應該在專業方面多花心思，讓自己成為專業的教師。　**教學啟示錄**

動的知覺。成為教師之後，對學校的觀點由「學習者」轉而為「教學者」。

將學校視為「工作場所」的概念，包括三個重要的項目：

1. 將學校視為人類系統

在將學校視為人類系統的各種運作中，教師、學生之間的互動是相互依賴而且可以預測的。學校不僅是工作場所，會受到學習和工作的人影響，同時也受到社區與社會情境脈絡的影響。儘管每個人為了有目的之學習而聚集在學校裡，但每個人不是獨自上課，行為都會相互影響。教師和其他接觸者形成的協同作用會對學生的學習產生重要影響。

教學所需的相關行為：

(1) 文具用品：紙、筆、電腦都準備好了。

(2) 教室已經打掃乾淨了。

(3) 已經準備了課程框架，並訂購了教科書。

(4) 家長已經平安將學生送到校了。

(5) 教師接受過專業訓練。

(6) 校車已經抵達，而且早餐跟午餐準備好了。

(7) 行事曆已經公布，並分配好學生的課堂。

(8) 為學生提供醫療服務的計畫和管理。

2. 學校的歷史與文化脈絡

學校教育發展過程中的歷史情境脈絡，教育的實施具有關鍵性的影響力，如同學校的發展，必須隨著時間的消逝與成長的各種價值、信念與期望所組成。與其他組識一樣，學校也具有由價值觀、信念和期望組成的歷史和文化，會隨著時間的推移發展。學校的文化提供了將其結合在一起並賦予其作為社會實體力量的組織安排。

Lortie（1975）將文化稱為「一個群體成員思考社會活動的方式。

教學啟示錄　好的教學要讓學生可以看見學習的未來成效。

文化包含解決集體生活問題的替代方案。」

3. 學校存在社會脈絡中

在學校教育發展過程中，每一個重要的步驟都是環環相扣的。在教育系統中，從整個社會所表達的價值觀到社區的文化，以及在特定的家庭和家庭中發現的結構和規範，整個系統都有社會脈絡嵌入，每個部分是環環相扣的（參見圖 7-14）。

中小學教學改革的設計與實施中，需要了解學校如工廠的概念，將學校視為人類系統、學校的歷史與文化脈絡、學校存在社會脈絡中的概念融入教學改革的理念中，透過上述三個層面意義與意識，有效地嵌入教學改革藍圖中，才能完整地掌握整體的教學內容，進行全面性的教學改革，將教學改革的理念真實地落實在班級教學中。

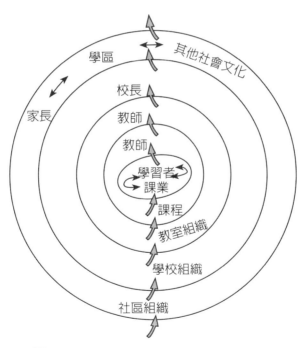

圖 7-14　學校存在社會脈絡中之示意圖

教學活動的實施要運用學生的好奇心。　**教學啟示錄**

（二）教師工作的本質與教學改革

中小學教師在每天的學校生活中是相當忙碌的，以臺灣中小學教師爲例，從早上 7：30 到學校之後，便展開相當忙碌的一天。除了正式課表上的教學活動之外，還包括學生回家作業的繳交檢查、學生各種衛生習慣的檢查記錄、家長在聯絡本上的要求、學校行政單位的回應等，一直到下午放學之後，仍應留在學校檢查當天課程方面需要檢討之處，並預爲明天的教學活動做準備。有關教師工作的本質之時間負擔與教師如何運用時間，請參見表 7-5、7-6。

表 7-5　教師工作的本質之時間負擔

	教學經驗的年份			學校類型			地區大小		
	總共	少於 10	超過 10	小學	國中	高中	城市	郊區	農村
	百分比								
少於 40	9	8	12	12	8	9	10	10	8
41-45	12	10	12	11	15	9	17	10	11
46-50	30	30	30	31	28	29	30	28	32
51-55	14	15	13	16	9	14	13	15	11
超過 55	35	38	34	30	40	39	29	37	38
中位數	50	54	50	51	51	55	50	55	51

註：每週花在學校相關責任上的時數

　　小學教師約每週工作 45 到 49 小時，中學教師約每週工作 46 到 50 小時。大多數教師至少要花 40 個小時。三分之一以上的人每週花費超過 55 個小時。

教學啟示錄　教學應該多提供學生思考的機會和空間，學生才能發揮無限的創造力。

表 7-6　教師如何運用時間

活動	總分鐘數	時間百分比
教學		
直接教學	95.4	20.6
組織	15.9	3.4
複習	21.0	4.5
考試	22.9	5.0
監視	23.6	5.1
其他與學生的工作		
自習教室管理	17.4	3.8
集會與社團	5.9	1.3
控制與管理	12.7	2.7
與同事及他人互動		
定期會議	2.7	1.0
計畫外的會面	46.5	10.0
交流	67.5	14.6
辦公與例行公事	89.8	20.0
旅行時間	24.6	5.3
私人時間	16.2	3.5

　　由於中小學教師的工作本質中，在時間負擔與管理上，需要教師針對現況做「時間效能」運用方面的規劃與改變。因此，教學改革方案計畫與實施，需要將教師現有的負擔與困境納入考慮的重要因素之中。在教學改革政策的制定時，需要針對教師現有的教學工作負擔與時間因素的分析，做通盤的考慮並引導教師思考「時間管理效能」、「教學效能」、「班級經營效能」等方面的議題，引導教師在未來的

教師不要一直著眼於學生的偏差行為上，要想辦法將學生引導到正面上。　**教學啟示錄**

教學改革中，如何修正現有的教學模式，調適未來的教學改革模式，才能在教學改革中讓教師願意承擔改革工程，讓教師勇於面對教學改革。

(三) 學校效能的研究與教學改革

學校效能的研究又稱為組織脈絡的研究，研究重點在於了解學校全面性文化發展及其相關特質、教師在一起的工作及如何促進學生成長的表現。越來越多的證據表明，學校的整體文化和教師的一致行為對學生的學習和個別教師的表現一樣重要。學校文化和社區以及教師、管理人員和家長的集體行為可以對學生的學習產生重要影響。研究指出，參與者齊心協力並在學校範圍內就應教授什麼、應如何教授，以及人與人之間如何相互聯繫達成協議的重要性。在學校中存在的協同作用，所產生的結果是教師無法獨自實現的（林進材，2006）。有關學校效能的特徵，參見表 7-7（林進材，2006）。

表 7-7　學校效能的特徵

社會組織	教學和課程
明確學術和社會行為目標	高課業學習時間
秩序與紀律	頻繁且受監控的作業
寄予厚望	經常監視學生進步
教師效能	連貫地組織課程
普遍關懷	多種教學策略
行政領導	教導學生責任的機會
公開獎勵和激勵措施	
社區支持	

教學啟示錄 ｜ 同一種教學方法用三次，就要考慮換方法。

　　學校效能的研究提供「教師高效能教學」參考標準，中小學的教學改革，在行動方案的規劃與設計方面，應該參考學校效能的研究有關教師教學設計與實施方面的研究成果，對照現有的教師教學實況，釐清二者之間的差異與距離，作為教學改革方案設計的參考。針對學校效能的現況與教師教學現況擬定有效的方案，作為改進教學的參考依據。

本章討論議題

1. 演繹和解釋及改革議題與策略內容有哪些？這些內容對教師班級教學有哪些重要的啟示？

2. 直接教學法的實踐及改革議題與策略內容有哪些？教師如何在班級教學中運用？

3. 合作學習實踐與改革議題內容有哪些？教師如何在班級教學中運用？

4. 問題導向教學實踐與改革議題內容有哪些？教師如何在班級教學中運用？

5. 學校領導階層和合作實踐與改革議題內容有哪些？教師如何在班級教學中運用？

第 8 章

中小學教學方法的改革與運用

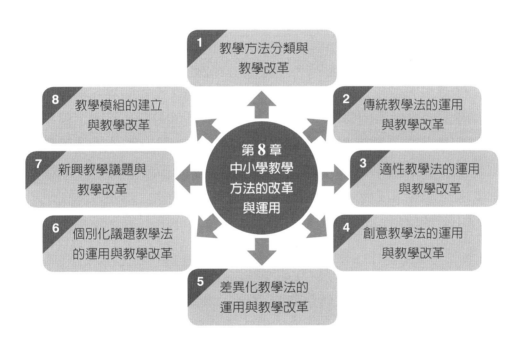

1 教學方法分類與教學改革

8 教學模組的建立與教學改革

2 傳統教學法的運用與教學改革

第 8 章 中小學教學方法的改革與運用

7 新興教學議題與教學改革

3 適性教學法的運用與教學改革

6 個別化議題教學法的運用與教學改革

4 創意教學法的運用與教學改革

5 差異化教學法的運用與教學改革

本章重點

　　中小學教學改革的設計與實施，教學方法的運用與改革是主要的核心關鍵。想要改進中小學的教學，需要先了解教師在班級教學中採用的教學理論與方法，從教學方法的分析到改革行動方案的形成，進行教學模式的修正微調，才能達到預期的改革成效。本章針對中小學教學改革中的方法與運用議題進行學理方面的分析，提供教師在教學改革設計與實施中的參考。

 一　教學方法分類與教學改革

　　教師在班級教學中，依據學科教學單元的特性與學生學習上的需要，所選用的教學方法，依據不同的學科領域、不同的單元性質、不同的學習特性、不同的學習需要，而採用不同的教學方法。依據相關的研究與分類（林進材、林香河，2020）。教學方法分成傳統教學法、適性教學法、創意教學法、個別化教學法、新興議題教學法等五種類型（參見 8-1 表）。不同取向的教學方法運用，端視教師在班級教學中，依據學科的不同、教師的喜好、教學的特性等，採用不同教學類型的教學方法。

　　中小學的教學改革行動方案，可以針對教師在班級教學中運用的學科教學方法與成效，進行學理方面的分析評估，透過教學方法的運用情形，引導教師在教學方法的運用上做更為精緻的修正與調整，讓教師從教學方法運用的改進著手，有助於提升教師的教學效能。傳統的班級教室教學，教師習慣依賴「單一」、「固定」、「慣用」的教學方法，使得教學活動實施成效受限於單一的教學方法中，影響教學

教學啟示錄 ｜ 學習進行時，必須有一定的動機和壓力，才會有效果。

改革政策的落實。

表 8-1　教學方法分類表

教學方法類型	教學方法
傳統教學方法	講述教學法、練習教學法、角色扮演教學法、微型教學法、個案教學法、討論教學法、問題導向教學法、啟發教學法、發表教學法、世界咖啡館教學法
適性教學方法	反思教學法、示範教學法、電子師徒教學法、社會化教學法、概念獲得教學法、適性教學法、個別化教學法
創意教學方法	欣賞教學法、建構式教學法、創造思考教學法、合作學習教學法、多元文化教學法、多元智能教學法、探究教學法、價值澄清教學法、設計教學法、編序教學法
個別化教學方法	文納特卡計畫、道爾敦計畫、學校學習模式、凱勒學習模式、精熟學習法、個別處方教學法、適性教學模式、差異化教學
新興議題教學方法	佐藤學學習共同體、學思達教學、MAPS 教學、心智圖教學、翻轉教學、文化回應教學

■二 傳統教學法的運用與教學改革

　　傳統教學方法是一般教師教學最常用的方法，教學方法本身沒有好壞高低之分，最主要的是依據不同學科領域、不同課程目標、不同單元性質、不同知識學習，採用不同的教學方法。教師在班級教學中如果將傳統教學方法妥善的運用，仍然可以收到高效能教學效果。

(一) 傳統教學法的類型

　　傳統教學法一般指的是教師在班級教學中最常使用的教學方

法，包括講述教學法、練習教學法、角色扮演教學法、微型教學法、個案教學法、討論教學法、問題導向學習法、啟發教學法、發表教學法、世界咖啡館教學法等幾種教師比較常用的教學法。透過傳統教學法的運用，讓教師在教學生生涯中，可以穩定班級教學的成效。

(二) 世界咖啡館教學法的例子

世界咖啡館是一套很有彈性的實用流程（參見圖 8-1），可以帶動同步對話、分享、共同找到新的行動契機，並且創造出動態的對話網路，在重要議題上為組織或社群催生集體智慧（林進材、林香河，2020）。世界咖啡館的教學，適用情境包括：(1) 學生人數超過 12 人以上；(2) 教學時間至少有 90 分鐘以上；(3) 教學針對重大的挑戰展開深入探索；(4) 讓首度碰面的人可以展開真正的對話；(5) 為現存團體裡的成員建立更有利的關係，培養認同感；(6) 分享知識、激發創新思維、建立社群，針對現實生活裡的各種議題和問題展開可能的探索；(7) 在演說者和聽眾間創造有意義的互動。

(三) 教學改革上的意義

傳統教學法的運用，讓教師可以在班級教學中，隨時依據學科領域教學上的需要，運用各種傳統教學達到教學目標。傳統教學法的設計與實施，不必花費教師過多的時間和備課上的負擔，只要教師可以運用一般的教學媒體、教具等就可以實施班級教學。在中小學教學改革方面，可以透過教師運用傳統教學的情境、實施成效、教學模式等方面的分析，了解教師在傳統教學法運用的實際情形，結合教學改革政策上的需要，才能引導教師進行班級教學方面的改革。世界咖啡館教學法的運用，可以在教學改革設計與實施中，選定適合的學科並建立新的教學模式，引導教師先將適合使用的學科進行教學上的設計與

教學啟示錄 用正面的角度看學生的表現，不管對錯都有積極的意義。

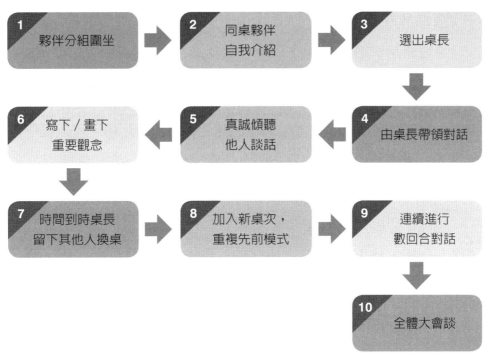

圖 8-1　世界咖啡館教學法流程

實踐，讓教師熟悉世界咖啡館教學法的實施，從教學方法的運用、教學模式的建立，達到教學改革的預期效果。

三　適性教學法的運用與教學改革

適性教學法的運用，主要是教學方法可以適合每一位學生的學習特質，讓每一位學生有學習成功的機會，透過適性教學實施，可以在學習歷程中得到自我實現。

(一) 適性教學的類型

適性教學法的類型，包括反思教學法、示範教學法、電子師徒制、社會化教學法、概念獲得教學法、適性教學法、個別化教學法等。適性教學法的運用，一般都是針對個別學生的需要，或是特殊班級學生的需要而採用適性教學，透過適性教學法的運用，可以提供每一位學生適合其學習特質的教學。

(二) 個別化教學法的例子

個別化教學是 1950 年代中期所發展出來的教學方法，其理論基礎建立在施金納（B. F. Skinner）的行為主義心理學之上，是一種尋求適應每一個學生學習需求的教學策略或設計。個別化教學旨在透過教學的設計，運用創新的教學方法、靈活的教學活動，以適應學習者的個別差異，達到因材施教的效果（參見圖 8-2）。

個別化教學的適用時機包括：(1) 當教學需要適合不同學生的學習差異時；(2) 當教學需要解決學習困難的學生，以利正面的學習效益時；(3) 當教師必須花費比較多的時間處理學生問題時；(4) 當教師需要整合各學科領域教學時（林進材、林香河，2020）。因此，個別化教學的實施適合應用於偏鄉中小學的教學，以及學習困難學生的「學習扶助」上，教師可以提供不同學習差異學生適合的學習模式，透過策略與方法的運用，解決學生學科學習困難的問題。

(三) 教學改革上的意義

個別化教學的擬定與實施，在中小學教學改革方面，教師可以依據任教地區學生學習情形，針對學生的學習差異、學習表現、學習困難等，在教學改革方案的設計與實施上，將個別化教學的理念與方法，結合學科領域的教學特性，發展適合學生個別化教學的模式，並

教學啟示錄 | 教學改革需要時間的積累與經驗的沉澱，因為改革一定會帶來不安，但創新需要歷經改革。

圖 8-2　個別化教學（individualized instruction）的流程

且透過模式的論證與對話，以及教學模式實施與修正過程中，建立適合個別化教學的模式，作為中小學教學改革的研究與試驗。

四 創意教學法的運用與教學改革

創意教學法主要是和一般傳統教學法有所不同，在傳統教學法的基礎之上採用新的教學方法，以提高學生的學習興趣和學習動機。

教學活動的實施需要培養學生等待時間，教師本身也需要等待時間。　**教學啟示錄**

(一) 創意教學法的類型

創意教學法有別於傳統教學法，是教師以傳統教學法為基礎，加上新的教學元素，在方法與流程上改變作法，以具有創意的策略進行教學活動。創意教學法包括欣賞教學法、建構式教學法、創造思考教學法、合作學習法、多元文化教學法、多元智慧教學法、探究教學法、價值澄清教學法、設計教學法、編序教學法等。

(二) 創意教學法的例子

在創意教學法的運用方面，例如：多元文化教學法的實施，提供教師在班級教學中「同中求異、異中求同」的教學設計與實踐。多元文化教學的主要理念在於：(1)「多元文化教學」強調「多元」、「差異」與「社會行動」等概念；(2) 多元文化教學希望培養學生對不同文化的理解與欣賞，對差異觀點的尊重與包容；(3) 多元文化教學重點在於消除優勢族群的偏見與刻板印象，提升弱勢族群的自我概念；(4) 多元文化教育的目標包括個人與社會二大面向。個人目標包括自我肯定、認同差異、不同文化團體增能；社會目標則是提升對不同文化團體的理解與態度，使社會呈現多樣化並回應文化差異（林進材、林香河，2020）。有關多元文化教學流程，請參見圖 8-3。

(三) 教學改革上的意義

多元文化教學的理念與實施，在中小學教學改革上的應用，包括：課程組織要素，並選定連結概念的通則後，就要依據主題發展教學活動；教學活動可以依據多元文化教育的目標設計，例如：促進族群關係的合作學習法、了解知識建構過程的認知教學與討論教學，以及強調作決定及社會行動能力的批判取向教學等；社會科強調以學生為中心的教學模式，重視知識重建過程與參與社會行動能力的培養。

教學啟示錄　教學活動的實施需要精準的流程與正確的方法運用。

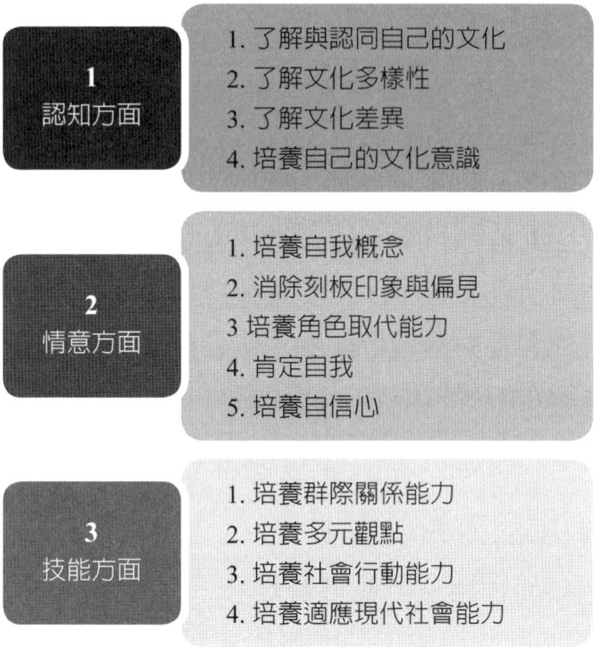

圖 8-3　多元文化教學流程

因此，中小學的教學改革，在多元文化的教學上，可以透過上述理念的規劃與設計，在班級教學中考慮社區的文化特性、學生的組成特質，進行多元文化教學方面的改革，增進並提升族群關係的合作學習等。

五 差異化教學法的運用與教學改革

在課堂教學改革的過程中，最為重要的是教師「學習如何教學」，學生「學習如何學習」的議題，透過相互學習的進行，提升課堂教學與學習的效能和品質，將課堂教學模式圍繞在人才培養的模式，才能成功地為社會、為國家培養好的人才。

教師的教學應該運用學習上第一名和最後一名的差異並融入教學中。　**教學啟示錄**

(一) 差異化教學的意義

差異化教學（differentiated instruction）是一種針對同一班級之不同程度、學習需求、學習方式及學習興趣之學生，提供多元性學習輔導方案的教學模式。因此，差異化教學強調學生的學習程度、需求、方式等在學習上的特殊性。有關差異化教學的概念，請參見圖 8-4。

差異化教學活動的實施，主要是依據學習者在學習方面產生的差異現象，針對學習者的學習準備度、學習興趣、學習風格等，教師設計符合學習者特質的學習情境，讓學習可以在因應差異情境下而達到最高的成效。

(二) 差異化教學的理念與實施

差異化教學的實施，主要是奠基於：(1) 依據學生學習差異及需求；(2) 彈性調整教學內容、進度與評量方式；(3) 提升學習效果，引導學生適性發展。透過差異化教學的實施，有助於提升教師專業，表達對學生學習方面的關心與支援，增加並提供學生學習歷程中的成功經驗，進而提升學生的學習效果。因此，差異化教學的關鍵，在於重視學生的學習差異情形，並依據學生的學習差異情形，給予學生不同的教學策略與方法，透過不同學習策略與方法的運用，引導學生進行有效的學習。

(三) 差異化教學的流程

在課堂教學中，透過個別差異教學理念的融入與實施，在教學中掌握學生的學習變化情形，從適性教學與差異化教學的實踐與落實，提供學生在課堂學習中的各種機會和策略，激發學生的學習動機與學習參與，才能讓學生對教師的教學有興趣、感興趣，積極地學習而提升學習效果。有關差異化教學的流程，請參見圖 8-5。

教學啟示錄 教學應該要給學生不同的機會。

「**如何教學差異化？**」

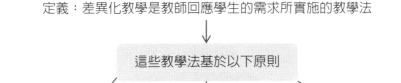

定義：差異化教學是教師回應學生的需求所實施的教學法

這些教學法基於以下原則

| 適切的學習任務 | 彈性的分組方式 | 持續性的評量與教學進度的調整 |

教師可以在以下層面考慮實施差異化教學

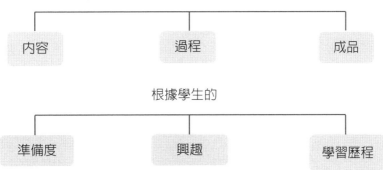

| 內容 | 過程 | 成品 |

根據學生的

| 準備度 | 興趣 | 學習歷程 |

靈活運用以下策略

多元智能	分層式課程	4MAT
拼圖法	分層中心	多元詢問策略
錄音	分層式教學中心	興趣中心
錨式活動	學習合約	興趣團體
多元組織策略	小組教學	多元作業
多元文本	團體探究	壓縮課程
多元輔助材料	分軌研究	多元提示策略
文學圈	獨立研究	複雜指示

圖 8-4　差異化教學概念

資料來源：國立臺灣師範大學教育研究與評鑑中心（2013）。

以學生為中心的教學，讓學生有一個值得回憶的學習經驗。　**教學啟示錄**

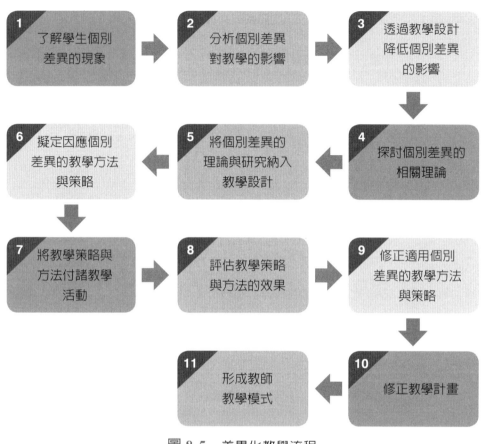

圖 8-5　差異化教學流程

(四) 教學改革上的意義

　　在十二年國民教育強調差異化教學之際，教師對如何將多元評量融入差異化教學之關聯性應要有所體認，教師必須了解各種評量方式的內涵，以及考量將這些方式運用在差異化教學的適切性，並從「教學」與「評量」彼此間互為需求的角度來看教學與評量的搭配（龔心怡，2013）。當教師在原有的教學活動做改變時，應該透過各種「教學講解」的機會，向與教學活動實施有關的人員進行教學改變方面的

教學啟示錄　教學活動中教師應該要以同理心對待每一位學生。

說明，降低來自內外在的影響因素，才能在教學改革中收到預期的效果。

　　中小學教學改革的設計與實踐，在強調班級學生個別差異上，可以針對學生在學習歷程與表現上的差異現象，以及個別學生的學習情形，擬定各種「學習扶助」上的策略方法，引導教師在班級教學中實施差異化教學，提供每個學生適性的教學方案，作爲教學改革參考之用。

六　個別化議題教學法的運用與教學改革

　　個別化教學的主要用意，在於教學活動中可以迎合每一個學生的不同需要，讓每一位學生都能在教學中學習成功。個別化教學法與個別教學法的意義有所不同，前者指的是在班級教學中，教師的教學可以讓每一位學生順利的學習；後者指的是在班級教學中，教師和學生一對一的教學形式。

(一) 個別化議題教學法的類型

　　個別化議題的教學，在班級教學中的應用，依據學科單元教學性質與學生學習性質的不同，而有適用的教學情境。個別化議題的教學，包括文納特卡計畫、道爾敦計畫、學校學習模式、精熟學習法、個別處方教學等幾種教學方法。

(二) 個別化議題教學法的例子

　　在個別化議題教學法中，以個別處方教學（individually prescribed instruction, IPI）的理念在班級教學中最常被使用。

1. 個別處方教學的理念

個別處方教學的理念，包括：(1) 學生的學習方法與方式有很大的個別差異；(2) 學生在學習起點行為方面，本身的能力影響學習成效；(3) 教師在教學時，應該設計一個適合學生學習的環境，將學生在各方面的差異降到最低；(4) 在教學設計與實踐時，隨時診斷學生的學習狀況，作為調整教學的參考（林進材、林香河，2020）。

2. 個別處方教學的基本原則

個別處方教學的基本原則，包括七個主要的流程（參見圖8-6）。

圖 8-6　個別處方教學流程

(三) 個別處方教學流程圖

　　個別處方教學流程包括幾個重要的階段，從選定單元開始到後測，都需要通過教師設計的各種標準（參見圖 8-7）。

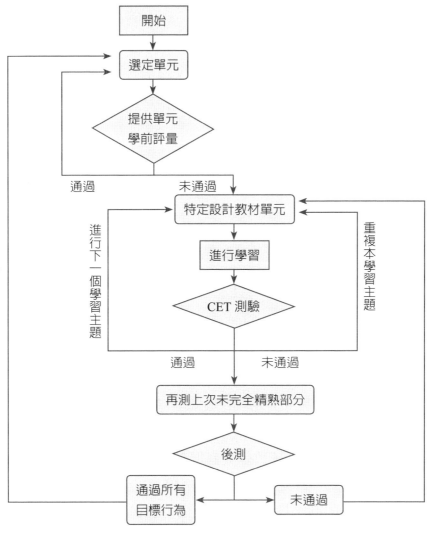

圖 8-7　個別處方教學流程

資料來源：林生傳（1990：133）。

教師的教學應該針對學生的個別需要，提供個別處方教學。　**教學啟示錄**

(四) 教學改革上的意義

個別處方教學理念運用在班級教學中，中小學的教學改革宜建立在下列基礎之上：(1) 教師應該針對學生的學習需求、學習上的需要，規劃設計適合學生學習的環境；(2) 教師應該針對個別學生的差異，設計各種（或多種）的處方教學，以方便在教學活動進行時使用；(3) 學習備選方案的規劃設計，可以在教學活動進行遇到困難時，作為教師教學選擇之用；(4) 教師要讓學生在學習過程中，可以擁有多種的選擇機會；(5) 教師可以透過補救教學的實施，提供學生「再學習」的機會，以達到預期的精熟程度。

七 新興教學議題與教學改革

近年的新興教學議題發展，其實是奠定在傳統的教學法之上，將各種新的教學元素融入教學活動當中，教師應該隨時檢視自己的教學，將教學元素納新吐故，形成具有專業特色的教學模式。

(一) 傳統教學與新興教學的差異

新興教學與傳統教學在設計與實踐之上，差異點包括：(1) 教師在接受師資培育階段所學到的教學理論與方法，多半是當時擔任培育教授認為比較重要的教學方法，以及師資培育教科書中提出來的教學方法；(2) 教師進入教學現場，握在手中的教學知識，已經無法回應教學現場的需要；(3) 傳統教學與新興教學的差異不大，很多的新興教學本身，其實就是傳統教學的「進階版」；(4) 教師應該針對傳統教學可能產生的限制，做教學步驟方面的微調（林進材、林香河，2020）。

（二）新興教學對教師教學的影響

由於新教學法的盛行與流行，對教師教學產生相當的影響：
(1) 當教師在面對新興教學的興起時，容易懷疑自己的專業能力；
(2) 當新興教學議題興起時，第一線教師所應該做的，就是先思考哪些教學方法需要調整；(3) 在學生的學習方面，教師應該做的，就是針對學生學習困難的地方提供有效的解決策略。

（三）新興教學對學生學習的影響

新興教學不僅對教師的教學產生影響，同時也影響學生的學習，其影響層面包括：(1) 新興教學議題的興起，意味著學生的學習活動也應該隨著改變；(2) 有關學生學習活動的改變，包括二個重要的層面，一為教師教學活動的改變，一為學生學習活動的改變；(3) 教師教學活動的改變，指的是教師在教學活動設計與實踐時，應該針對學生的學習情形，融入教學設計當中；(4) 學生學習活動的改變，指的是學生在學習策略與方法的應用，必須跟著教師的教學活動而調整。教師在面對新興教學議題時，除了應該反思自己的教學活動，也應該採取專業方面的因應策略（參見圖 8-8）。

（四）新興教學的類型

由於時代的變遷、教師專業發展的改變、現場教師對教學改革意圖，新興教學議題隨著這一股潮流而起。新興教學的類型包括佐藤學學習共同體的運用與實施、學思達教學的運用與實施、MAPS 教學的運用與實施、心智圖教學的運用與實施、翻轉教學的運用與實施、文化回應教學的運用與實施等。

教學活動設計與實施要將家長納入教學中。　**教學啟示錄**

圖 8-8 教師面對新興教學議題的策略理念圖

（五）新興教學法的例子 —— 以心智圖教學法為例

1. 心智圖教學法的意義

心智圖教學法的意義，主要包括幾個概念：(1) 心智圖主要是利用顏色、文字、符號、數字、線條、圖畫、關鍵字等方式，將所學的概念以視覺化思考方式呈現；(2) 心智圖乃將大腦中所吸收的訊息加以組織、內化，運用視覺圖像呈現讀者反芻文本後的訊息架構；(3) 心智繪圖是運用「I see」的設計用意在於統整文本的主題以及解構其脈絡；(4) 教學過程中，確認所有學生能夠完整理解文本內容，共學時小組將心智圖繪製於海報上。

2. 心智圖的繪製

心智圖的繪製包括五個重要的理念：(1) 心智圖的繪製方式為學習者將文本的中心思想置於畫紙中間；(2) 激盪左右腦力，產生訊息聯想，做放射性概念延伸；(3) 按閱讀理解認知，將訊息分層，以圓心向外做放射圖、魚骨圖、樹狀圖等多元形式呈現；(4) 心智圖為圖

教學啟示錄 教學要允許學生有更多的另類想法，才能激發更多的教學想像。

1 基本原則	1. 清楚表達出中心主題 2. 善用圖像顏色或符號 3. 具個人獨特性
2 整體結構	1. 主題位於中央 2. 主枝幹大於次枝幹（由粗到細） 3. 分枝 3-7 個 4. 線條長度和關鍵字、圖像等長
3 文字與 顏色運用	1. 適當關鍵字使用 2. 關鍵字單位 0-5 字內 3. 一枝幹一關鍵字 4. 至少使用三種顏色 5. 顏色區分不同分枝

圖 8-9　心智圖繪製的實施原則概念

像式的思考工具，提供學習者一個有力的系統；(5) 利用視覺的圖像刺激，統整歸納出邏輯性的思維，增進閱讀理解與長期記憶的能力（林進材、林香河，2020）。

3. 心智圖繪製的實施原則

心智圖繪製的實施原則包括基本原則、整體結構、文字與顏色運用等三個主要部分（參見圖 8-9）。

(六) 教學改革上的意義

心智圖教學的運用，有別於一般傳統的教學，需要教師在教學前，針對學科單元教學知識內容，做學習成效上的整理，並且針對學習知識做系統的彙整。因此，在中小學教學改革之上，心智圖的教學

教學活動的實施需要師生雙向對話。　**教學啟示錄**

設計與實踐，需要考慮下列幾個要素：(1) 教師教學設計與實踐如果想要改變的話，需要從教學中的細微處開始，避免進行教學上的大幅度改變；(2) 心智圖的教學策略，需要教師花一點時間將學科單元的知識進行分類彙整工作；(3) 教師可以選擇適合的單元教學，將心智圖的概念融入教學設計當中；(4) 教師在運用心智圖教學準備時，可以和學生一起將學科單元知識繪製成心智圖，作為教學與學習之用；(5) 教師在教學設計與實踐當中關於教學方面的研究，有助於提升教師的教學專業能力。

八 教學模組的建立與教學改革

中小學教學改革的實施，主要是希望中小學教師在班級教學中，可以透過教學反思途徑，針對自己多年來的教學設計與實踐進行專業方面的反省檢討，了解自己慣用的教學方法是否有需要檢討改進之處，例如：在教學設計、教學理論、教學方法、教學策略、教學評量等，是否有需要微調的地方；其次，在教學模式的設計與運用方面，是否經過多年的實踐經驗之後，建立屬於自己的教學模式，這些模式有無需要調整之處，或是建立新的教學模式典範，精進各領域的教學成效。

(一) 教師教學模組的建立與實踐

中小學教學改革在教師教學模組的建立與實踐方面，希望教師在教室教學中，透過教學設計與實踐經驗的累積，可以建立屬於自己特色的教學模組，作為教室教學設計與實施的參考模式。在教學模組的建立，不必過於依賴固定的教學流程，將平日「習以為用」的教學方法，結合「適用學科領域」的教學策略，揉合「教師中心」與「學生

教學啟示錄 教學評量的用意在了解學生學習進步情形，不在於評論學生的成就高低。

中心」的教學型態，提供學生最適當的學習活動。本文以「問題導向教學結合心智圖概念的教學改革」爲主題，說明教師教學模組的建立與實踐經驗，作爲中小學教學改革「拋磚引玉」之用。有關教學模組的建立與實踐流程，請參見圖 8-10。

　　有關中小學教學改革之「問題導向教學結合心智圖概念的教學改革」模式與流程圖的實施，簡要說明如下：

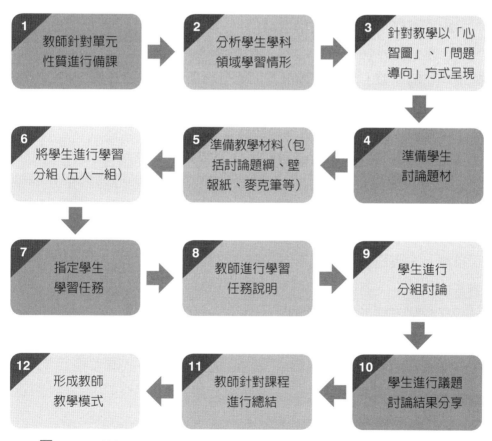

圖 8-10　　教師教學模式圖：問題導向教學結合心智圖概念的教學改革

1. 教師針對單元性質進行備課

問題導向結合心智圖概念的教學模式，教師在教學前需要針對學科單元性質進行教學前的備課，了解學科單元性質為何、教導哪些學科知識、哪些核心素養、學生學習哪些知識、學生需要具備哪些核心素養等。在單元性質的備課期間，教師需要思考運用哪些教學媒體、哪些教學方法、哪些教學材料、哪些教學設備等方面的問題。以筆者在小學師資培育課程中的「班級經營」為例，在教學前就需要針對班級經營中的學科知識，進行教學計畫與教學設計方面的準備工作。

2. 分析學生學科領域學習情形

在學科單元性質分析之後，教師需要針對學生在學科領域單元的學習「先備知識」，進行專業方面的分析與理解，包括學生具備什麼知識、需要學習什麼知識、已經知道什麼知識、需要運用哪些學習方法、需要哪些新經驗的加入等方面的學習情形。

3. 針對教學以「問題導向」與「心智圖」方式呈現

教師教學模組的建立，在教學前應該針對學科學習單元的性質，進行課程教學方案的改寫計畫。例如：中小學師資培育的「班級經營」課程，在教學前備課階段，需要將課程目標與教學目標（或學習目標），改寫以「問題導向」與「心智圖」方式呈現，提供學生在學習前的準備。有關教學目標改寫成為問題導向的方式，例如：「擔任級任教師怎樣鼓勵學生閱讀，有哪些方法」、「教師提升教學效能的方法有哪些」、「教師如何提升學生的學習動機」、「教師提升學生的學習效能方法有哪些」、「學生的數學解題方式有哪些」等方面的問題（參見圖 8-11）。

教學啟示錄 教學需要家長的配合，才能譜一首教學的美好曲調。

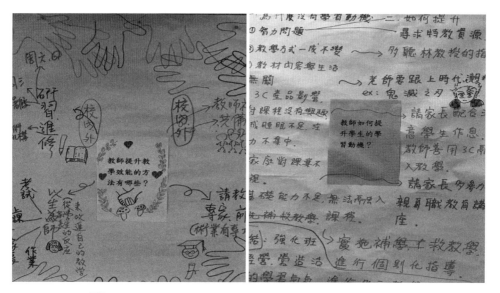

圖 8-11　教學以「問題導向」與「心智圖」方式呈現

4. 準備學生討論題材

在準備學生討論題材方面，需要結合學科單元目標與學習目標，將原有的教材（或課本）進行內容分析與內容轉化的工作，透過分析轉化成為學生討論的「問題導向」議題，並且以心智圖的方式呈現各種學習材料。以小學高年級的數學領域學科為例，教師需要將學生學習的知識以問題導向與心智圖的方式呈現出來（參見圖 8-12）。

5. 準備教學材料

在教學材料的準備方面，教師可以依據原先的教學設計與實施，考慮需要用到哪些材料，例如：壁報紙、雙面膠帶、討論題綱、撰寫討論結果的麥克筆、分組討論標示牌、討論結果彙整表等，作為學生上課討論與呈現討論結果之用。

教學策略的運用要依據不同情境調整。　**教學啟示錄**

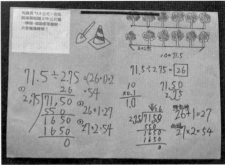

圖 8-12　教學以「問題導向」與「心智圖」方式呈現

6. 將學生進行學習分組

由於問題導向與心智圖教學設計與實踐，需要運用到分組合作學習教學法之「異質性分組」方式。因此，教師需要在講完教學規則之後，針對班級學生進行「異質性」學習分組。原則上，以每五個學生為一組的方式，進行學習討論分組。

7. 指定學生學習任務

教師在進行學習分組時，請班級學生依序由 1 到 5 報數，每五個學生為一組。1 號學生當學習討論主席；2 號學生進行討論結論記錄；3 號學生撰寫討論結果並負責將心智圖畫出來；4 號學生負責討論結果壁報紙美工與插圖工作；5 號學生擔任分享報告人員。將修課學生依據分組原理做分組學習任務方面的指派，以利後續教學活動的實施。

8. 教師進行學習任務說明

當學習小組分組之後，教師需要針對本課程的學習任務進行簡要的說明，內容包括：(1) 討論時間；(2) 討論規則；(3) 場地規劃與說明；(4) 討論結果呈現方式；(5) 準備的材料如何運用；(6) 人員的分工與任務；(7) 各成員負責的工作和職責；(8) 課堂的規則等。

教學啟示錄　教師在教學設計與實踐中，應該做正確的教學決定。

9. 學生進行分組討論

　　學習任務說明完成之後，教師可以請學生說明主要的學習任務有哪些，象徵性的請幾個擔任不同學習任務的學生，簡要說明學習任務和規則，以確定學生已經熟悉該課堂目標與討論方式。此外，教師在學生進行分組討論時，應該到各小組巡視，了解學生的討論情形，以確保討論結果分享的流程和成效。有關學生進行分組討論，請參見圖8-13。

圖 8-13　　學生進行分組討論

教學活動的實施要能掌握影響教學的不利因素，
並且針對各種因素調整原有的教學步驟。　　**教學啟示錄**

10. 學生進行議題討論結果分享

　　學生進行議題討論結果分享，是本節課的關鍵，同時也是教師驗收教學成果的重點。因此，教師在分組討論期間，需要到各小組去了解學生的學習情形，以及各小組討論結果的呈現方式，以進行教學方面的監督工作。有關學生進行議題討論結果分享，請參見圖 8-14。

圖 8-14　學生進行議題討論結果分享

11. 教師針對課程進行總結

在教師針對課程進行總結階段，需要針對學科領域單元教學目標進行教學與學習成效的總結，以確定達成教學目標。此外，學生的分組討論成果，可以作為班級教室布置之用，請參見圖 8-15。

12. 形成教師教學模式

教師教學設計與實踐過程，需要考慮與教學有關的各種因素，將影響教學的因素融入教學模式中，進行有效教學設計與實施，才能將教學成效實施精緻化、效率化，提供班級學生學習的最佳模式。

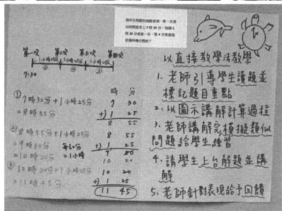

圖 8-15　教師針對課程進行總結

教學活動設計與實踐要提供學生最佳的學習機會。　**教學啟示錄**

（二）中小學教學改革的意義

中小學教學改革的推動，實施的重點不在於「改變多少」，而在於「如何改變」，實施的要領不在於「改變幅度」，而在於「幅度微調」。希望透過可行方案提供教師在教學改革上的思考，讓教師了解「你也可以改變」的理想，在原有的、傳統的、固定的教學流程中，找出「需要改變之處」進行微調式的修正，透過修正方案的嘗試，給自己一個改變的機會、一個成長的契機。雖然，改革一定會帶來不安，但創新必歷經改革。

本章討論議題

1. 教學方法分類與教學改革有哪些重要的內容？教師在班級教學設計與實踐中如何運用？

2. 傳統教學法的運用與教學改革有哪些重要的內容？教師在班級教學設計與實踐中如何運用？

3. 適性教學法的運用與教學改革有哪些重要的內容？教師在班級教學設計與實踐中如何運用？

4. 創意教學法的運用與教學改革有哪些重要的內容？教師在班級教學設計與實踐中如何運用？

5. 差異化教學法與教學改革有哪些重要的內容？教師在班級教學設計與實踐中如何運用？

6. 個別化議題教學法與教學改革有哪些重要的內容？教師在班級教學設計與實踐中如何運用？

7. 新興教學議題與教學改革有哪些重要的內容？教師在班級教學設計與實踐中如何運用？

8. 教學模組的建立與教學改革有哪些重要的歷程？教師如何在班級教學設計與實踐中運用？請舉出一個具體的例子？

教學啟示錄 教師創意教學五個重要關鍵：問、思、想、做、評。

第 9 章

中小學教學改革與研究議題

1 教學改革的理念定位

2 教室裡的教學改革行動方案

3 教學改革研究怎麼進行

4 教室裡的教學改革研究與取向

5 教室裡的教學改革研究方法析論

6 教師的教科書改革研究與應用

7 教學改革研究之設計與實施

第 9 章
中小學
教學改革
與研究議題

教師應該避免將自己的價值觀融入教學活動中。　**教學啟示錄**

本章重點

中小學教學改革方案計畫與實踐，主旨在於希望透過改革理念的落實，可以引導教師在班級教學中，針對班級教學活動的實施進行「反思形式」的檢討，進而調整固有的教學模式，修正實施多年的教學流程。中小學教師的教學改革行動方案，不管是模式的微調、流程的修正、經驗的分享，都需要將教學改革的理念與實踐經驗，透過文字方式將來龍去脈詳實地展現出來，分享給教學研究界與實務界作為改進教學的參考。有鑑於此，本章的重點在於說明中小學教學改革與研究議題，從教學改革的「理念定位」到教學改革的「實踐歷程」，再到教學改革的「研究典範」等，做詳實、細膩、專業的說明。

一 教學改革的理念定位

中小學的教學改革行動，主要目的不在於「為改革而改革」，也不在於教學改革中的「剪綵文化」，或是時尚流行的「煙火文化」，而在於希望透過改革行動讓教師的班級教學「永續經營」，可以在原有的教學方案中，以「吐故納新」、「融入新元素」、「寧靜革新」的理念，引導教師做班級教學的改革。

一般而言，教師對於教學改革政策與執行，秉持「多一事，不如少一事」、「原地不動的改革」、「教學改革像月亮，初一十五不一樣，管它一樣不一樣，教室教學仍照樣」的心態，主要源自於對傳統教學的過度依賴，以及教學日常生活忙碌，學校行政事務負擔重等等內外在因素。

想要教師改變教學方面的思維，是一件相當不容易的事。因為，要改變一般的教學活動，需要透過各種策略的運用，以改變教

教學啟示錄 高效能的教學設計與實踐，需要教師掌握所有的教學因素。

師在教學中的思考歷程，進而修正教學模式，實在是一件複雜的工程。教師的教學改變和一般機構的權力改變一樣，需要所有人員與全體情境脈絡的配合修正，才能發揮實際的效果，只有教學相關的情境脈絡改變了，教學氛圍調整了，才能收到預期的效果。此種現象如同 Popkewitz（2003）所提出發展性的權力觀，強調權力不是集中於某些團體，權力是無所不在的，它像血液隨著微血管流遍全身一樣，在個體、團體或制度中到處流竄，而形成了規訓的技術，由此建構疆界，並展望可能性。如果權力的結構和脈絡沒有改變，要進行整體的改變或局部的改革，會是一件相當困難的工程（林進材，2019）。

二 教室裡的教學改革行動方案

一般而言，教室中的教學改革行動方案的擬定，不必過於宏大、遙不可及，也不用想得太複雜，過於偏向學術性的研究風格，只要教師在例行的教學活動中，思考如何將新的教學理念納入教學設計與實踐方案中，或是將自己依賴多年的教學理論方法、慣用的教學模式流程等，做實質上的改革或調整，改變教學形式與學習方法，透過研究流程與文字表述的方式做教學同儕的分享，以此進行教學改革即可。

Cuban（2016）指出，在過去的教學歲月中，近50年來雖然有部分的教師採用培養學生學科學習思維能力的「學生中心」教學；然而，對於大部分的教師而言，學校以「教師中心」的教學取向仍是沒有多大幅度的改變。主要的原因是學校教育的大環境沒有改變，學校的氣氛與機能結構改變幅度不大，仍舊採取年級、教學時數、教學科目等傳統的固定日常組織，教師的教學活動仍是關在自己的課堂內與他人分離，用教科書及考試來決定學生的成績。即使歷經了許多次

教師應該賞識學生的學習表現。　**教學啟示錄**

的教育改革，教師在教學的光譜中仍多數偏向「教師中心」取向那一端，偶爾雖有些小組討論與安排學生做探究的教學，但學習基本上仍然是以傳遞內容爲主的教學，而非啟發或學生主動探究思考的教學。這些傳統的教學型態，仍舊牢牢地縈繞在教師教學思考與心智生活中，成爲牢不可破或無法挑戰的教學信念（林進材，2019）。

三　教學改革研究怎麼進行

　　教師在教學改革的研究，主要是聚焦在班級教學設計與實踐之上，透過班級教學實施歷程中的相關因素分析，教師可以選擇適合自己理念或是想要改變的部分，進行教學改革方面的研究設計。

(一)教師教學方法改革研究

　　中小學教學改革的研究，主要意義在教師於班級教學中了解與教學改革有關的因素、在教學計畫與實踐中所扮演的主要角色、實施的歷程與實施成效，將教學改革實施方案，透過各種研究方法了解改革的成效。例如：教學實踐研究的規劃與實施，包括下列幾個重要特徵（林進材、林香河，2020）：(1) 教室裡的教學研究指的是「以教師爲中心」的研究；(2) 教室裡的教學研究包括教師的教學、學生的學習、影響教學與學習的相關因素；(3) 教室裡的教學研究主要用意在於改進教學活動；(4) 教室裡的教學研究比較常用的是行動研究法、實驗研究法等；(5) 想要改進教室裡的教學品質，透過研究途徑是比較理想的方法。

　　在教師教學方法改革研究中，教師可以透過班級教學中，各種不同教學方法的運用情形與實施成效，透過研究方法了解不同教學方法在教學中的適用情形、在不同學科領域單元教學中的運用情形，以及

教學啟示錄　想想看你是哪一類型的教師：
門外漢教師、入門者教師、能幹的教師、熟練的教師、專家教師。

各教學方法相互之間的運用等。例如：將傳統教學法、適性教學法、創意教學法、多元教學法、資訊教學法、新興教學法等，運用在各學科單元的教學歷程有哪些優缺點；如何運用在各學科中，和學科教學知識如何結合；對教師的教學效能產生哪些效果等。

(二) 學生學習方法改革研究

學生學習方法改革的研究，主要是針對學生在班級教學中，透過教師教學活動實施，學生在單元學科學習中可以運用哪些高效能的學習策略、方法等，透過這些學習策略的運用，對於學生的學習效能產生哪些積極正面的意義。例如：概念圖的學習、心智圖的學習策略、摘要圖策略、筆記的學習策略等，在學科單元學習中是否可以提升學生的學習成效等。此外，教師可以從傳統的學生學習方法與新的學生學習方法之間的差異，進行教學改革與研究以分析二者之間的差異，作為後續教學改革的參考。

(三) 教師教學效能改革研究

教師教學效能改革研究，主要是針對中小學教學改革中，評估有關教學效能理念與策略融入新理念之後的實施成效。例如：在班級教學中，教師改變教學策略的運用之後，對於提升教學效能的實質成效為何；傳統的教學效能與改革之後的教學效能差異有多大，成效有多少；教師對於新的教學效能之運用，存在哪些實際上的問題；教師面對這些問題時應該有哪些方面的改變等。

(四) 學生學習效能改革研究

學生學習效能改革研究，主要是透過簡單的研究法，了解在班級教學中，學生如何運用有效學習策略（或方法），幫助自己精進學科

教學活動中的價值判斷問題，向來是教師從事教學活動必須面臨的課題。**教學啟示錄**

學習知識，並進而提升學習效能方面的研究。在學生學習策略改革研究議題方面，教師可以依據學科單元知識的內涵，加上「學科學習知識」（LCK）的概念，進行學生學習效能方面的研究。例如：研究主題「國小學生數學解題單元有效學習策略之研究」，教師可以在班級教學中設計有關數學解題策略教學，引導學生在數學解題中運用有效的學習策略，並進而評估學生的學習成效。

(五) 師生關係改革研究

中小學教學改革政策的實施，在師生關係方面的改變，與一般班級課程與教學的關聯性不大。然而，由於班級教學改革的設計與實施，與師生關係的重建與更迭具有直接的關係。在師生關係改革議題的研究方面，主要是源自於行政管理的理念，透過班級生活中教師與學生關係的型態、互動品質等，了解師生在學校生活中是如何建構專業關係的，這些關係的建構與互動品質，對於教師的教學與學生的學習產生哪些方面的影響等。例如：「班級生活中師生關係建構及其相關因素之研究」，透過上述研究議題的擬定，相關理論與實際的相互印證，進而了解這些關係對於教學實踐的意義和啟示。

(六) 親師生關係改革研究

中小學教學改革的研究，在教室中的親師生關係研究，指的是教師、家長、學生三者之間關係的研究探討，透過親師生關係改革議題的研究，提供教師在此種專業關係發展方面的訊息，作為班級經營與教學設計實施的參考。例如：「國小班級生活中親師生關係建構歷程及相關因素之研究」，透過這個研究主題的設計與實施，教師可以研究方法（例如：問卷調查、經驗敘說、觀察法等）將親師生關係建構的歷程詳細進行分析，並且將相關因素做學理方面的論述，提供教師

教學啟示錄 | 教師對學生的溫情關愛，往往比課堂上的要求重要。

在班級經營與班級教學的參考。

(七) 班級經營與管理改革研究

中小學教學改革政策的落實，除了關係到教師教學與學生學習，同時也涉及班級經營與管理改革方面的問題。班級經營與管理改革方面的研究，指的是教師在班級生活中，有關班級經營與管理方面的實施與成效問題。透過班級經營與管理方面的研究，讓教師了解班級教學活動實施的前置作業，作為教學設計與實施的參考。例如：「班級經營策略運用與教學效能關係之研究」，透過班級管理的策略運用，探討與教學效能之間的關聯性，作為提升教師教學效能的參考。

(八) 教室生態改革研究

教室生態改革研究的概念，源自於教室生態的研究，主要的重點在於將教室生活當成一個教育方面的生態系統，在這個生態系統中存在的所有人、事、物、因素等，與教學及學習有關的要素，都是教室生態研究的議題和重點。教室生態改革研究，主要是透過教室生態的分析與研究，可以讓教師透視班級生活中的各種事物，作為教學設計與實施的參考。例如：「一個稱為教室的地方（A place called classroom）之研究」，將教室這個教育生態做各種詳細的描述和描繪，可以提供教師在教學設計與實施歷程的參考。

(九) 班級經營改革相關研究

班級經營改革相關研究，主要的用意在於班級經營是教學的前置作業，影響班級教學實施的成效。班級經營的研究，主要是將班級管理的各種議題，包括班級常規、班級學習氣氛、班級行政管理、班級

座位安排、班級物理環境、班級心理環境等與班級經營有關的議題，透過教學實踐研究的理念，提供教師教學設計與實施上的安排依據。例如：「班級學生座位安排原則與教學效能關係之研究」，可以提供教師在學科教學時，安排學生座位上的參考。

(十) 教室氣氛營造改革研究

教室氣氛營造改革的研究，主要是透過各種研究方法，分析教室氣氛的營造與教學實施成效的關係。教師可以依據不同的學科性質，配合學生的學習參與、學習動機，營造各種有利於班級教學的氣氛，以提升教師教學效能。例如：「中等學校教室氣氛營造與學科單元教學成效關係之研究」，可以進行不同學科性質教室氣氛營造的分析，並與學生的學習成效做學理方面的比對，提出提升學生學習成效的教室氣氛策略，作為教師教學設計與實施上的參考。

有關教學改革研究類型的概念，整理如圖 9-1。

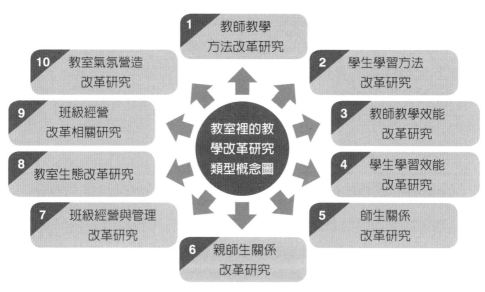

圖 9-1　教室裡的教學改革研究類型

教學啟示錄　教學效能指的是教師教學活動與學生學習活動的契合度要高。

四 教室裡的教學改革研究與取向

教室裡的教學改革研究取向和一般的研究相同，包括質性研究與量化研究二個重要的研究取向。主要是在中小學教學改革歷程中，將與教學改革有關之教學活動，透過研究方法的運用，蒐集相關資料並分析教育現象，作爲改革歷程中各種政策形成的參考。教室裡的教學改革研究之設計與擬定，主要包括量化研究與質性研究（林進材，2020a）：

(一) 量化研究

教師爲了解班級教學改革的各種相關因素，以及要考慮的各種情境脈絡，透過量化工具（如問卷）蒐集各種教室中的現象，轉化成爲數字（或大數據），作爲研究分析的依據。量化研究主要是採用實證主義的觀點，以自然科學的方法或程序處理各種複雜的教學問題，並藉研究過程建立法則及效率指標。

量化研究容易將教學現象的複雜程度過分化約與簡化，反自然科學者一致認爲教學必然牽涉到賦予意義的意向和目標，而科學牽涉到直接、單向的因果關係。但是，教師的教學行爲與學生的學習行爲之間並無絕對一對一的因果關係。科學方法只能用於不受時間與脈絡影響、穩定而一致的自然現象，而在眞實的教學情境中，這些是不存在的（林進材，2020b）。

(二) 質性研究

教師爲了解班級教學的各種相關因素，透過文字描述、觀察、個案研究等廣泛蒐集教室中的各種訊息，作爲改革研究分析的材料。

質性的研究重視數字背後的意義，從研究者的參考架構理解人類

教師要掌握複雜的教學情境，才能提供學生適性的學習。　**教學啟示錄**

行為、人類行為的意義及其社會交互作用的脈絡，並針對主觀的狀態予以移情地去理解教育過程的整體現象和情境。質性的研究應用於教學研究時，通常關注的是在教室層次的教學事件及活動，例如：透視教師如何將形式課程轉化為實質課程、如何教學、如何與學生互動、學生如何學習、如何統合各種刺激、如何詮釋經驗等，重視對教學者和學習者之間的互動過程及社會脈絡（social context）的了解。

中小學教室裡的教學改革研究，質性研究的設計與實施是教師最常使用的研究方法，在質性研究中包括幾個重要的階段。

1. 界定研究問題

問題來自於研究現場的現象或每一事件，尤其是不尋常的事件，或是某些平常容易被視為理所當然的事件。

2. 選擇研究場所

質性研究現場並非刻意安排的實驗情境，而是從日常生活中自然的情境導引而出。

3. 進入研究現場與維持關係

質性研究者在進入研究現場時須先自我介紹，並且告知研究目的，以尊重被研究者。在研究過程中須和團體內各分子維持良好而信賴的關係。

4. 研究資料的蒐集與檢核

研究資料的蒐集可運用參與觀察、無結構性訪問和文件分析等。蒐集的資料必須經過嚴格的檢核。

5. 資料分析與整理

研究資料的分析與整理工作是同時進行的，在此過程中通常運用三角校正（triangulation），以降低研究者的偏見，提高資料詮釋性的正確性。

教學啟示錄 教學上的個別差異，主要是每個學生受先天環境的影響，在學習方面的表現，都不一樣。

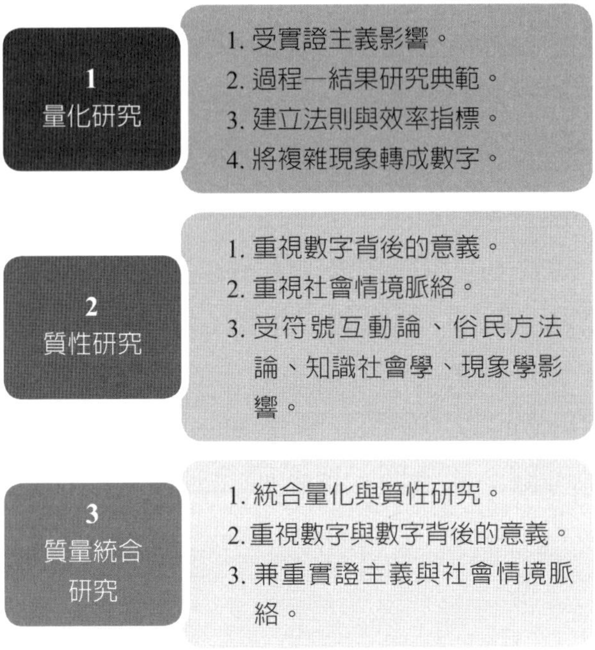

圖 9-2　量化與質性研究概念

資料來源：林進材（2020a）。

6. 研究結果的呈現

撰寫質性研究報告重要的是反省性（reflexivity），研究者隨時保有自我意識，將資料的形式、用語、內容加以反省。

有關量化與質性研究概念，請參見圖 9-2。

五　教室裡的教學改革研究方法析論

中小學的教學改革研究，主要是希望教師在教室中的教學，透過研究方法的運用，修正傳統的教學模式，並分析教學改革前後關聯，提供教師在教學改革策略落實時，教學設計與實際方面的訊息。教

教師的教學需要對學生學習情形有更多更豐富的了解。　**教學啟示錄**

室裡的教學改革研究，在方法的運用方面，包括下列幾種（林進材，2010）：

（一）問卷調查法

問卷調查法是調查研究的方式之一，屬於量化取向的研究。主要是將教室中的教學歷程與教學現象，透過問卷調查的方式，轉化成為數字加以描述。例如：教師如果想要了解學生對於某一種教學方法採用的看法，就可以透過問卷調查的方式進行研究調查分析。中小學的教學改革研究可以透過問卷調查法的運用，蒐集有關教學改革的訊息，或是教師關心的議題，透過研究方法調整教學改革的模式或步驟。

（二）觀察法

中小學教學改革的理念與落實中，教師如果想要了解某一個現象，或是分析某一種存在的事實，就可以透過觀察工具進行觀察研究。例如：教師想要了解班級學生在教學歷程中的發言次數與發言內容，就可以透過「班級學生發言觀察工具表」的設計，由觀察員在班級教學活動中，進行學生發言次數與內涵的觀察記錄；又如，教師想要了解核心素養教學在班級的實施情形，可以針對班級情境教學，了解學生在核心素養知識的學習情形，作為新課綱內容修正的參考。

（三）訪談法

訪談法一般是教師透過訪談調查的方式，蒐集教室中與教學有關的資訊。中小學的教學改革與傳統的教學模式中，必然有一些新的作法、新的調整、新的方案。因此，可以透過訪談法蒐集相關人員對於新教學政策的觀點，分析這些觀點對班級教學之啟示，提供中小學教

教學啟示錄 教學活動開始要以提高學生的學習動機為主，才能吸引學生的學習。

學改革參酌。例如：教師想要了解學生對於學科教學的觀點，可以透過問題的規劃設計，以結構式或半結構式訪談綱要，讓學生針對相關的議題發表自己的看法。訪談法的運用，可以配合教室教學行動研究或實驗研究法，在教學方案實施之後，透過訪談綱要（或問題）請學生發表自己的看法。

(四) 內容分析法

內容分析法的實施，主要是解釋某特定時間某現象的狀態，或是在某段時間內該現象的發生情形（王文科、王智弘，2019）。例如：教師想要了解核心素養課程改革及實施，需要透過內容分析法，針對十二年國教課綱微調的內容，以及目前市場上的教科書，進行相關的內容分析比較，擬定可行的教學方法以因應新教學改革理念與實施。

(五) 實驗研究法

實驗研究法的實施，主要是教師想要了解某一個教學方案，在班級學科教學中實施的成效或影響情形。例如：小學教師想要了解自我導向學習對於學生閱讀理解產生的影響，就可以在教室語文領域教學中，設計自我導向學習的教學方案，在閱讀課中進行教學實驗，再針對實驗結果進行統計分析處理，了解自我導向學習方案的實施對於國小學生在閱讀理解方面的影響。

(六) 焦點團體座談法

焦點團體座談法的實施，主要是教師在教學實踐中，想要了解相關人員對特定主題的看法或觀點，而進行的研究方法。例如：教師想要了解中小學課程美學的評鑑指標建構和內容，就可以透過焦點團體座談法，針對課程美學評鑑指標，提出相關人員在專業上的意見。

師生關係的建立攸關教學實施成效。 **教學啟示錄**

(七) 個案研究法

個案研究法的實施，主要是教師想要了解個案（或個體）在某一個特定主題上的特質、觀點、發展、特徵等，所採用的研究方法。例如：教師想要了解班級學生學習困難的主要原因及相關因素，就可以選擇特定的個案進行學習歷程與學習成效方面的研究。

(八) 文件分析法

文件分析法的運用，主要是教師想要了解與教學、學習有關的議題，透過相關文件的蒐集進行議題方面的分析。例如：教師想要了解學生在教室學習的過程與成效，可以透過對學生「學習檔案」文件的蒐集進行系統性的分析，進而綜合歸納提出學理方面的建議。

有關教室裡的教學改革研究方法概念，整理如圖 9-3。

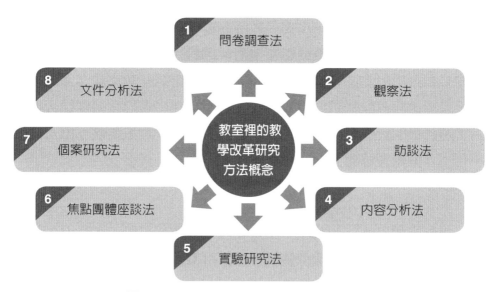

圖 9-3　教室裡的教學改革研究方法概念

教學啟示錄　教師教學經驗的累積與運用，有助於提升教學效能與學習效能。

六　教師的教科書改革研究與應用

　　中小學教學改革中，教師教科書的研究與應用是比較被忽略的環節。在班級教學中，教師與教科書的關係偏向於教科書的選用與決定，教師對於教科書的內容是被動的、選用的、實施的角色。儘管如此，中小學教師對於教科書的研究需要有更積極的轉變，才能在教學改革設計與實施中，扮演更爲積極的角色。教師教科書研究的主要意義，在於引導教師對於任教科目的課本有更深入的了解，透過教科書研究的實施，有助於教師了解教科書研究的意義、教科書研究的內容概念、教科書的學科教學內容知識、教科書的學科學習內容知識、教科書的研究流程等方面的專業知能，茲詳加說明如下（林進材，2020a）：

(一) 教科書研究的意義

　　教師教科書的研究是屬於教學實踐研究的一環，讓教師可以從研究觀點與學習觀點，對於學科教學中使用的教科書有更深入的理解和認識。

1. 提供教師了解教科書的意義

　　教科書的研究，可以讓教師了解教科書的性質、意義、內涵，同時讓教師了解教科書本身和學科單元教學之間的關係，以及教科書與教學活動、學習活動如何進行緊密的連結。

2. 提供教師未來教學方法與策略

　　透過教科書的研究，可以讓教師理解教學方法與策略如何運用，在教科書中呈現的知識類型，如何與學生的學習知識進行有效的連結，這些連結關係與班級教學如何進行連結並落實教學效能。

教學改革之設計與實施要以學生學習爲中心，才能落實在班級教學中。　**教學啟示錄**

3. 釐清學科教學知識內涵與類型

教科書的研究，有助於教師釐清學科教學知識的內涵與類型，透過這些議題的了解與掌握，對於教師的教學設計與實施具有正面積極的意義。當教師進行教科書的教學內容知識分析時，有助於和學科教學理論方法進行學理方面的連結。

4. 掌握學科學習知識內涵與類型

教科書的研究除了提供教師學科教學知識外，同時也提供學科學習知識的內涵與類型，讓教師在教學設計與規劃中掌握學生應該要具備的知識，以及需要學習的知識，這些知識要運用哪些策略才能收到預期的效果。

(二) 教科書研究的內容概念

一般教科書研究的內容，主要是針對教科書性質進行教學與學習上的概念分析，在內容方面包括教科書的學科知識、教學知識、學習知識、教學轉化等：

1. 學科領域教科書的內容分析

學科領域教科書的內容分析，主要是針對學科領域的教科書，進行各單元學科知識性質、學科知識類型、學科知識內容等學理方面的分析。透過學理分析結果，讓教師在教學設計與實施階段掌握學科領域的知識。例如：小學階段高年級的數學偏重於問題解決、表面積的計算、速度與速率等知識的運用，在數學領域教科書的內容分析中，可以提供教師在上述知識教學方面的訊息，讓教師可以運用各種教學理論與方法，作為教學轉化之策略。

2. 教科書的學科教學知識分析

學科教學知識（pedagogical content knowledge, PCK）乃教師因應該學科之教學而須具備之教學專業知能，即該教師能依據教學內容

教學啟示錄 | 教學前要教導學生學習專注，透過專注提升學習成效。

及學生先備知識與個別差異，採用適當的教學方法與策略，將學科知識加以分析、重整、組織、表達，以將其適當地轉換而教給學生的知識（林進材，2019）。在教科書的學科教學知識分析方面，主要是提供教師在學科教學知識內涵方面的理解，讓教師了解不同的單元學科所要包含的教學知識有哪些，教師在面對學科教學知識議題時，需要採用哪些教學理論與方法，才能提供學生各方面適性的學習。

3. 教科書的學科學習知識分析

教科書的學科學習知識（learning content knowledge, LCK）的觀點，主要的概念源自於學科教學知識的闡釋，認為教師在進行教學時，必須以學科性質的各種知識作為教學轉化的底蘊。如 Shulman（1987）與 Wilson、Shulman 和 Richart（1987）的研究，教師在教學中運用多種知識類型，才能完成教學的任務。學生在學科學習歷程中，也需要運用多種的學習知識類型，才能完成學習的任務。這些學科學習的知識包括：(1) 學科學習知識：包括對學科學習的整體概念、學科學習的本質、學科學習信念等；(2) 學習表徵知識：指的是學習策略和技巧的知識；(3) 課程學習知識：如課程架構、目標、對課本與學習教材的理解；(4) 一般學習知識：如學習歷程的知識；(5) 學習情境知識：對學習情境變化的認知；(6) 學習理念、個人信念：個人對學習的觀點；(7) 內容、學習法等知識（林進材，2019）。

教科書的學科學習知識研究，提供教師了解學生「學什麼？」「為什麼學？」「如何學？」等方面的訊息，讓教師在教學設計與實施階段，可以針對學生的學科學習知識做各種教學上的準備，同時可以擬定有效的學習策略與方法，提供學生各種精熟學習的機會。

4. 教科書的教學理論與方法分析

教科書教學理論與方法的分析，主要是針對學科單元領域的教科書，分析教師有關「教什麼？」「如何教？」「用什麼方法教？」「用

什麼理論教？」等方面的訊息，提供教師在單元領域教學時，可以考慮採用的教學理論與方法，避免教師對教學理論與方法不熟悉，而導致教學效能方面的差異。一般的教室教學活動，除了教育單位提供的「教師手冊」（或備課手冊）之外，教師可以參考各種教學理論與方法的專業書籍，研究學科單元可以採用的教學理論與方法，作為課堂教學之用。

5. 教科書的教學轉化策略分析

教科書的教學轉化策略分析，指的是從形式課程到實質課程的轉化，所運用的策略或方法。換言之，教師是如何將教科書中的知識，用學生可以理解的方式，引導學生達到精熟學習。例如：醫師是如何講解讓病人或家屬了解目前的症狀；護理師是如何讓病人知道打點滴的作用；教師是如何讓學生熟悉梯形面積的計算方法等。透過教科書的教學轉化策略分析，同時可以分析經驗教師與新手教師在教學歷程中的差異有哪些；這些差異對教學實施有哪些啟示；對學生學習效能的影響到什麼程度等。

有關教科書的內容研究概念，整理如圖 9-4。

(三) 教科書的學科教學知識研究

在中小學教學改革中，教科書的學科教學知識研究，提供教師在理解教科書與教學轉化時的處方性策略，讓教師可以從理解教科書開始，深入掌握教科書本身的內涵，作為教學轉化的基礎。

教科書的學科教學知識研究，指的是這一本教科書內容包含哪些重要的概念、性質是什麼、教學目標與學習目標有哪些等議題；而教科書的學科內容知識指的是這一本教科書中，要教哪些重要的學科知識、這些知識的類別有哪些、知識如何與生活連結、教師需要運用哪些方法等。教科書的學科教學知識研究，依據 Shulman（1987）提出

教學啟示錄　教師在教學前應該要先了解學生的學習狀況，依據學習狀況進行教學活動。

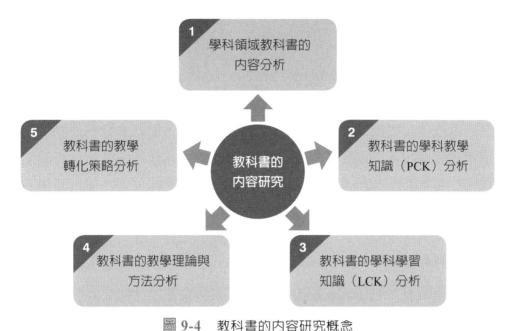

圖 9-4　教科書的內容研究概念

的概念，包括下列幾個要項：

1. 學科知識

學科知識的研究議題和內涵包括對學科的整體概念、學科教育的目的、學科內容知識、學科的本質、學科教學信念等。學科知識的研究與分析，可以提供教師在教學改革中基本的學科知識概念，進而了解教學改革在學科知識的修正與調整。例如：教師在教導數學時，需要具備對數學的了解，以及數學教材教法的熟悉。

2. 教學表徵知識

教學表徵知識，指的是教師的教學技巧與策略方面的知識。例如：教師在教導語文領域課程、數學領域課程、自然與生活科技領域課程時，所需要的教學技巧與策略會有等級和程度上的不同。在教學改革中，教學表徵知識的研究，可以引導教師針對教學技巧與策略的

教學之前應該要先激發學習的好奇心，才能提升學生的學習動機。　**教學啟示錄**

運用多一些基本的概念與想法，在修正教學模式時，同時也掌握學科單元的教學表徵問題。

3. 對學習和學習者的知識

此方面的研究，包括對學生和學生知識的了解、預計學生在學習時可能出現的問題。例如：學生學習英語時，需要具備哪些知識；學習英語時可能遇到哪些問題，這些問題如何在教學中克服。對於學習和學習者的知識研究，可以讓教師了解在教學改革中，如何將學習知識轉化成為學生能接受的形式，透過班級教學模式提升學生的學習成效。

4. 課程知識

中小學教學改革中，教師對於改革前後的課程知識需要有深入的理解，了解改革前後在課程知識有哪些方面的調整、調整的幅度有多大、調整前後對教學實施的意義有哪些等。在課程知識的研究方面，例如：課程架構、目標、課程計畫和組織、對課本和教材的理解。例如：教導學生理化科目時，教師應該要了解理化學科的課程架構、課程目標、知識內容以及知識如何呈現，以及這些知識如何轉化成為教學活動。

5. 一般教學知識

一般教學知識的研究，包括教學歷程中的知識。例如：學科單元教學的班級經營、如何引導學生學習、如何進行教學活動、如何結合資訊融入教學、如何選用教學媒體等方面的知識。在中小學教學改革中，教師對於一般教學知識的研究，有助於在教學設計與實踐中的運用。

6. 教學情境知識

教學情境知識方面包括對教學情境變化的認知，例如：在數學領域教學中，教師如何進行班級常規經營以提升學生的學習注意力等。

教學啟示錄　想要提升學習效能，要先維持學習者的注意力。

7. 教學理念、個人信念

指的是教師對教學的想法、觀點、秉持的信仰等。

8. 內容、教學法與個人實務知識的整合

此方面指的是與教學有關的知識，在學科領域教學運用上的整合研究，透過研究途徑與方法的選用，可以提供教師在教學情境方面的參考。

有關教科書的學科教學知識研究概念，整理如圖 9-5。

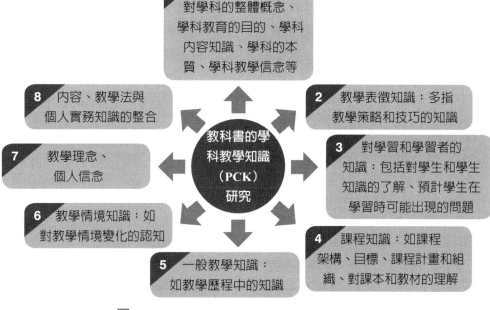

圖 9-5　教科書的學科教學知識研究概念

(四) 教科書的學科學習知識改革研究

教科書的學科學習知識改革研究，指的是在中小學教學改革中，有關各學科領域教科書中，學生需要學習哪些重要的知識、這些知識的類別有哪些、知識如何與生活連結、學生需要運用哪些方法等。在教科書的學科學習知識改革之分析方面，包括下列幾個要項：

1. 學科學習知識

學科學習知識包括對學科的整體概念、學科教育的目的、學科內容知識、學科的本質、學科學習信念等。例如：學生在學習社會領域課程時，學生對社會領域的整體概念是什麼、學生對社會領域課程的目的了解多少、學生對社會領域學科的本質掌握多少等。在中小學教學改革之後，有關學科學習知識方面與改革前之差異有哪些、差異別有多少、教師如何因應改革前與改革後的差異等問題。

2. 學習表徵知識

學習表徵知識指的是學生對於學科學習策略和技巧方面的知識。例如：學生學習歷史、地理學科時，需要運用哪些有效的讀書方法、學習策略等，有助於將學科知識轉化成為長期記憶等方面的知識。中小學教學改革在課程教學方面的改變，影響教師的班級教學實施，因而教師需要透過研究了解學習表徵應如何調整，以及這些調整如何在教學實施中運用。

3. 對學習和學習者的知識

此方面包括對學生和學生知識的了解、預計學生在學習時可能出現的問題。例如：教導學生數學「微積分」的概念時，要針對學生學習過程中可能出現的問題，做教學前的因應並擬定有效的策略。教師對學習和學習者的知識需要透過研究方法途徑，分析學習者知識與教學轉化的關係，如何在教學改革中將這些概念融入教學設計與實施中，才能進而提升教學效能。

教學啟示錄 善用教學中的比馬龍效應，才能提升教學效果。

4. 課程學習知識

課程學習知識包括課程架構、目標、課程計畫和組織、對課本和教材的理解等在學習上的意義。例如：學生在學習「教學原理」這一門科目時，對於教學原理學科的課程架構、目標、課程計畫與組織等是否具備足夠的知識。中小學教學改革主要目標，在於課程內容的修正（或調整），課程一旦調整之後，對教師班級教學的影響是相當大的。因此，教師對於課程學習知識的了解，以及課程學習知識，應該透過研究法的方式，了解課程學習知識的內涵，以及班級教學活動之間的關係，教師如何有效地轉化成為教學策略方法等，透過研究的設計，因應中小學教育改革政策。

5. 一般學習知識

一般學習知識指的是學習歷程中的各類知識，包括學科學習的方法、學科知識的學習、從短期記憶到長期記憶等。例如：學習國中的英語動詞，包括過去式、現在式和未來式的運用。中小學教學改革想要真正落實到班級教學中，教師要對於一般學習知識有所了解，才能在教學設計與實踐中將學習知識納入教學。中小學教學改革政策的調整，勢必影響一般學習知識的內涵與方法的轉變，教師可以在改革前後的「一般學習知識」改變與差異中，了解在班級教學中的教學模式如何修正，如何有效地運用。

6. 學習情境知識

學習情境知識指的是和學科學習情境有關的知識，例如：對學習情境變化的認知；數學學科學習什麼時候需要用演算方式學習、什麼時候需要用驗證的方式學習、什麼時候需要用反覆練習的方式學習等。中小學的教學改革政策從擬定到實施過程，無法顧及學習情境知識的改變問題，而是需要教師從班級生活中，分析教學改革前後在學習情境知識方面的差異，才能在教學改革設計與實踐中，針對學習情

境知識內涵落實教學改革政策。

7. 學習理念與個人學習信念等

學習理念與個人學習信念的分析，包括學習者對學科學習的觀點、立場、想法、信念等，這些學習信念是如何形成的，對於學習成效的提升有什麼意義；教師如何從學習理念與學習信念中，擬定提升學生學習的方法等。

有關教科書的學科學習知識改革研究概念，整理如圖 9-6。

1 學科學習知識：包括對學科的整體概念、學科教育的目的、學科內容知識、學科的本質、學科學習信念等

7 學習理念、個人學習信念等；包括學習者對學科學習的觀點、立場、想法、信念等

2 學習表徵知識：多指學習策略和技巧的知識

教科書的學科學習知識（LCK）研究

3 對學習和學習者的知識：包括對學生和學生知識的了解、預計學生在學習時可能出現的問題

6 學習情境知識：如對學習情境變化的認知

5 一般學習知識：如學習歷程中的知識

4 課程學習知識：如課程架構、目標、課程計畫和組織、對課本和教材的理解等在學習上的意義

圖 9-6　教科書的學科學習知識改革研究概念

教學啟示錄　教師在教學過程中，如果對學生的行為處置不當，容易形成負面的標籤。

（五）教科書的教學理論與學習方法改革分析

　　教科書的教學理論與學習方法改革的研究，內容包括這一單元（或一課）在教學改革政策之下，教師要運用哪些教學理論與方法進行教學活動比較適合；學生在這一單元（或一課）要運用哪些學習策略，這些學習策略如何運用在學科學習上面等方面的分析。

（六）教科書的教學轉化改革分析

　　教科書的教學轉化改革分析，指的是中小學教學改革之下，包括每個單元的教學時間、教學的輕重緩急、如何與生活經驗連結等方面的分析與討論。

（七）教科書改革研究的流程與步驟

　　中小學教學改革中，教科書的研究對教師而言，是屬於班級教學改革研究中的一環，對教師的教學設計與實施具相當大的啟示作用，透過教科書議題的研究，讓教師對於教科書有更深入的了解。有關教科書研究的流程與步驟，簡要說明如下（林進材，2020a）（參見圖 9-7）：

1. 分析教科書的性質

　　教科書性質的分析研究，主要是引導教師掌握教科書的性質和內容、了解教科書的知識內容，以及這些知識內容如何在教學與學習活動中呈現。

2. 進行教科書的內容分析

　　教科書內容知識的分析，主要是透過研究方法將教科書的內容進行分類歸納，了解教科書的內容和教學與學習活動如何連結，教師在教學設計與規劃中，如何將教科書與教學理論做密切的聯繫。

教師應該指導學生建立良好的同儕關係，有助於教學效能的提升。　**教學啟示錄**

3. 教科書內容知識的分析

教科書內容知識的分析，是教科書研究的核心議題。當教師將教科書的內容知識做系統性的分析之後，才能思考教學計畫中的教學活動、教學策略、教學方法等議題。

4. 教科書的學科教學知識分析

教科書的學科教學知識分析，讓教師了解擔任的學科單元教學需要運用哪些和教學有關的知識，這些學科教學知識如何在單元教學中運用，如何透過教學活動的實施增進教學效能、促進學習效果。

5. 教科書的學科學習知識分析

教科書的學科學習知識分析，指的是在這個單元學科的教科書中，學生需要學習哪些知識、這些知識需要運用哪些學習方法才能學會、這些學科知識和哪些學習策略有關等。

6. 教科書中的教學理論與方法分析

教科書中的教學理論與方法分析，指的是在單元學科的教科書中，不同的小節、不同的概念、不同的頁次中，教師需要運用哪些不同的教學理論與方法，才能在教學活動中順利讓學生的學習成功。

7. 教科書中的學習理論與方法分析

教科書中的學習理論與方法分析，指的是在單元學科的教科書中，不同的小節、不同的概念、不同的頁次中，學生需要運用哪些不同的學習理論與方法，才能在學習活動中進行高效能的學習，達到學習精熟的目標。

8. 教科書中的教學轉化分析

教科書中的教學轉化分析，是當教師分析學科知識、教科書中的教學理論與方法、教科書中的學習理論與方法之後，所形成的教學轉化概念。換言之，教師在這些不同的單元、不同的小節、不同的概念、不同的頁次中，適合運用哪些方法或策略，可以讓學生學會這個

教學啟示錄 教師應該要養成記事的習慣，避免遺忘各種教學上的要務。

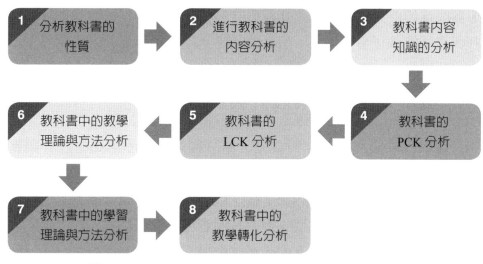

圖 9-7 中小學教學改革中教科書研究的流程與步驟

單元的知識。

(八) 中小學教學改革研究之啟示

　　中小學的教學改革政策如果想要落實到班級教學中，除了教師對改革政策的理解，願意在班級教學中隨著教學改革做專業方面的因應與調整之外，同時也需要透過教學改革研究引導教師做專業方面的反思，才能真正落實教學改革政策。教師教學改革研究的發展，主要是讓教師在教室的教學活動中，針對自己的教學設計與實施，透過嚴謹的研究方法蒐集自己的教學活動資訊或資料，進行系統化的分析，綜合歸納教學活動實施的成效，進而提出學理方面的建立，作為改進教學的參考。在教學改革研究過程中，包括教室裡的教學實踐研究、教科書的研究、教學知識分析研究、學習知識分析研究等議題方面的探討，透過教育研究量化與質性取向的學理研究，可以提供教師教學反

　　　　教師要針對不同學生的表現，給予正向積極的鼓勵。　**教學啟示錄**

思與改進的機會，透過教學實踐研究的實施，同時提供教師在教學設計與實施的修正參考模式，有助於教師邁向教學專業的新典範。

七　教學改革研究之設計與實施

教學改革研究之設計與實施，應該從教室教學活動的設計與實施，以及影響班級教學情境脈絡開始，引導教師從實際的教學活動中，針對教學改革政策的內涵，從「政策面」與「執行面」做理論的驗證與實際行動對話，以建立適合教師實施的教學模式。在中小學教學改革研究之設計與實施方面，可以考慮下列流程的運用：

(一) 教學改革研究應該從教學活動開始

教學改革研究的設計與實施，主要是希望在教學改革政策執行之下，教師可以在班級教學中，運用簡單的研究方法分析面對的教學問題，作為改進教學設計與實施的參考，避免教師在面對問題時，因為對於問題的知覺敏感度低，而忽略了問題本身的意涵，以及涉及的相關因素。

(二) 教學改革研究應該從簡單的教學開展

教學改革中的教學研究，主要是透過研究分析班級教學中需要調整的地方，或是透過研究分析教學改革前後對班級教學產生的差異和影響、教師如何面對教學改革前後的變化，以及如何在教學設計與實施中調整。因此，教學改革研究的規劃設計應該從簡單的教學活動開始，才能降低教師對研究的恐懼，以及因為教學負擔重而讓教師「避之唯恐不及」，對研究產生專業上的恐懼。

教學啟示錄 將學生的良好表現，用各種方式公開表揚。

(三) 教學改革研究的主題設定

　　中小學教學改革政策所涉及的學校教育與班級教學，範圍是相當廣的。在教學改革研究的主題方面，包括課程改革的議題、課程綱要的調整、教學理念的修正、班級教學方法的運用、師生關係的微調等等，都可以納入教學改革的研究主題之範疇。中小學教師在班級教學改革研究中，可以針對教學改革的相關議題進行設計與實踐並形成文字，或進行簡單的教學改革研究即可。

(四) 教學改革研究問題擬定

　　中小學教師在教學改革研究問題的擬定方面，不必過於拘泥於一般教育研究的方法論，或是高度嚴謹的框架中。教師只要在班級教學中，針對自己關心的教學議題擬定教學改革研究問題，透過「行動研究法」、「實驗研究法」或相關的研究法，蒐集與教學有關的訊息或意見，就可以作為教學改革設計與實踐上的參考。例如：各種教學方法在班級教學上的應用、學習策略在班級學習上的應用、從教科書到教師教學的路徑分析、不同版本教科書的教學設計、不同學科領域知識內容分析等。

(五) 教學改革研究文獻蒐集

　　在進行教學改革研究設計與實施中，教學改革文獻的蒐集，主要是提供教學研究上的理論支持與文獻上的參考，支持教師教學改革的行動。在教學改革研究文獻的蒐集方面，教師可以依據自身對教學改革研究的興趣，針對改革研究問題的擬定蒐集與研究問題有關的論述之研究文獻，作為教學改革研究實施的理論基礎，或是支持的相關文獻。例如：教師想要了解差異化教學在班級教學中的實施歷程與成效，可以先針對差異化教學的文獻進行相關理論的探討，包括差異化

教學的意義、類型、模式、相關理論等，作爲後續研究設計與實施的
參考依據。

(六) 教學改革研究設計與實施

　　教學改革研究的設計與實施，主要是在班級教學中，教師想要
透過研究分析教學改革的設計與成效時，可以針對想要了解的教學問
題、教學實施等，從班級教學中進行各種的設計，運用如行動研究
法、實驗研究法、個案研究法等，將教室的教學情境做研究方面的設
計與實施，進而分析教學改革前後之成效。例如：教師想改變原有的
教學講述法，採用適性教學法在教學中，並了解不同教學法的實施成
效。教師就需要針對適性教學法的設計與實踐，設計改變原來的教學
情境，透過相關的測驗（或問卷）了解改變前後的差異情形。

(七) 教學改革研究分析與討論

　　教學改革研究分析與討論，主要的用意在於將班級教學研究過程
與研究結果進行分析與討論。在研究結果的分析方面，指的是班級教
學改革所呈現出來的現況；在研究結果的討論方面，指的是班級教學
改革所呈現出來的意義。教師可以透過教學研究分析與討論，將班級
教學改革的設計與實踐，以文字敘述或統計結果的方式呈現出來。

(八) 教學改革研究結論與建議

　　在教學改革研究結論與建議方面，和一般的學術研究論文一
樣，透過研究方法的採用解決教師對於教學改革問題的疑惑，以研究
工具蒐集相關的資料或訊息，提供對教育改革問題的解答。教師在班
級教學改革研究設計與實施方面，依據教師對教學改革相關議題的想
法，循著教學研究方法的程序提出相關的結論與建議，而提出來的結

論與建議，可作爲教學改革政策實施與修正的參考。

(九) 教學改革研究轉化成為學術論文

教學改革研究主要是提供擬定改革政策決定的參考，同時也引導教師從研究中思考教學改革的「必要性」與「需要性」，透過教學改革研究的報告，作爲政策決定者與實施者的修正參考。因此，教學改革研究的提出，可以鼓勵教師在班級教學中，針對改革的內涵配合教學的實際需要，提出教學改革研究的構想，同時鼓勵教師從班級教學研究中，釐清教學改革的理念與實際行動的差異。

(十) 形成教學改革學術論文

教學改革的設計與實施，需要考慮教師班級教學的實際情況，鼓勵教師從改革中，釐清教學改革的理念與修正的方向，透過教學改革研究可以提出具體的處方性建議。中小學教學改革政策的落實，除了以政策講解、教師培訓等方式，提供教師有關教學改革政策說帖之外，也可以鼓勵中小學第一線的教師，針對班級教學提出教學改革研究論文，以「不拘任何形式」、「不拘泥任何方式」提出教學改革學術論文，以結合教學改革理念與實際。

有關教學改革之設計與實施流程，整理如圖 9-8。

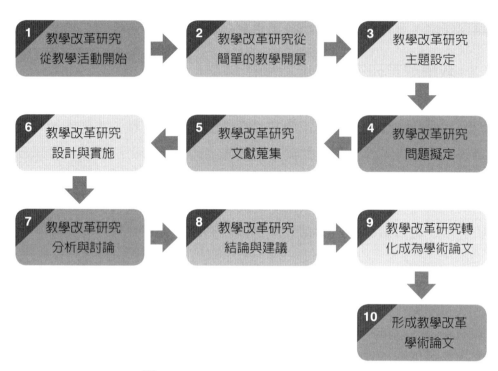

圖 9-8 教學改革之設計與實施流程

本章討論議題

1. 中小學教學改革的理念與行動方案如何定位？這些定位對教師的教學設計與實踐有哪些具體的意義？

2. 教師的教學改革研究如何進行？請具體說明教學改革研究的設計與實施方案？

3. 教室裡的教學改革研究類型有哪些？請針對任何一類型進行教室教學改革設計與實施的簡要說明？

4. 教室裡的教學改革研究方法論有哪些？這些方法論如何運用？請舉一個具體的教學改革研究說明之。

5. 教師的教科書改革研究與應用有哪些內容？請舉出（或設計）一個具體的例子說明之。

6. 教學改革研究的設計與實施有哪些重要的內容？請設計一個具體的研究設計與實施說明之。

教學要從生活經驗開始，才能開啟學習興趣。 **教學啟示錄**

第 10 章

中小學教學改革論文撰寫與形成

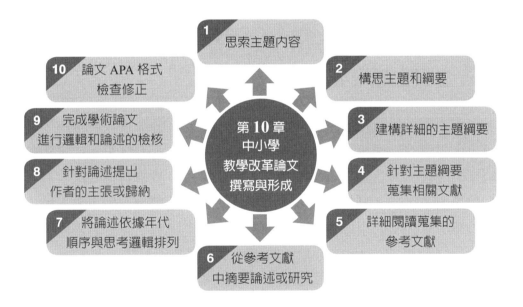

1 思索主題內容

2 構思主題和綱要

3 建構詳細的主題綱要

4 針對主題綱要蒐集相關文獻

5 詳細閱讀蒐集的參考文獻

6 從參考文獻中摘要論述或研究

7 將論述依據年代順序與思考邏輯排列

8 針對論述提出作者的主張或歸納

9 完成學術論文進行邏輯和論述的檢核

10 論文 APA 格式檢查修正

第 10 章 中小學教學改革論文撰寫與形成

教學先考慮學生的需要，再考慮教學上的需要。 **教學啟示錄**

本章重點

　　中小學教學改革方案的執行與成效，需要教師在班級教學活動設計與實踐之後，透過文字表達方式說明教學改革實施歷程與執行成效，讓同儕教師對班級教學改革有所了解，且透過改革論文的分享，作為班級教學改革之參考。由於中小學教學改革政策的擬定與落實，需要教師在班級教學設計與實踐的配合，因而中小學教學改革論文的撰寫和形成，與一般學術研究論文形成有部分差異，教學改革論文的撰寫主要是提供中小學教師在班級教學改革方面的參考，進而願意參與教學改革的行列。本章的重點在於將中小學教學改革方案實施歷程，透過論文撰寫方式呈現出來，提供中小學教師參與教學改革與分享教學改革論文之參考。

一　思索主題內容

　　中小學教學改革方案的設計與實踐，需要教師在班級教學中，思考自己平時的教學流程（或模式）需要做哪些方面的修正，或是哪些幅度的改變，並且針對班級教學活動，思考班級教學可以做哪些方面的教學改革，或者是如何配合現有課程改革中教學政策的主張。中小學教學改革論文的主題方面，主要是教師在班級教學設計與實踐中，針對自己的教學活動而思索主題的內容，以進行教學改革方案的實施，並透過研究方法的運用與研究工具的測量，以評估教學改革的實施成效。

　　例如：中小學教師想要在班級教學設計與實踐中，了解運用問題導向教學（PBL）以及分組合作學習，在數學領域單元教學的實施成效，則教師需要先釐清教學改革方案的主題內容，針對班級學科單元教學的特性，進行教學實驗設計與實施。在主題內容的思索方面，教

教學啟示錄｜希望學生可以爭氣的話，教學活動設計要適合學生心理。

師可以依據班級教學實際上的需要，結合各種教學方法的運用，以進行教學實踐方面的研究。例如：

1. 分組合作學習在國小五年級數學解題策略之運用研究。
2. 問題導向教學在國中輔導領域課程之設計與運用研究。
3. 世界咖啡館教學法在高中語文領域教學設計與實踐之研究。
4. 心智圖教學法在國中社會領域歷史科教學上的設計與運用研究。
5. 概念圖教學法在國中社會領域地理科教學上的設計與運用研究。
6. 異質性分組教學法在國小數學單元「圓面積」的教學設計與運用研究。
7. 個別處方教學法在偏鄉國小中年級數學單元教學設計與運用研究。
8. 複習─講解─複習教學策略對提升國中學生理化學習成效之研究。
9. 發表教學法在高中視覺藝術領域教學設計與實踐成效之研究。

三　構思主題和綱要

　　在思索主題內容之後，教師進行班級教學改革方案時，可以針對想要實施的教學改革主題進行主題和綱要的思考，作為班級教學改革後續的參考。例如國小教師想要在班級的數學單元教學中，了解運用分組合作學習的教學實施成效，則研究主題和綱要的擬定，可以「運用分組合作學習在國小高年級數學領域解題策略教學成效之研究」為主題，進行教學改革主題和綱要的擬定。主題和綱要構思的用意，在於提供研究者（或教學者）將班級教學設計與實際歷程，轉化成為教育研究之學術論文，提供對於教學現場有興趣人員作為參考之用。

　　一般而言，研究主題和綱要是相當密切的，當研究主題決定之後，接下來就是綱要的擬定。綱要的擬定需要依據主題的內容，選擇相關的理論與論述，作為研究主題的依據標準。例如：上述分組合作

學習的運用，在詳細綱要方面，就需要先探討分組合作學習的意義、內涵、流程、模式、方式等方面的文獻，接下來決定分組合作學習的異質性分組、共同學習分組、同質性分組等類型，進而探討分組合作學習的運用等。

三　建構詳細的主題綱要

　　中小學教學改革行動方案在主題和綱要確定之後，教師需要針對教學改革方案的實施，進行相關理論的探討與詳細綱要的建構。此一步驟主要的用意，在於提供教師進行教學改革方案時，以相關理論與學術研究為基礎，避免在教學改革行動方案實施中缺乏相關理論作為基礎，並且可作為後續方案實施與成效分析討論的主要依據。

　　以「分組合作學習運用在國小高年級數學領域解題策略教學成效之研究」為例，在詳細綱要部分包括分組合作學習之意涵、國小高年級數學領域教學、解題策略、教學成效等幾個重要的概念。因此，在詳細的主題綱要方面，應該包括：(1) 緒論：研究動機與重要性、研究目的與問題、研究範圍與變項、研究方法等；(2) 文獻探討：分組合作學習之意涵、國小數學領域教學方法、解題策略單元論述、學習成效主要概念、相關研究等；(3) 研究設計與實施：研究方法、研究架構、研究流程、研究工具、資料處理與分析、研究信實度、研究倫理等；(4) 研究結果分析與討論：研究結果之分析、研究結果之討論；(5) 結論與建議；結論、建議、進一步研究建議；(6) 參考文獻：中文資料、西文資料等。

四 針對主題綱要蒐集相關文獻

中小學教師在教學改革研究時，和一般的學術性論文與學位論文有所差異，雖不必透過很嚴謹的文獻探討，或形成系統的文獻支持，但透過改革主題的相關理論或研究的引用，可引導教師在教學改革實施中，有更為明確的方向、具體的理論作為引導。中小學教學改革論文的形成，文獻探討提供教師教學設計與實施的參考依據，了解自己關心的教學改革主題有哪些相關理論可以引導；目前這個主題的研究有哪些發展與趨勢；教學改革的設計有哪幾種模式可以作為參考等，透過相關文獻的梳理可作為後續執行方案的標準。

五 詳細閱讀蒐集的參考文獻

在中小學教學改革論文的呈現中，參考文獻主要是提供各種方案的相關理論基礎、研究設計與實踐上的思考，以及教學改革主題研究發展與趨勢。教師在班級教學改革行動方案實踐的設計方面，需要參考關心的教學主題之參考文獻。因此，在蒐集參考文獻之後，教師需要詳細閱讀蒐集的參考文獻。以「分組合作學習策略在國小數學領域解題策略單元實施成效」為例，在分組合作學習的參考文獻，包括分組合作學習之意義、內涵、實施流程、模式、優缺點，以及分組合作學習在學科單元運用情形等，教師需要掌握分組合作學習之意涵及實施方式，作為班級教學改革設計與實踐之參考依據。

想要提升學習成效，要先了解學習差異。 **教學啟示錄**

六 從參考文獻中摘要論述或研究

參考文獻是一篇研究論文的理論重點，透過參考文獻的整理可以透視研究主題的過去、現在及未來，從參考文獻的閱讀整理提供研究者在研究設計與實施，以及結果分析與討論的參考架構。以中小學教學改革方案設計與實踐為例，教師如果想要在班級教學中進行「差異化教學策略對國中學生物理學習成效之研究」，則教師需要針對差異化教學策略之意義、國中物理學習策略與成效，進行相關參考文獻之探討，從參考文獻中摘要論述或相關研究。在參考文獻論述方面，包括差異化教學之意義、模式、概念圖、評量等，物理學習策略之意義、類型、策略、方法、流程、評量等，從這些參考文獻中摘要重要的論述與研究，作為後續教學改革方案實施的參考，並且從相關研究中摘要作為未來研究結果分析與討論之依據。

七 將論述依據年代順序與思考邏輯排列

教師在進行中小學改革方案論文整理撰寫時，有關主題方面的參考文獻，在整理運用時應該將文獻中的論述依據年代順序與思考邏輯排列，主要的用意在於年代順序本身具有學術研究上的意義，而思考邏輯可以提供改革方案設計之參考架構。其中的寫法例如：「在合作教學中，每個學習者不只對自己的學習負責，也對其他學習者的學習負責，讓每個學習者都有成功的機會，對團體都有貢獻，能為小組的學習成功進一份心力（黃政傑，2016）。因而，合作學習教學是建立在以團體方式，達到學習目標的教學策略之上。合作學習教學在教學原理方面，主要的構成因素，包括任務結構、酬賞結構、權威結構（林進材，2020）。」上述內容引用二筆參考文獻，其中一筆是

2016 年，另一筆是 2020 年，需要依據不同年代由遠而近排列，才不會有年代順序與論述邏輯上之問題。

八　針對論述提出作者的主張或歸納

　　中小學教學改革實施成效方面的論文撰寫，和一般學術論文的撰寫相似，在內容方面包括緒論、文獻探討、研究設計與實施、研究結果分析與討論、結論與建議等部分。在論文的撰寫與呈現方面，主要是撰寫的教師需要針對關心的教學改革主題，做文獻方面的回顧與梳理。在文獻梳理與論述方面，教師可以針對論述提出主張與歸納，作爲教學改革研究報告之主要內涵。

　　例如：分組合作學習與一般傳統教學的差異是相當大的，包括教學活動與學習活動的實施，二者主要差異簡要說明如下（林進材，2020a）：

1. 合作學習與傳統教學活動的實施，在各方面差異性相當大。

2. 傳統教學活動的實施，強調只要將課程教材內容教給學生，引導學生達到知識學習的精熟程度即可。

3. 傳統教學活動的進行偏重於學科教學知識的傳授，而忽略學生在學習方面的參與和樂趣，學習活動的進行是單向的。

4. 合作學習的實施強調以學生爲學習的主體，教師提供各種合作技巧的情境，引導學生進行學習活動，在教學中協助學生達到各種精熟的程度。

5. 合作學習強調學習的責任是學生本身，由學生爲自己的學習負責。

　　合作學習教學和傳統教學的主要差異，包括教學者角色、獲得知識方面、課堂主角、座位安排、小組分組方式、學習責任、互動方式、教學成效檢討等。

優異的教學策略，教師要寫成備忘錄且經常使用。　**教學啟示錄**

九 完成學術論文進行邏輯和論述的檢核

　　中小學教師班級教學改革方案與實施成效，以學術研究報告形式呈現，在上述流程完成之後，主要的工作在於完成學術論文，並且將學術論文做文字呈現的邏輯與論述方面的檢核。前者指的是研究報告撰寫的因果關係以及前後論述之檢核，後者指的是方法論與結果討論一致性的問題。一篇優質的教學改革實踐報告，如果在邏輯和論述方面缺乏一致性、系統性，則無法提供對該主題有興趣的教師在方法運用與改革方案設計實施上的實質參考，而容易導致有誤導教師之情事發生。

十 論文APA格式檢查修正

　　一般的學術論文或研究報告，最常聽到的專有名詞為 APA 格式問題。APA 格式全文為 American Psychological Association，指的是美國心理學會出版的「美國心理協會刊物準則」，目前已出版至第七版，是一個廣為接受的研究論文撰寫格式，特別針對社會科學領域的研究，規範學術文獻的引用和參考文獻的撰寫方法，以及表格、圖表、註腳和附錄的編排方式。具體而言，APA 格式主要在於凡是學術中人，透過 APA 格式的呈現，可以了解一篇學術論文（或報告）哪些部分是參考引用、哪些部分是研究者的主張、哪些部分是原創、哪些部分是修正、哪些部分是創生的；此外，如果讀者對於任何一篇學術報告中的引用文獻，想要掌握其中的全部內容或有興趣時，到圖書館或資源單位如何快速地找到研究報告中的參考資料。

　　中小學教學改革實施歷程與成效，以學術研究的方式出版，需要透過論文 APA 格式的方式呈現，才能提高其學術價值與參考價值，讓教學研究界、教學實務界可以透過論文或研究報告，掌握該教學改

教學啟示錄 講解概念時，要佐以具體事物。

革方案的精華。所以，中小學教師在班級教學改革方案的設計與實踐，建議採用學術論文形式轉化成為文字報告，並且以 APA 格式方式呈現，有助於提供各界參考。

　　有關 APA 格式規範，目前已經出版到「第七版」，想要進行中小學教學改革研究之讀者，可以參考全美心理學會出版的 APA 格式規範專書，進行教學實踐研究設計與實施之論文撰寫，將班級教學歷程透過文字轉化成為學術論文，以饗對班級教學設計與實踐有興趣之教育界人士。

　　有關中小學教學改革論文撰寫與形成，整理如圖 10-1。

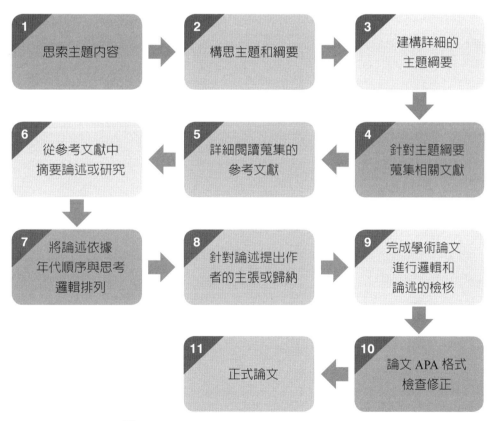

圖 10-1　中小學教學改革論文撰寫與形成

讓學生自主學習，才能品嘗成功的甜果。　　**教學啟示錄**

本 章 討 論 議 題

1. 請說明中小學教學改革論文撰寫與形成有哪些重要的步驟？這些步驟如何運用？

2. 請規劃設計一個中小學教學改革研究，並說明這一個研究方案如何形成學術論文？

3. 請舉一篇中小學教學改革研究論文，評論論文的重點和優缺點？

教學啟示錄 試著調整教學型態，學生的學習才能受益。

參考文獻

一、中文部分

王文科、王智弘（2019）。**教育研究法**。臺北：五南。

吳清山（2014）。善用活化教學提升學生學習效能。**師友月刊，559**，31-35。

吳清山（2018）。近50年來國民教育發展之探究：九年國民教育與十二年國民基本教育政策之分析。**教育研究集刊，64**(4)，1-36。

吳璧純、詹志禹（2018）。從能力本位到素養導向教育的演進、發展及反思。**教育研究與發展，14**(2)，35-64。

宋佩芬（2017）。教師專業倫理思辨：師資培育者的省思。**教育研究月刊，280**，92-105。

周淑卿（2002）。誰在乎課程理論？課程改革中的理論與實務問題。**國立臺北師範學院學報，15**，1-16。

林于仙（2020）。課程改革與師資培育課程經驗：探討師培教育者對於十二年國教課程改革之因應。**國立屏東大學學報－教育類，4**，25-51。

林佩璇（2013）。回應文化差異的特色課程發展。**教育人力與發展雙月刊，30**(6)，17-28。

林佩璇（2017）。矛盾趨動擴展學習：差異化教學的實踐轉化。**課程與教學，20**(4)，177-150。

林政逸（2019）。師資培育白皮書發布後師資職前培育和教師專業發展之省思。**教育研究與發展期刊，15**(1)，1-28。

林香河（2019）。**中國大陸小學班主任培育課程之研究**。國立高雄師範大學教育研究所博士論文（未出版），高雄市。

林進材（2000）。**有效教學的理論與實際**。臺北：五南。

林進材（2006）。**教學論**。臺北：五南。

林進材（2010）。**教學原理**。臺北：五南。

林進材（2019）。活化教學的策略與實踐：學科教學與學科學習知識的視角。**課程與教學，22**(1)，1-16。

林進材（2020a）。從課程改革的軌跡論述教師教學理念的實踐與轉變。**臺灣教育研究，1**(1)，157-176。

林進材（2020b）。**教師教學實踐智慧：從設計到實施**。臺北：五南。

林進材（2021）。教育改革中教學政策的轉變與落實——教師教學理解與實踐的視角。**臺灣教育研究期刊，2**(1)，1-15。

林進材、林香河（2020）。**教師教學方法與效能的第一本書**。臺北：五南。

林鈺文（2017）。教師的課程詮釋如何回饋到政策學習？以新北市多元活化課程為例。**師資培育與教師專業，10**(3)，119-146。

徐綺穗（2019）。自我調整學習與核心素養教學——以行動素養為例。**課程與教學，22**(1)，17-38。

國立臺灣師範大學教育研究與評鑑中心（2013）。**差異化教學**。臺北：教育部。

國家教育研究院課程及教學研究中心（2014）。**十二年國民基本教育領域課程綱要：核心素養發展手冊**。臺北：教育部國家教育研究院。取自：file:///C:/Users/USER/Desktop/ 核心素養 .pdf

陳思瑀（2020）。臺南市推動學校參與活化課程與教學計畫策略與實踐模式。載於教育部及國民學前教育署主編，**深耕桃花源——國中小活化課程與教學社群經驗實錄**。教育部。

單文經（2000）。析論抗拒課程改革的原因及其對策：以國民中學九年一貫課程為例。**教育研究集刊，7**(45)，15-34。

單文經（2007）。**課程改革與教師培訓**。論文發表於澳門大學「華人社會的教育發展系列—教師教育」研討會，澳門大學，澳門。

湯才偉、呂斌（2020）。素養教育下的教學轉變。**臺灣教育研究期刊，1**(1)，303-312。

黃政傑（1989）。**課程改革**。臺北：漢文。

黃政傑（2016）。**課程設計**。臺北：東華。

黃政傑（2019）。課程與教學改革經驗之辨證與反思。**教育研究集刊，65**(4)，117-139。

黃政傑、張嘉育（2010）。讓學生成功學習：適性課程與教學之理念與策略。**課程與教學，13**(3)，1-22。

黃騰、歐用生（2009）。失去的信任能找回來嗎？一個關於教師與課程改革的故事。**課程與教學，12**(2)，161-192。

楊思偉、陳盛賢、江志正（2008）。日本建構十二年一貫課程相關做法之分析。**課程與教學，11**(3)，45-62。

楊振昇（2018a）。析論社會變遷中教學的反思與前瞻。**學校行政雙月刊**，1181-11。

楊振昇（2018b）。教師領導的內涵與實踐。載於吳清基主編，**教育政策與學校經營**，174-190。臺北：五南。

甄曉蘭（2003）。教師的課程意識與教學實踐。**教育研究集刊**，**49**(1)，63-94。

歐用生（2006）。**課程理論與實踐**。臺北：學富文化。

蔡清田（2008）。DeSeCo 能力三維論對我國十二年一貫課程改革的啟示。**課程與教學**，**11**(3)，1-16。

蔡清田（2014）。**國民核心素養：十二年國教課程改革的** DNA。臺北：高等教育。

龔心怡（2013）。因應差異化教學的評量方式：多元評量停、看、聽。**臺灣教育評論月刊**，**5**(1)，211-215。

二、英文部分

Aoki, T. T. (1988). Toward a dialectic between the conceptual world and lived world: Transcending instrumentalism in curriculum orientation. In W. F. Pinar (Ed.), *Contemporary curriculum discourses* (pp.402-416). Scottsdale, AZ: Gorsuch Scarisbrick.

Aoki, T. T. (1990). Themes of teaching curriculum. In J. T. Sears & J. D. Marshall (Eds.), *Teaching and thinking about curriculum: critical inquiries* (pp.111-114). New York, NY: Teachers College Press.

Aoki, T. T. (1980/2005). Toward curriculum inquiry in a new key. In W. F. Pinar & R. Irwin (Eds.), *Curriculum in a new key* (pp.89-110). Mahwah, NJ: Lawrence Erlbaum Associates.

Arend, R. I. (2019). *Learning to teaching*. New York: Mcgraw-Hill Companies.

Bannert, M. (2002). Managing cognitive load: Recent trends in cognitive load theory. *Learning and Instruction*, *12*, 139-146.

Cuban, L. (2016). *Teaching history then and now: A story of stability and change in schools*. Cambridge, MA: Harvard University.

Crick (2014). Learning to learn: A complex systems perspective. In R. D. Crick, C. Stringer, & K. Ren (Eds.), *Learning to learn: International perspectives from theory to practice* (pp.66-86). New York, NY: Rutledge.

Dunn, W. N. (2008). *Public policy analysis: An introductory*. Upper Saddle River, NJ: PrenticeHall.

Drucker, P. F. (1999). *Management challenges for the 21st century*. New York: Harper Business.

Elbaz, F. (1981). The teacher's "practical knowledge": Report of a case study. *Curriculum Inquiry*, 11(l), 43-71.

Fenstermacher, G. D. (1994). The knower and the known: The nature of knowledge in research on teaching. In L. Darling-Hammond (Ed), *Review of research in education* (Vol. 20, pp.3-56). Washington: AERA.

Freire, P. (1972). *Pedagogy of the oppressed*. Translated by M. B. Ramos. New York: Herder and Herder.

Giroux, H. A. (1988). *Teacher as intellectuals: Toward a pedagogy of learning*. Granby, MA: Bergin & Garvey

Goodlad, J. (1969). Curriculum: The state ofthe field. *Review of Educational Research*, *39*(3).

Goodlad, J. (1979). *Curriculum inquiry: The study of curriculum practice*. NY: McGraw-Hill.

Harvey, T. R. (1991). *Checking for change*. Boston: Allyn and Bacon.

Howley, C. (2012). *Readiness for change*. Retrieved from https://files.ericeric.ed.gov/fulltext/ED535400.pdf

Johnson, D. W. & Johnson, R. T. (1994). *Cooperation and competition: Theory and research*. Minnesota: Interaction Book Company.

Lortie, D. (1975). *School teacher: A sociological study*. Chicago: The University of Chicago Press.

MacDonald, J. B. (1971). Curriculum theory. *Journal of Educational Research*, *64*(5), 196-200.

McNichol, J. & Blake, A. (2013). Transforming teacher education, an activity theory analysis. *Journal of Education for Teaching*, *39*(3), 281-300. doi: 10.1080/02607476.2013.799846.

OECD (2017). *The OECD handbook for innovative learning environments*. Paris, France: Author. Retrieved from http://dx.doi.org/9789264277274-en

Popkewitz, T. S. (2003). Governing the child and pedagogicalization of the parent: A historical excursus into the present. In M. N. Bloch, K. Holmlund, I. Moqvist, & T. S. Popkewidz (Eds.), *Governing children, families and education* (pp.35-61). New York, NY: Palgrave.

Pratt, D. (1980). *Curriculum: Design and development.* New York , NY: Harcourt Brace Jovanovich

Roth, W. M. & Lee, Y. J. (2007). Vygotsky's neglected legacy: Cultural-historical activity theory. *Review of Educational Research,*77(2), 186-232. doi: 10.31020/0034654306298273.

Slavin, R. E. (1995). *Cooperative learning.* Boston: Allyn and Bacon.

Shulman, L. S. (1987). Knowledge and teaching: Foundations of the new reform. *Harvard Educational Review, 57*(1), 1-22.

Stewart, V. (2018). How teachers around the world learn. Educational *Leadership, 76*(3), 28-35.

Stinnett, J. (2012). Emerging voices: Resituating expertise: An activity theory perspective on representation in critical ethnography. *College English, 75*(2), 129-149.

Snyder, J., Bolin, F., & Zumwalt, K. (1992). Curriculum implementation. In P. W. Jackson (Ed.), *Handbook of research on curriculum* (pp.402-435). New York, NY: Macmillan

Wells, G. (2002). Learning and teaching for understanding: The key role of collaborative knowledge building. In J. Brophy (Ed.), *Social constructivist teaching: Affordance and constraints* (pp.1-41). Boston: Elsevier Science Ltd.

Wilson, S. M., Shulman, L. S., & Richert, A. E. (1987). 150 different ways of knowing: Representations of knowledge in teaching. In J. Calderhead (Ed.), *Exploring teachers' thinking* (pp.104-124). Sussex; Holt, Rinehart & Winston.

附錄：歷年中小學教師資格檢定考試「教學」試題（含解答）

109 年教師資格檢定考試：教學試題

(D) 1. 論及考試與教學的關係時，常聽到有人說：「考試領導教學。」此一說法
主要探討下列哪一個效度層面？
   (A) 專家效度　　(B) 同時效度　　(C) 預測效度　　(D) 後果效度

(A) 2. 有關新進教師「討論教學」能力之提升，下列哪一種方式效果較差？
   (A) 利用教師在職進修機會，說明「討論教學」的優點及應用
   (B) 教師研習時，採取討論的方式，讓教師從過程中體驗學習
   (C) 拍攝教學現場討論的真實影片，提供教學工作坊的案例討論
   (D) 在教師社群中，進行有關「討論教學」觀察實作的課堂研究

(C) 3. 何老師講述、解釋與圖示日蝕現象時，同學們似懂非懂。於是老師利用虛
擬實境，讓同學觀察日蝕的變化過程並加以解釋。此種方式較屬於哪一種
學習理論的應用？
   (A) 頓悟學習理論　　(B) 同步學習理論
   (C) 情境學習理論　　(D) 意義學習理論

(A) 4. 教師自編教材時，有關難易度的考量，下列何者有誤？
   (A) 教材文本應該減少圖表或例子，以降低閱讀量
   (B) 國小學生多處於具體運思期，教材編寫應與實際生活關聯
   (C) 教學目標或主題數量應加以控制，避免超過學生的認知負荷
   (D) 教材內容不能一味追求簡化，仍然應該具備一定程度的挑戰性

(D) 5. 王老師編製一份五年級數學測驗以供段考使用。下列哪一措施最有助於證
明此測驗具有良好效度？
   (A) 優先將同一單元的試題組合在一起，以方便學生作答
   (B) 找一班五年級學生施測兩次，再求兩次分數之間的積差相關
   (C) 找一班五年級學生進行施測，計算各題目之間相關係數的平均值
   (D) 列出考試範圍所有目標，找幾位數學教師檢查試題與目標之間的一致性

(C) 6. 有關學生小組成就區分法（STAD）合作學習的敘述，下列何者較適切？
   (A) 由學生自主選擇分組成員
   (B) 競賽分數以各組成員總分計算
   (C) 教師可以先講述教材內容再進行分組討論
   (D) 測驗時能力高的同學需要協助能力低的同學

(C) 7. 有關評量之運用與詮釋，下列何者較屬於「常模參照」取向？

(A) 白雲國小篩選出五年級需要接受數學科學習扶助的學生

(B) 青山國小針對閱讀書籍量破百的學生頒發閱讀小博士證書

(C) 清溪國小選出校內學習檔案比賽前三名代表學校參加全市的比賽

(D) 大樹國小根據評分規準將學生的閱讀檔案區分為 ABCDE 五個等級

(B) 8. 依據布魯姆（B. Bloom）認知目標層次分類，以下四個學習目標由高至低排序應為下列何者？

甲、能解釋不同情緒的特徵與表現方式

乙、能說出情緒的定義與內涵

丙、能判斷他人的情緒，表現出合宜的行為

丁、能舉例說明情緒對人際關係的影響

(A) 丙甲丁乙　　(B) 丙丁甲乙　　(C) 丁甲乙丙　　(D) 丁丙甲乙

(D) 9. 陳老師希望提升學生的思考能力，預擬了幾個問題。下列哪一個問題的認知層次最高？

(A) 地震時，正確的反應步驟為何？

(B) 地震時，需要關閉家中哪些設備？

(C) 地震時，是否應該立即跑到戶外？

(D) 地震時，家中最安全的避難地點為何？

(B) 10. 張老師在黑板寫出「財」、「賄」、「費」、「販」等字，要學生找出這些字的共通點。學生說出每個字都有「貝」，於是再引導學生歸納出貨幣是從貝殼演變而來。此一教學策略較屬於下列何種理論的應用？

(A) 迦納（H. Gardner）多元智能

(B) 布魯納（J. Bruner）發現教學

(C) 史金納（B. Skinner）操作制約

(D) 奧蘇貝爾（D. Ausubel）前導組體

(D) 11. 趙老師在體育課中指導學生進行跳繩之「一跳二迴旋」技巧。他根據技能
領域目標擬定下列各項目標：

甲、學生能在 30 秒內做 10 次「一跳二迴旋」的動作

乙、學生能依照教師指示，完成「一跳二迴旋」的動作

丙、學生聽到音樂後，能夠自然、完美地完成「一跳二迴旋」的動作

丁、老師先示範「一跳二迴旋」的動作，學生再加以模仿

戊、學生能正確、獨立地完成「一跳二迴旋」的動作

如將上述技能目標從最簡單的「最低層次」排序到最複雜的「最高層
次」，應為下列何者？

(A) 甲丙丁乙戊　　(B) 乙戊甲丙丁　　(C) 丁甲丙乙戊　　(D) 丁乙戊甲丙

(A) 12. 下列何者較合乎素養導向教學的精神？

(A) 在氣候變遷主題單元中，引導學生進行資料蒐集、分析與分享

(B) 在環境保育主題單元中，檢驗學生完成教師指定環保任務的比率

(C) 進行自然領域教學時，請學生完成教材中的實驗步驟，再對照科學
原理

(D) 在數學領域教導線對稱概念時，說明線對稱的定義，再讓學生核對生
活中的實例

108 年度第一次教師資格檢定考試：教學試題

(D) 1. 樂樂國小想推動「資訊融入教學」。下列何種作法較符合「資訊融入教學」的意涵？

(A) 成立資訊社團，與地方科技團體共享資源，建立夥伴協作關係

(B) 購置充足的科技資訊設備，學生可隨時透過網際網路學習新知

(C) 設計資訊科技之相關主題課程，使學生熟悉網路世界的各種知識

(D) 讓學生結合資訊科技與課堂學習結果，製作校園特色植物尋寶圖

(D) 2. 張老師透過一篇〈塑膠垃圾汙染海洋〉的文章，將環境教育議題融入國語文教學，並依據國語文領域綱要核心素養「國 -E-A2 透過國語文學習，掌握文本要旨、發展學習及解決問題策略、初探邏輯思維，並透過體驗與實踐，處理日常生活問題」，設計教學活動。下列何者最能夠呼應此核心素養內涵？

(A) 各組學生摹寫報導文章並增加插圖

(B) 學生分組將文章內容製作成簡報並上臺報告

(C) 設計學習單，幫助學生熟悉與使用文章中的語詞和句型

(D) 分組討論文章的重點，並嘗試提出改善海洋汙染的方法

(A) 3. 學校的學習評量應該優先重視下列哪一個評量概念？

(A) 內容效度　　(B) 預測效度　　(C) 同時效度　　(D) 內在效度

(A) 4. 依據創造思考教學的原則，楊老師在寫作教學時較不會進行下列哪一項教學活動？

(A) 仿寫優秀的童話作品　　　(B) 進行故事接龍的遊戲

(C) 改編有名的童話故事　　　(D) 讓學生自行創作故事結局

(A) 5. 張老師得知其班級學生對日本電視劇《半澤直樹》非常著迷，於是在進行社會學習領域教學時，將「半澤直樹受到分店長淺野陷害，被迫承擔因非法融資 5 億而造成銀行損失的責任」作為例子，來讓同學進行分組討論，探討社會經濟活動中所牽涉的道德議題。張老師的作法符合下列何種學習經驗選擇的原則？

(A) 動機原則　　(B) 經濟原則　　(C) 繼續原則　　(D) 練習原則

(C) 6. 讚美可以增進學生的學習動機，進而提升教學效果。下列何者最符合有效讚美的原則？

(A) 以我的觀察，這件事你整體做得相當不錯！

(B) 上次你的演講很流暢，我特別喜歡你的題目！

(C) 你能解釋自己對「$a2 + b2 = c2$」的算法，很好！

(D) 你的英文單字背誦進步了，還比小華多記了五個，讚！

(C) 7. 下列哪一個教學方式最能達到情意領域的目標？
(A) 請學生仿作藝術家不同時期的作品，進行分析比較
(B) 播放藝術家的紀錄片，請學生分享其對藝術家的了解
(C) 引導學生藉由藝術家不同時期作品敘說自己的生命故事
(D) 邀請藝術家到校分享創作理念並與學生共同創作校園藝術品

(D) 8. 「學生能精確、迅速完成生物課的解剖任務」，此表現較符合動作技能領域目標的哪一層次？
(A) 知覺　(B) 創新　(C) 機械化　(D) 複雜反應

(B) 9. 向上國小的教師在進行議課時，針對「課堂上有些學生雖然認真回答問題，但是答案並不完整」的現象，討論應如何回應。依據正向心理學的鼓勵原則，下列哪一種回應方式最適切？
(A) 你們的答案不管對不對，老師都很欣慰
(B) 大家再想一想，你們應該還能提出更好的答案
(C) 我知道大家都很努力，答得不好，不用感到失望
(D) 大家答得不好，是因為問題本來就有點難，所以不用灰心

(C) 10. 教師向學生提問：「作者在本課中的哪些句子運用了譬喻法？」學生如果不會，教師繼續說：「譬喻法通常會在句子裡使用『像』、『好像』、『如』、『似』、『彷彿』等字。」此種方式屬於下列何種技巧的運用？
(A) 轉引　(B) 轉問　(C) 迅速提示　(D) 深入探究

(D) 11. 編製選擇題時，良好的誘答選項不具有下列哪一種特性？
(A) 選項內容具有高度似真性
(B) 敘述語法合乎題意的邏輯
(C) 選項能有效反映學生的迷思概念
(D) 高分組學生的選答率高於低分組

(D) 12. 下列哪一項作法最可能提高評量結果的效度？
(A) 在全校段考中以選擇型試題取代開放型試題
(B) 要求申請進入資優班的學生，提出在校成績
(C) 以學生熟悉的歷史故事，測量其閱讀理解能力
(D) 在正式測驗前，協助學生熟練聽力測驗的作答方式

108 年度第二次教師資格檢定考試：教學試題

(B) 1. 李老師引導學生閱讀《小王子》一書時，期待他們閱讀後可以描述三件自己印象最深刻的事情及個人的感受，並說明原因。此屬於下列何種目標？
(A) 行為目標　(B) 表意目標　(C) 認知目標　(D) 技能目標

(C) 2. 下列何者屬於標準參照評量？
(A) 對全校新生進行瑞文氏圖形推理測驗，以了解學生的智力程度
(B) 依據定期評量的成績，班上表現較佳的前三名可上臺接受頒獎
(C) 為挑選國語文競賽選手，舉行全校性比賽，凡答對率 90% 以上即入選
(D) 校慶運動會舉行大隊接力、趣味競賽，再根據成績加總頒發總錦標獎

(A) 3. 在社會課中，陳老師想運用角色扮演法進行教學，下列作法何者較不適切？
(A) 事先編寫好劇本且進行排練，以增加上臺的成功經驗
(B) 教師宜選用學生熟悉的故事，讓學生較融入故事情境
(C) 演出後可簡短討論，且演出者可變化角色以體驗不同感受
(D) 演出的時間不用太長，若有不妥的情節，老師應適時引導

(C) 4. 下列有關問答題特性的敘述，何者正確？
(A) 誘答設計費心費力　　　(B) 命題準備較選擇題費力
(C) 沒有學生猜測作答的疑慮　(D) 作答不受學生語文能力的影響

(C) 5. 「同一週的教學活動安排，應考量各學習領域之間教學內容的關聯性。」此符合課程組織的哪一項原則？
(A) 順序性　(B) 繼續性　(C) 統整性　(D) 平衡性

(A) 6. 張老師在課堂上與學生討論時，為了釐清小明所講的內容，下列老師的提問，何者較為適切？
(A) 你可以舉個例子，來補充你的答案嗎？
(B) 你的答案很好，再想想有沒有別的答案？
(C) 你答非所問，請再次思考題目並重新回答。
(D) 你的答案和我的不一樣，猜猜我的答案是什麼？

(D) 7. 下列何者屬於多元文化「附加取向」的課程設計模式？
(A) 在婦幼節時，介紹各族群傑出婦女的生平事蹟
(B) 在社會課中，引導學生從不同族群觀點探討臺灣的開發問題
(C) 引導學生討論報紙對族群報導的偏失，並寫信給報社要求改進
(D) 在藝術與人文課程中搭配多元文化週活動，讓學生欣賞各種族群服飾

(A) 8. 下列何者較不符合差異化教學的原則？

　　(A) 進行分組教學時，由能力較高者指導能力較低者

　　(B) 對於能力較高及能力較低的學生，另訂評量的標準

　　(C) 提供多樣性的教材內容，以適合不同程度的學生使用

　　(D) 允許能力較高者加速學習，並對能力較低者，進行補救教學

(C) 9. 王老師以紫蝶為主題，讓學生到花田觀察並探究紫蝶的生態。請同學自行提出假設，並加以驗證，最後撰寫其發現。此屬於下列何種教學法？

　　(A) 案例教學法　　　　　(B) 概念獲得教學法

　　(C) 專題導向教學法　　　(D) 問題解決教學法

(D) 10. 張老師設計「減少塑膠用品的使用」課程，下列有關減塑之情意目標的敘述，何者較適切？

　　(A) 品格形成：學生能遵守校規不帶一次性餐具到校園中

　　(B) 接受：學生會與家長討論如何外帶餐點，以達減塑目的

　　(C) 價值組織：學生對於海洋生物受到垃圾危害的情形，感到難過

　　(D) 價值判斷：學生對於飲料店禁用塑膠吸管的政策，提出自己的觀點

(B) 11. 在實施檔案評量之前，必須清楚設定檔案目的。王老師在班上實施寫作檔案評量，要學生每完成一篇作文後，回答下列問題：「(1) 寫這一篇作文時我的策略是什麼？(2) 寫這一篇作文時我遇到最大的困難在哪裡？(3) 我認為我這一篇作文寫得不錯的地方有哪些？」下列何者最有可能是該檔案設定的目的？

　　(A) 評量學生的學習成就　　　(B) 增進學生自我學習成長

　　(C) 蒐集對教師的教學回饋　　(D) 診斷學生的學習進步情形

(C) 12. 下列何者最符合素養導向教學設計與實施原則？

　　(A) 設計學習單，讓學生進行文具的選購，做加法進位的演算

　　(B) 參觀科學教育館並聆聽導覽後，回家整理參觀筆記及心得進行分享

　　(C) 藉由地震的新聞報導，讓學生蒐集與討論防災資料，並實際應用於防災演練中

　　(D) 因應耶誕節，請學生閱讀相關的英語繪本進行單字學習，並完成耶誕卡片著色活動

(A) 13. 林老師這學期以專題探究方式帶領學生探討「營養」的主題。他希望可以透過核心問題來激發學生持續進行思考、探究，並激盪出更多的問題與討論。下列何者較適合作為核心問題？

(A) 我們應該吃些什麼才算營養？

(B) 你吃的東西可以避免肥胖嗎？

(C) 五大類食物群包含哪些營養素？

(D) 聯合國的均衡飲食標準是什麼？

(D) 14. 林老師針對數學課「生活中的大單位」單元進行差異化教學。他先用前測將學生按程度分為三組，高程度者給予較高層次的題目並引導其自學，中程度者分組討論課內題目進行自學，低程度者由老師集中教學。林老師對低程度組學生施測單位換算測驗，發現他們對於小數點位移概念不夠清楚，重新解說與練習後，才講解新概念。在每一堂課快結束時，林老師根據課堂內容設計兩個問題，以確認全班是否學會。上述教學中並未使用到哪一種評量？

(A) 安置性評量　　(B) 診斷性評量　　(C) 形成性評量　　(D) 總結性評量

(C) 15. 根據評量與學習的關係，評量可以分成「對學習的評量」（assessment of learning）、「促進學習的評量」（assessment for learning）及「評量即學習」（assessment as learning）三種取向。下列四位實習教師對這三種評量取向的敘述，何者正確？

甲：「對學習的評量」其性質較偏向總結性評量

乙：學校的定期評量是屬於「促進學習的評量」

丙：「促進學習的評量」的目的在協助教師調整教學策略

丁：「評量即學習」的目的在協助學生成為自主的學習者

(A) 甲乙丙　　(B) 甲乙丁　　(C) 甲丙丁　　(D) 乙丙丁

107 年度教師資格檢定考試：教學試題

本年度公布示範題，並未公布考試題目

106 年度教師資格檢定考試：教學試題

(A) 1. 有關教師製作教學檔案的目的，下列何者不適切？
(A) 蒐集學校課程活動資料，掌握校本課程發展方向
(B) 蒐集重要的教學紀錄，了解自己專業成長的歷程
(C) 透過檔案製作交流與分享，形塑優質的專業文化
(D) 透過檔案建置的歷程，反思教學，提高教學效果

(B) 2. 下列哪一個情境最接近真實評量？
(A) 讓學生寫出課文心得，以評量其情意反應
(B) 讓低年級學生到商店買東西，以評量其算數能力
(C) 課堂中讓全班學生大聲朗讀，以評量其識字程度
(D) 讓學生觀賞地震演習的影片，評量其逃生觀念與技巧

(C) 3. 有關「十二年國民基本教育課程綱要」總綱內涵的敘述，下列何者有誤？
(A) 各領域教學改為固定節數，以減少學校節數分配的爭議
(B) 仍重視重要議題，並建議融入各領域或科目的課程設計
(C) 教師可以自由選擇領域教學或是分科教學，不再強調領域的概念
(D) 共分八大學習領域，其中「科技」領域從國中教育階段才開始實施

(B) 4. 在課程組織型態中對於「經驗課程」概念的敘述，下列何者較不適切？
(A) 重視學生親身耕種與收割稻子的體驗
(B) 運用植物學概念來探討稻子的成長歷程
(C) 依據學生飼養雞隻的興趣來安排教學活動
(D) 引導學生探究實際養雞過程中所發生的問題

(C) 5. 下列有關測驗（test）、測量（measurement）、評量（assessment）、評鑑（evaluation）的敘述，何者最為正確？
(A) 測驗以客觀計分為主，評量以主觀計分為主
(B) 測驗、測量、評量和評鑑都以數字來呈現其結果
(C) 教育領域所用的標準化紙筆測驗大多屬於間接測量
(D) 測驗是用在教育、心理領域，測量是用在自然科學領域

(B) 6. 兩個教學活動間的交替稱為轉換過程。下列哪些是影響教學活動轉換困難最為關鍵的因素？

甲、學生還處在前一個教學活動中，沒有準備好進入下一個活動

乙、一節課有許多不同的活動要進行，學生容易出現適應不良的狀況

丙、老師或學生未能依照預訂的時間，因此延遲了下一個活動的開始時間

丁、學生通常會對下一個活動感到很興奮，因此會想趕快結束現在這個活動

戊、學生未被清楚告知在教學活動的轉換過程中，應該要遵循的行為或規則是什麼

(A) 甲乙丙　(B) 甲丙戊　(C) 乙丙丁　(D) 乙丁戊

(D) 7. 下列何者較符合維高斯基（L. Vygotsky）「近側發展區」概念在教學上的應用？

(A) 教師提供公式，請學生計算出圓面積的大小

(B) 教師請學生自行找出計算圓面積的方法，並加以讚美

(C) 教師將學生進行同質性編組，請他們找出計算圓面積的方法

(D) 教師提供生活情境，引導學生將圓面積的計算方法應用到生活中

(C) 8. 廖老師向學生提問：「讀完《狼來了》的故事，你們覺得牧羊童說謊的次數與故事的結局是否有關係呢？為什麼？」此問題的性質屬於下列何者？

(A) 理解性問題　(B) 應用性問題　(C) 分析性問題　(D) 評鑑性問題

(A) 9. 下列何者較能引導學生進行高層次思考？

(A) 評論近十年教育改革的利弊得失

(B) 說明皮亞傑認知理論的主要內容

(C) 比較統編制與審定制教科書制度的差異

(D) 舉例說明教學實驗中兩個變項的因果關係

(D) 10. 教師希望教導學生「適切辨識網路資訊的價值性」。針對此一教學目標，下列敘述何者較為適切？

(A) 設計線上標準化測驗題庫，請學生上網練習

(B) 請學生上網蒐集某議題的正反意見，並加以分類

(C) 透過教學平台，投票表決文章內容的真偽與價值

(D) 提供學生立場不同的網路文章，請其提出比較與評論

(D) 11. 根據試題分析，某一試題的鑑別度為 -0.2。對此結果的解釋，哪一項是合理的？

(A) 題目品質良好 　　　　　　(B) 能準確的測出學習目標

(C) 高分組的表現優於低分組 　(D) 高分組可能對題目有所誤解

(C) 12. 賴老師在教授《登鸛雀樓》這一首詩時，下列哪一個教學目標屬於布魯姆（B. Bloom）認知目標中的「分析」層次？

(A) 能用自己的話解釋這首詩的意義

(B) 能欣賞這首詩，說出自己的感受

(C) 能指出這首詩的組織結構及修辭技巧

(D) 能運用這首詩的平仄和對仗自行創作

(D) 13. 下列何者較屬於創造性問題？

(A) 臺灣地區新生兒的人數統計結果如何？

(B) 為什麼臺灣地區新生兒的人數逐年減少？

(C) 如果政府提供生育補助，有助於提高生育率嗎？

(D) 臺灣地區新生兒的人數逐年減少，有何解決辦法？

(B) 14. 下列有關信度、效度和鑑別度的敘述，何者正確？

(A) 內容效度較適合使用於人格測驗

(B) 重測信度的高低會受到間隔時間長短的影響

(C) 學生異質性比較高的班級，測驗分數的信度會因此而較低

(D) 補救教學的評量應該強調高鑑別度，以期有效區分學生程度

(B) 15. 辛老師想以「啟發式」教學法進行數學教學。下列哪一個引導用語較不適切？

(A) 咦，你們怎麼證明這樣的解題方法是正確的？

(B) 哦，這個題目比較難，讓第一組同學先做吧！

(C) 請同學根據這個原理，至少舉出三個以上的例子。

(D) 好，已經出現很多線索，請大家再找出其他線索。

105 年度教師資格檢定考試：教學試題

(B) 1. 文老師本學期想嘗試運用合作學習法進行閱讀教學。下列步驟順序何者最適切？

甲、針對閱讀文章進行全班的測驗

乙、依上學期語文成績，將學生做異質分組

丙、引導學生閱讀文章，並進行閱讀策略教學

丁、學生分組討論，摘要寫出文章的主旨與大意

(A) 甲丙丁乙　(B) 乙丙丁甲　(C) 丙丁乙甲　(D) 丁丙甲乙

(D) 2. 身為教師，下列教學信念何者最為合理？

(A) 我自己不能犯任何錯誤

(B) 我在教學上必須跟其他老師競爭

(C) 學生問的問題，我都要無所不知

(D) 我應該對學生學習成就負起責任

(B) 3. 有關問題導向學習（Problem-Based Learning）的敘述，下列何者最不適切？

(A) 學習者必須負起學習的責任

(B) 重視原理原則的講述與練習

(C) 重視小組團隊合作以解決問題

(D) 教學過程強調問題的引導與解決

(C) 4. 有關討論教學法的敘述，下列何者最適切？

(A) 無法達到情意的目標

(B) 學生的先備知識不重要

(C) 教師應對討論內容做歸納

(D) 教師不宜介入學生的討論

(D) 5. 近年來，教師的教學觀由「教師教什麼」轉變為「學生學什麼」。此一轉變最接近下列何種理念？

(A) 教師是教學的決定者，而學生是學習者

(B) 教師先確定教學目標，再關心教學內容

(C) 教師先了解教學內容，再分析學生學習到什麼

(D) 教學的產生是因有學生，才需要教師進行教學

(A) 6. 「能正確比較十萬以內兩數的大小」，此較屬於蓋聶（R. Gagné）主張的哪一類學習結果？

    (A) 心智技能　(B) 動作技能　(C) 語文訊息　(D) 認知策略

(C) 7. 有關批判思考教學的敘述，下列何者最適切？

    (A) 教學成效可以立即看到

    (B) 教學方式以標準答案最主要

    (C) 教師應提供多元資源，引導學生自行思考

    (D) 教師具專家角色，學生是等待充填的容器

(C) 8. 王老師最近上到「分數除以分數」時，發現班上部分學生學習有困難。王老師藉由學生學習表現的分析，往前從「分數除以整數」進行教學。此教學行為較屬於下列何種觀點的應用？

    (A) 合作學習中的「社會互賴」

    (B) 行為主義中的「制約學習」

    (C) 教學事件中的「先備知識」

    (D) 社會學習理論中的「觀察學習」

(A) 9. 有關選擇題的描述，下列何者最適切？

    (A) 編製高品質的選擇題較為困難

    (B) 選擇題的內容取樣缺乏代表性

    (C) 選擇題不受閱讀理解能力的影響

    (D) 選擇題較適合用來測量分析與評鑑的能力

(A) 10. 王老師負責這學期五年級國語科第一次段考的命題工作。下列何者作法最可以提高該測驗的效度？

    (A) 事先規劃試卷的雙向細目表

    (B) 移除測驗中每人皆能答對的試題

    (C) 增加選擇題以提高評分的客觀性

    (D) 運用複雜的句子結構來增加試題難度

(B) 11. 林老師為了解學生在學習英文「fast food」的單元後，是否達到「能聽懂日常生活應對中常用語句（速食店購物的對話），並能作適當的回應。」的目標，特別安排全班學生到英語村的速食店以英文購買食物。此種評量方式最接近下列何者？

    (A) 動態評量　(B) 真實評量　(C) 檔案評量　(D) 生態評量

(C) 12. 相較於標準化成就測驗，下列何種情形最適合採用教師自編成就測驗？

    (A) 必須大量、快速批改與計分時

    (B) 所需的測驗必須具備高信度時

    (C) 測驗內容要符合課堂教學目標時

    (D) 測驗範圍廣泛且測驗題數偏多時

(C) 13. 有關課程實施「締造觀」（enactment）的敘述，下列何者最適切？

    (A) 採用目標模式的課程設計

    (B) 教師是執行課程改革的代理者

    (C) 重視師生在課堂中的自主性與真實經驗

    (D) 教師必須接受訓練以忠實地進行課程實施

104 年度教師資格檢定考試：教學試題

(C) 1. 課程設計強調學習者參與社區生活、蒐集社區資源、探索社區議題，以培養學生探究和參與公民社會的能力。此較屬於下列何種主張？
(A) 認知主義　(B) 行為主義　(C) 社會重建主義　(D) 理性人文主義

(B) 2. 吳老師擔任五年甲班的補救教學工作，該班雖然只有 10 位學生，但是每位學生的程度參差不齊，學習意願不高，且缺乏現成教材。面對此一教學現況，吳老師應優先考慮下列何者？
(A) 強調學科知識的吸收　　(B) 呼應學生的個別差異
(C) 重視科技媒材的應用　　(D) 強調社會問題的反思

(C) 3. 在「基隆廟口小吃地圖」的教學設計中，教師讓學生透過訪談、踏察、資料蒐集等行動進行學習，最後彙整學習結果，進行報告。此作法較屬於下列何者？
(A) 精熟學習　(B) 交互學習　(C) 專題導向學習　(D) 批判導向學習

(C) 4. 下列何者較不屬於合作學習策略的應用？
(A) 教師努力使小組的每一個成員都有貢獻
(B) 教師將學習活動成敗連結到團體的榮辱
(C) 教師安排能力相近的成員組成同一小組
(D) 教師對已經將問題解決的小組給予認可

(A) 5. 「幾位海洋教育學家、國小教師以及環保團體代表共同組成委員會，討論學生當前應學習的海洋教育內容，並建議教育部將其納入學校課程。」前述建議的課程屬於下列何者？
(A) 理想課程　(B) 正式課程　(C) 知覺課程　(D) 運作課程

(B) 6. 教師進行社會領域臺灣原住民文化單元的教學時，同時也在藝術與人文領域介紹原住民的舞蹈和歌謠。此種課程組織方式屬於下列何者？
(A) 核心課程　(B) 相關課程　(C) 融合課程　(D) 廣域課程

(C) 7. 下列哪一個課程目標，較著重發展學生的創造能力？
(A) 認識各個傳統節慶的應景食物
(B) 說出不同族群傳統節慶的差異
(C) 規劃一個傳統節日的慶祝活動
(D) 提出傳統節慶因應現代生活而做的調整

(D) 8. 在社會學習領域教學中，下列何種作法最能體現「閱讀理解策略融入領域教學」的精神？

(A) 每週安排一節課，到圖書室自由選讀

(B) 配合教育部規劃，推動「晨讀 15 分鐘」

(C) 設置「班級圖書角」，運用彈性學習節數進行共讀

(D) 在課堂上指導學生做摘要，並以概念圖呈現課文內容

(C) 9. 近年來，Salman Khan 所創辦的可汗學院（Khan Academy）受到全世界的矚目，其課程理念主要著重下列何者？

(A) 學生到實務現場進行體驗與實作

(B) 學生利用社區的多元環境進行廣泛學習

(C) 學生透過網路觀看教學影片進行自主學習

(D) 教師主導學習內容，學生負責聆聽與提問

(C) 10.「能正確讀出 1-100 的數字」，此屬於蓋聶（R. Gagné）主張的哪一類學習結果？

(A) 認知策略　　(B) 心智技能　　(C) 語文訊息　　(D) 動作技能

(D) 11. 劉老師針對「零食的成分、生產與食用安全」讓全班進行討論，再由學生分組進行資料蒐集，最後提出確保食用安全的解決策略。此屬於下列哪一種教學方法？

(A) 價值澄清　　(B) 交互教學　　(C) 批判思考教學　　(D) 問題導向學習

(D) 12. 依據安德森（L. Anderson）等人對認知領域在知識層面分類架構中的主張，小華知道看地圖比閱讀文字更容易辨認方位，此表示他具備了下列哪一種知識？

(A) 事實知識　　(B) 概念知識　　(C) 過程技能知識　　(D) 後設認知知識

(A) 13. 張老師採用腦力激盪法，引導學生討論校慶園遊會的設攤計畫。下列作法何者較不適切？

(A) 為便於彙整意見，分組討論結束前應依據各種意見的可行性，予以篩檢

(B) 討論前充分說明園遊會設攤的規範和班級討論的規則，並鼓勵學生廣泛的發表意見

(C) 各組討論時，每位學生均可自由表達意見，構想愈多愈好，且須記下所有的意見，並適時統整

(D) 進行綜合性評估和最後決定時，須公布所有意見，並協助全班了解每個意見，以便依據票選結果設攤

(D) 14. 為因應臺灣的食安問題，王老師在教學時強調「選擇營養的食物，而非選擇便宜的食品。」此目標符合情意領域目標分類的哪一個層次？
(A) 反應（responding）　　(B) 形成品格（characterization）
(C) 價值評定（valuing）　(D) 價值組織（organization）

(B) 15. 楊老師積極布置一個良好的教學情境來感染學生，讓學生能經由模仿作用提升學習動機與成效。此種作法較符合下列何種理論的主張？
(A) 系統增強理論　　(B) 社會學習理論
(C) 結構功能理論　　(D) 需求層次理論

(C) 16. 在進行歷史或古文的課程設計時，透過上課或課後之問題討論，使所學與當下生活產生連結，此較屬於課程設計的何種原則？
(A) 權力分配　　(B) 整體效益　　(C) 時代依存　　(D) 分工合作

(A) 17. 依照技能目標的分類架構，下列何者層次最高？
(A) 在三分鐘內，能畫出極為勻稱的平行四邊形
(B) 在老師說明後，能調整平行四邊形的正確輪廓
(C) 在揭示徒手畫平行四邊形後，學生能複製這種圖形
(D) 在四邊形圖形中，能正確地鑑定其中三種平行四邊形

(C) 18. 檔案評量與下列哪一種學習觀點最為契合？
(A) 神經網絡觀　　(B) 認知建構觀　　(C) 社會情境觀　　(D) 行為連結觀

(D) 19. 下列何者最符合文化回應教學的特性？
(A) 運用臺北 101 大樓教導學生計算體積
(B) 運用臺北市地圖，教導學生規劃一日遊行程
(C) 透過鹽水蜂炮祭教導學生有關「安全」的概念
(D) 透過《賽德克·巴萊》電影引導原住民學生探索自我

(D) 20. 王老師對同學說：「這次月考我要考比較高層次的概念，而不是記憶類型的試題；還有，上次的題型猜對的機會有一半，所以這次我會改用別的題型。」王老師上次考試的題型為下列何者？
(A) 填充題　　(B) 選擇題　　(C) 配合題　　(D) 是非題

103 年度教師資格檢定考試：教學試題

(B) 1. 有一天小明把獨角仙帶到學校來，在班上引起一陣騷動。小朋友好奇不已，王老師藉機引導學生進行主題學習。這種以興趣和實際生活經驗為主的課程取向，屬於下列何者？
(A) 社會中心　(B) 學生中心　(C) 學科中心　(D) 教師中心

(A) 2. 蔡老師在偏遠地區的學校任教，準備高年級的社會領域課程時，發現課本中所舉的實例，如捷運或銀行，都是任教學校社區所缺乏的。因此，蔡老師使用網路資源輔助學生了解課本的實例。蔡老師的課程實施觀點為下列何者？
(A) 忠實觀　(B) 調適觀　(C) 締造觀　(D) 實踐觀

(B) 3. 教師指導學生進行技能練習時，下列哪一種作法較不適當？
(A) 視需要安排分散練習　　　　(B) 先要求速度，再要求準確
(C) 協助學生發展相關的程序性知識　(D) 事先決定哪些技能有練習的價值

(D) 4. 王老師想要教導學生應試的技巧，下列何者較不適當？
(A) 知道利用刪除法答題　(B) 如何有效運用作答時間
(C) 留意時事及命題的取向　(D) 從選項的長短預測答案

(D) 5. 太陽國小欲發展學校本位課程。就情境模式的觀點，宜先採取下列哪一個步驟？
(A) 擬訂課程目標　(B) 設計有效課程方案
(C) 評估方案成效　(D) 分析學校內外環境

(B) 6. 有些教科書在各單元的開始，會先以一至兩頁的篇幅簡介這個單元的學習目標、單元架構、內容重點或主要問題等。此種設計方式是下列哪一種概念的應用？
(A) 編序教學　(B) 前導組體　(C) 螺旋式課程　(D) 近側發展區

(C) 7. 確認問題、陳述研究目標、蒐集資料、解釋資料、形成暫時性的結論、應用與評鑑，此一流程屬於下列何種教學？
(A) 合作教學　(B) 價值教學　(C) 探究教學　(D) 直接教學

(C) 8. 下列有關檔案評量的敘述，何者正確？
(A) 檔案評量是一種客觀式評量
(B) 在檔案評量中，教學與評量是兩個獨立的事件
(C) 從檔案評量中可以看出學生學習的歷程和成果
(D) 學生的所有作品都要放入檔案中，作為期末評量的依據

(D) 9.　下列敘述何者符合文化回應教學法之原理？

　　　(A) 教學目標主要在提升弱勢族群之學習成就

　　　(B) 教學目標主要在批判社會中主流文化之價值

　　　(C) 不同文化背景的學生，不能在同一組進行學習

　　　(D) 教師應認知學生的背景與文化，進行多元文化教學

(C) 10.　張老師在作文課時，請學生擬定寫作大綱，並引導學生思考：「為什麼要這樣寫？這樣寫有什麼優點與缺點？缺點可以如何改進？」此作法旨在引導學生運用下列何種認知策略？

　　　(A) 分散認知　　(B) 情境認知　　(C) 後設認知　　(D) 概念認知

(A) 11.　王老師教「認識社區」單元時，把學生五人編成一組，將教材內容分成休閒、文化、商業、機構、人口五個主題。各組分配到相同主題的同學組成專家小組，一起進行資料的蒐集與研讀。之後，學生再回到原來的小組，輪流報告自己所負責的主題，以協助組內同學了解所居住的社區。此屬於下列哪一種合作學習策略？

　　　(A) 拼圖法第二代（Jigsaw II）

　　　(B) 小組協力教學法（Team Assisted Instruction）

　　　(C) 學生小組成就區分法（Student's Team Achievement Division）

　　　(D) 合作統整閱讀寫作法（Cooperative Integrated Reading and Composition）

(D) 12.　陳老師規劃了兩週八堂課的「水資源」主題探索課程，帶領學生到社區進行水汙染考察活動。課程結束後，請小朋友提出解決社區水汙染方法的書面報告。此報告的評量目標屬於下列何種認知層次？

　　　(A) 了解　　(B) 應用　　(C) 分析　　(D) 創造

(B) 13.　下列有關評量功能的敘述，何者最為適切？

　　　(A) 評量可以了解學習的結果，無法知道學習的歷程

　　　(B) 評量是抽樣的程序，無法了解學生全部的學習結果

　　　(C) 評量可以做個體間的比較，無法了解個別學生的進步

　　　(D) 評量可以了解學生的學習效果，無法了解教師的教學成效

(D) 14.　下列何者最符合行為目標的敘寫方式？

　　　(A) 學生能熟悉正方形體積的求法

　　　(B) 學生能探究蠶寶寶蛻變的過程

　　　(C) 能培養學生喜愛學習數學的興趣

　　　(D) 學生能正確畫出三角形底邊的高

(C) 15. 近來多元成家修正草案引發社會爭論，楊老師於上課時播放正反兩方論辯的影片，並要求學生從贊成與反對者的立場思考同性婚姻的議題。此屬於下列哪一種多元文化課程設計的模式？

    (A) 附加模式　　(B) 貢獻模式　　(C) 轉化模式　　(D) 行動模式

(B) 16. 下列有關教學資源的敘述，何者最為適切？

    (A) 上課時，使用的教學資源愈多愈好

    (B) 經費、設備、時間都屬於教學資源

    (C) 使用教學資源可以讓教師與學生變得更加輕鬆

    (D) 讓學生在家使用網路蒐集資料，是公平的方式

(C) 17. 依照情意目標的分類架構，下列何者層次最高？

    (A) 團體討論時，能專注聆聽他人的發言

    (B) 參與小組討論時，能覺察同學語意中的情緒

    (C) 面對爭議時，能以理性態度為自己的立場辯護

    (D) 與同學對話時，能由對方的肢體語言分辨其情緒反應

(B) 18. 下列何者屬於教師中心的課程設計？

    (A) 師生一起討論數學的解題過程

    (B) 教師說明各種造字原理及字形的演變

    (C) 學生飼養昆蟲，觀察、拍攝其生長過程，並在網路上分享

    (D) 學生蒐集地球暖化造成人類生存危機的資料，並在課堂上報告

(C) 19. 下列何種作法較符合情境教學的應用？

    (A) 期望學生在畢業前單車環島一周

    (B) 規定學生每週閱讀一篇名人傳記

    (C) 鼓勵全校師生每逢週一用英語交談

    (D) 要求全校學生在早自習默寫英文單字

(A) 20. 張老師請同學討論：「如果知道其他同學受到霸凌，在自己也有可能受到威脅的情況下，是否應該主動告知師長？」同學充分討論各種情況，並仔細思考各種結果後，公開表達自己的想法與作法。此屬於價值澄清法中的哪一個階段？

    (A) 選擇　　(B) 珍視　　(C) 行動　　(D) 檢討

102 年度教師資格檢定考試：教學試題

(D) 1. 教科書為課程教學的主要媒介。下列有關教科書的使用方式，何者較適切？

(A) 將教科書內容一五一十地教給學生

(B) 教科書內容多為專家知識，不宜刪減

(C) 以教科書作為教師教學與學生學習的全部內容

(D) 因應社會變遷與學生需要，適時調整教科書內容

(A) 2. 為促進不同文化族群學生的互動，教師最宜採取下列何種教學方式？

(A) 合作學習法　(B) 編序教學法　(C) 直接教學法　(D) 個別化教學法

(C) 3. 「曾經被視為快樂之國的不丹，為何該國國民現在愈來愈不快樂？」此問題可引導學生達到布魯姆（B. Bloom）認知目標分類的哪一層次？

(A) 理解　(B) 應用　(C) 分析　(D) 評鑑

(D) 4. 實施檔案評量時，下列哪一項不宜放在學習檔案中？

(A) 學習單　(B) 檢核表　(C) 紙筆測驗　(D) 輔導紀錄

(C) 5. 古拉德（J. Goodlad）等人將課程區分為五個不同層次，教師依學生的特質調整課程，是屬於下列哪一層次？

(A) 理想課程（ideal curriculum）

(B) 正式課程（formal curriculum）

(C) 運作課程（operational curriculum）

(D) 經驗課程（experiential curriculum）

(D) 6. 以教導「認識臺灣」主題為例，下列何者較接近螺旋式課程的要旨？

(A) 先學習「臺灣」的地理位置，再學習其他鄰近國家的地理位置

(B) 先學習「臺灣」各地的風土民情，再學習自然科學的相關概念

(C) 先學習「北臺灣」，再學習「中臺灣」，再接著學習「南臺灣」和「東臺灣」

(D) 先學習「臺灣的地理環境」，再學習「臺灣的產業發展」，再接著學習「臺灣的經濟變遷」

(A) 7. 下列何種課程設計模式最能突顯「情境模式」的特色？

(A) 以學校所處的社區文化作為課程設計的參考

(B) 以教育部頒布的課程綱要進行課程目標規劃

(C) 以虛擬實境的方式進行課程設計與教學創新

(D) 以學生學習歷程和教師專業思考作為課程設計焦點

(C) 8. 王老師在音樂課教導和弦概念時，介紹烏克麗麗（即夏威夷四弦琴）的文化背景，並欣賞烏克麗麗的演奏曲。此屬於下列何種多元文化課程設計模式？

(A) 貢獻模式　(B) 行動模式　(C) 附加模式　(D) 轉化模式

(A) 9. 「學生能運用三原色調出中間色」的行為目標中，未使用下列何種要素？

(A) 標準　(B) 主體　(C) 結果　(D) 行為

(B) 10. 小學生游泳能力檢測訂有十級鑑定標準。若有學生具備「水中行走 10 公尺、水中閉氣 5 秒及水中認物的能力」，即可通過「第一級海馬」認證。此種評量結果的解釋屬於下列何者？

(A) 常模參照評量　(B) 標準參照評量
(C) 安置參照評量　(D) 診斷參照評量

(B) 11. 「書架上有 20 本書，大明買走了 6 本後，還剩下幾本？」此屬於下列何種問題？

(A) 記憶性問題　(B) 聚斂性問題　(C) 擴散性問題　(D) 評鑑性問題

(B) 12. 根據「有意義學習」（meaningful learning）的概念，影響學生學習的首要因素為何？

(A) 教學目標　(B) 先備知識　(C) 學習材料　(D) 學習態度

(C) 13. 「積極參與自然生態的保育活動」屬於下列何種教學目標？

(A) 認知目標　(B) 技能目標　(C) 情意目標　(D) 心智目標

(A) 14. 下列有關建構主義教學觀點的敘述，何者正確？

(A) 學生的社會互動可增進學習
(B) 教師不必有教學計畫和準備
(C) 教師的角色是知識的傳授者
(D) 學習是刺激與反應之間的連結

(A) 15. 「張老師利用簡報軟體向學生說明『象形』與『指事』造字法則，再進一步綜合比較，讓學生對這兩個法則不至於混淆。」下列何者最能表達前述的教學重點，並符合行為目標敘寫的基本要求？

(A) 學生能分辨「象形」與「指事」造字法則的不同
(B) 教師能設計「象形」與「指事」造字法則的簡報軟體
(C) 學生能利用簡報軟體說明「象形」與「指事」的造字法則
(D) 教師協助學生操作「象形」與「指事」造字法則的簡報軟體

(D) 16. 張老師在教導學生進行數學解題時，除了請學生進行解題之外，在解題之後，還會請學生思考：「在剛剛的過程中，自己是怎麼想的？」「如果再重新解題一次，自己會有哪些修正？」此種作法較能培養學生下列何種能力？

(A) 概念理解　　(B) 問題界定　　(C) 聚斂思考　　(D) 後設認知

(A) 17. 若欲達到「設法降低學校周遭噪音」的學習目標，下列何者較為適用？

(A) 問題解決教學　　(B) 概念獲得教學

(C) 角色扮演教學　　(D) 理性探究教學

(B) 18. 蓋聶（R. Gagné）認為要增進學生學習效果，必須提供相關的學習條件。「教師的增強」屬於下列何種學習條件？

(A) 內在條件　　(B) 外在條件　　(C) 中介條件　　(D) 先備條件

(D) 19. 五年乙班有 30 個學生。該班這次數學期末考表現不理想，王老師決定分析試題的難度與鑑別度。他所採取的步驟中，下列哪一個步驟錯誤？

步驟一、取前 10 名為高分組，後 10 名為低分組

步驟二、計算兩組在每題的答對率

步驟三、將步驟二的兩者結果相加求平均，算出每題的難度

步驟四、將步驟二的兩者結果相除求比值，算出每題的鑑別度

(A) 步驟一　　(B) 步驟二　　(C) 步驟三　　(D) 步驟四

(A) 20. 下列有關媒體輔助教學的理念，何者正確？

(A) 教學媒體的使用應配合教學目標

(B) 使用愈多教學媒體，教學成效愈佳

(C) 使用愈新的教學媒體，教學成效愈佳

(D) 教學媒體的使用，最重要的是其方便性

(B) 21. 下列有關情境認知理論（situated cognition theory）在教學上的應用，何者正確？

(A) 發現式學習是情境認知理論的一種應用

(B) 情境認知學習是一種深入脈絡的學習過程

(C) 情境對於學習的重要性，在於情感的激發

(D) 情境認知學習的主要目的在於培養學科專家

(D) 22. 某次段考的測驗卷中有 5 個題目超出命題範圍。為了避免爭議，老師們決定一律給分。這種作法較可能產生下列何種結果？

(A) 測驗信度不變　　(B) 測驗效度不變

(C) 得分平均數降低　　(D) 得分標準差縮小

(D) 23. 下列何者不屬於實作評量？

　　(A) 英文課老師採口試方式評量學生的口說能力

　　(B) 家政課老師請學生上臺示範製作麵包的流程

　　(C) 服務學習課程要求學生參與社區服務並製作學習檔案

　　(D) 體育課老師設計 50 題選擇題評量學生的球類運動知識

(B) 24. 下列哪兩種評量的取材範圍和試題難易度分配比較接近？

　　(A) 診斷性評量與形成性評量　　(B) 安置性評量與總結性評量

　　(C) 安置性評量與診斷性評量　　(D) 形成性評量與總結性評量

101 年度教師資格檢定考試：教學試題

(D) 1. 下列哪一種教學方法較能促進學生的道德判斷能力？
(A) 編序教學　　(B) 微型教學　　(C) 精熟學習　　(D) 價值澄清

(C) 2. 關於教師與教科書關係的敘述，下列何者較不適切？
(A) 教科書為教師教學的重要素材之一
(B) 教師有責任參與學校教科書的選用
(C) 編輯教科書是出版商的事，教師無須自編教材
(D) 教師宜視社會變遷與學生需要，適時調整教科書內容

(A) 3. 學生學習後體會到：「陳樹菊女士的善行之所以能夠溫暖人心，並不在於捐款是否令人讚嘆，而在於善舉本身樸實且踏實的本質。」此屬於下列哪一種學習結果？
(A) 態度情意　　(B) 動作技能　　(C) 心智技能　　(D) 認知策略

(D) 4. 林老師在教完某單元後，將教學內容分成五部分，分別設計闖關遊戲，若學生答對第一個關卡的問題，便可獲得獎卡，並進行到下一關，若失敗則須重來。每次闖關失敗重新闖關前，學生有五分鐘時間可以回到座位複習該關卡的學習內容。當學生獲得五個獎卡之後，即可向老師兌換獎勵品。上述教學活動設計最符合下列哪一個理論？
(A) 建構主義　　(B) 人本學派　　(C) 社會認知　　(D) 行為主義

(C) 5. 為因應學校新移民子女增多的狀況，下列有關多元文化課程方案的敘述，何者最適切？
(A) 由教育部統一規劃　　　　(B) 以認知層面的學習為重
(C) 由學校所有成員共同參與　(D) 以新移民子女為實施對象

(D) 6. 依克伯屈（W. Kilpatrick）之見解，下列敘述何者為社會學習領域「鴉片戰爭」單元的「輔學習」（concomitant learning）？
(A) 知道鴉片戰爭的起因　　　(B) 認識鴉片對身體的傷害
(C) 知道鴉片戰爭發生的地點　(D) 形成民族意識和同仇敵愾之心

(C) 7. 王老師在語文教學時，把單元中三課寓言故事加以統整，引導學生探索寓言故事的特色。此種統整方式屬於下列何者？
(A) 跨學科的統整　　(B) 科際整合的統整
(C) 單一學科的統整　(D) 學習者中心的統整

(B) 8. 黃老師與學生們發現社區的環境汙染現象非常嚴重，決定共同探究並加以解決。下列哪一種課程設計方式較為適用？

(A) 學科中心　(B) 問題中心　(C) 兒童中心　(D) 概念中心

(C) 9. 「學生會依教師的期待參加社區服務」，此屬於克拉斯渥爾（D. Krathwohl）等人的情意領域目標分類的哪一層次？

(A) 注意　(B) 接受　(C) 反應　(D) 評價

(A) 10. 下列何者不屬於綜合活動學習領域的主要學習目標？

(A) 獲得事實知識　(B) 省思個人意義

(C) 實踐體驗所知　(D) 擴展學習經驗

(B) 11. 林老師教導學生體操時，先將動作分解成幾個步驟，再讓學生依序學習。此作法屬於下列何種學習概念的應用？

(A) 自發恢復　(B) 行為塑造　(C) 集中學習　(D) 類化原則

(D) 12. 教師進行閱讀指導的時候，先讓學生想一想自己是如何閱讀書籍，再請學生將自己閱讀的方法分享給大家。此種教學方法強調下列哪一種學習？

(A) 事實性知識　(B) 程序性策略　(C) 概念性知識　(D) 後設認知策略

(A) 13. 教師在教學前先以學習單了解學生的先備知識，作為學生分組的依據。此作法屬於下列何者？

(A) 安置性評量　(B) 形成性評量　(C) 診斷性評量　(D) 總結性評量

(A) 14. 關於平時測驗結果的運用方式，下列何者較不適切？

(A) 排定學生名次　(B) 了解學生學習狀況

(C) 據以調整教學計畫　(D) 了解學生學習成果的分布

(B) 15. 下列敘述何者屬於認知目標中的「創造」層次？

(A) 能計算早餐食物中所含的熱量

(B) 能選擇適當的營養素，設計出健康的食譜

(C) 能知道食物中所含的營養素並拒絕垃圾食物

(D) 能就同學設計的食譜，選出最符合健康原則的食譜

(C) 16. 關於艾斯納（E. Eisner）倡議之表意目標（expressive objectives）的敘述，下列何者正確？

(A) 精確描述問題的情境　(B) 強調以操作性的動詞來界定

(C) 不詳述學生具體的學習結果　(D) 重視程序並詳述所應表現的行為

(D) 17. 關於課程設計情境模式的敘述，下列何者為非？

(A) 重視課程設計的脈絡分析

(B) 目標是動態的，可不斷修正

(C) 強調課程發展的價值性與實用性

(D) 採事先設定之直線進程，順序是固定的

(B) 18. 王老師對學生充滿同情，對教學抱持熱情。這使得他對弱勢學生的違規或抗拒行為，常不忍苛責。若以批判教育學的觀點來看，王老師的思維盲點為何？

(A) 教師應提供學生適切的學習資源

(B) 教師對該類學生的特質過度感同身受

(C) 教師應避免複製學校與社會上的種種不公義

(D) 教師是道德的中介者，必須善盡責任與義務

(C) 19. 下列何者最足以提高評量工具的信度？

(A) 降低試題難度　　　　　　(B) 延長施測時間

(C) 增加同質的複本試題數量　(D) 找程度相當的受試者接受施測

(C) 20. 曾老師對全班學生的期中考成績進行排序，將前 27% 的學生當成高分組，後 27% 當成低分組，再計算每一題高分組和低分組答對人數百分比的差異。此作法是為了獲知下列何種資訊？

(A) 難度　(B) 猜測度　(C) 鑑別度　(D) 評分者信度

100 年度教師資格檢定考試：教學試題

(A) 1. 敘寫課程目標時，應使用意義較確定的「動詞」，讓課程目標更加清晰、明確。下列哪一個「動詞」較不恰當？

(A) 知道　　(B) 寫出　　(C) 比較　　(D) 區別

(B) 2. 小明學習英語時，如果受到教師的鼓勵，學習就更起勁；但是如果受到教師的責罵，學習就意興闌珊。這是哪一種學習定律？

(A) 準備律　　(B) 效果律　　(C) 練習律　　(D) 交換律

(C) 3. 反對行為目標者認為，教師在敘寫課程目標時，有些相當重要的目標無法用行為目標形式來表示。此觀點隱含的意義最可能為下列何者？

(A) 課程目標的敘寫最好要模稜兩可

(B) 教師對課程目標的敘寫能力不足

(C) 並非所有課程目標都能以行為目標來呈現

(D) 課程目標需要有更好的評量策略來加以檢核

(A) 4. 下列何者屬於價值判斷的問題？

(A) 安樂死應該合法化嗎？

(B) 孤兒院都收留哪些類型的兒童？

(C) 為什麼夏天臺北盆地不但炎熱又經常下雨？

(D) 有些人不喜歡搭飛機是因為飛機可能失事嗎？

(B) 5. 下列何者是編製測驗的第一個步驟？

(A) 建置測驗的題庫　　(B) 確定測驗的目的

(C) 設計雙向細目表　　(D) 決定測驗的題型

(A) 6. 編製數學領域教材時，先界定「體積」之定義，再舉出實例，並分辨體積與面積之差異，進而說明面積、體積與容積之相關與原理。這種課程組織方式，符合下列哪一項原則？

(A) 概念相關　　(B) 由整體到部分　　(C) 探究關聯順序　　(D) 由具體到抽象

(C) 7. 強調客觀知識的價值，並培養學生的思維能力和廣博的智慧。此種觀點屬於下列何種課程設計取向？

(A) 科技取向　　(B) 社會重建取向　　(C) 學術理性取向　　(D) 自我實現取向

(C) 8. 相較於傳統的教師中心教學，建構式的教學比較強調下列何者？

(A) 教師的知識傳遞　　　(B) 反覆的練習與記誦

(C) 學習者的主觀經驗　　(D) 學習結果重於歷程

(D) 9. 在「空氣與燃燒」單元的學習活動中，下列哪一位學生達到認知目標的「評鑑」層次？

(A) 新亞能說出火災的四種類型及內容

(B) 敏慧根據各項實驗及資料，作出形成燃燒所需三要素的結論

(C) 英傑於進行製造氧氣實驗時，發現除胡蘿蔔外，尚可使用番薯來製造

(D) 禹廷能依照燃燒的三要素，判斷四種類型火災發生時最有效的滅火方式

(A) 10. 學生在教室中把相同大小的積木放進長方形與正方形的框架中，以計算邊長與面積。根據布魯納（J. Burner）的研究，學生們的學習行為屬於哪一種認知表徵方式？

(A) 動作表徵　(B) 影像表徵　(C) 具體表徵　(D) 符號表徵

(B) 11. 李老師認為現在的學生學習過於被動，想要設計一個「讓學生主動學習的教學策略」。下列何種作法不適切？

(A) 幫助學生互相認識，進行合作學習

(B) 提出問題，並提供完整的範例與解答

(C) 幫助學生建立對學習內容的興趣與好奇

(D) 了解學生的能力與程度，並鼓勵分享知識

(A) 12. 方老師基於臺灣近年來經常發生土石流的災害，因此，選擇土石流發生的原因與影響作為主題課程的內容。此種課程設計屬於下列何者？

(A) 社會取向　(B) 科技取向　(C) 學科取向　(D) 自我實現取向

(D) 13. 學生因為認同個人衛生的重要性，所以會在用餐前洗手，保持良好的衛生習慣。此屬於情意目標的哪一個層次？

(A) 反應　(B) 價值組織　(C) 價值評定　(D) 品格形成

(C) 14. 下列問題類型與問題實例的配對，何者正確？

(A) 記憶性問題：冬天有可能百花盛開嗎？

(B) 擴散性問題：最接近太陽的行星是什麼？

(C) 評鑑性問題：哪些電視節目適合兒童觀賞？為什麼？

(D) 聚斂性問題：如果每個人都長命百歲，社會現象會有什麼改變？

(A) 15. 英語老師在教授「肯定句句型」之前，先確認學生能夠區辨「主詞」與「動詞」。此作法在於確認學習者的哪一項特性？

(A) 起點行為　(B) 知覺偏好　(C) 學習動機　(D) 認知發展

(D) 16. 下列何者較符合形成性評量的性質？

    (A) 教師上數學課前，先讓學生做個小測驗，了解學生的程度

    (B) 教師上了兩星期的數學後，進行考試以作為分組教學的依據

    (C) 教師上了一學期的數學後，進行測驗以檢視學生的學習成就

    (D) 教師在講解兩遍數學解題方式後，進行小測驗，了解學生的學習情形

(D) 17. 張老師打算藉由小紅帽故事來培養學生的批判思考能力。下列哪一項教學活動最為適切？

    (A) 摘記小紅帽的故事內容

    (B) 忠實地演出小紅帽的故事內容

    (C) 針對小紅帽故事中的精彩字詞造句

    (D) 討論小紅帽故事中不符常理的地方

(A) 18. 教師先解釋字詞的意義：「『在』是指地方、地點或時間；『再』是指次數，第二次還會發生的情形。」然後讓學生說出其意義，並加以應用。此屬於下列何者？

    (A) 直接教學法   (B) 示範教學法   (C) 交互教學法   (D) 回應式教學法

(C) 19. 下列何者不屬於常模參照測驗的結果解釋？

    (A) 玟郁英文測驗的百分等級為 80

    (B) 曉蓉是今年校運會 100 公尺短跑的冠軍

    (C) 家慶能正確寫出週期表每個元素的名稱

    (D) 國恩的化學期末考成績是班上的第 10 名

(B) 20. 某校自編數學操作題，測驗學生應用「比」概念解決問題的能力，並根據所測內容，編製 1-5 分的整體式計分準則。下列何者不符合「效標參照」的分數解釋方式或作法？

    (A) 設定「4 分」為精熟標準

    (B) 得到 5 分及 4 分的學生分別有 20% 及 19%

    (C) 得 1 分者，因完全不了解「比」概念，故應施予補救教學

    (D) 甲生得「4 分」，他的「比」概念清楚，但部分解題策略無效

99 年度教師資格檢定考試：教學試題

(B) 1. 下列何者較屬於問題導向學習（Problem-Based Learning, PBL）的課程設計？
(A) 工學模式　　(B) 統整取向　　(C) 知識導向　　(D) 泰勒法則

(D) 2. 為促進學生了解社會各行各業的特色與辛勞，並達到感同身受的教學目標，教師較適合採用下列何種教學方法？
(A) 問題解決　　(B) 創造思考　　(C) 欣賞教學法　　(D) 角色扮演法

(A) 3. 教師想要了解學生程度，以便決定教學起點時，應該選擇下列何種評量？
(A) 預備性評量　　(B) 形成性評量
(C) 診斷性評量　　(D) 總結性評量

(C) 4. 黃老師在教學中，常教導學生將課本所學的概念，組織成樹狀圖以幫助學習。黃老師的作法最有可能應用下列哪一種學習理論？
(A) 社會學習理論　　　　(B) 行為學派學習理論
(C) 訊息處理學習理論　　(D) 人文學派學習理論

(B) 5. 「學生能積極參加學習活動」此屬於情意領域目標的哪一層次？
(A) 接受　　(B) 反應　　(C) 評價　　(D) 組織

(B) 6. 以「秋季」為主題的課程，涵蓋了節氣與氣候、秋天的植物、人們的活動與節日等學習內涵。此學習內涵在課程組織原理中，屬於下列何者？
(A) 組織中心　　(B) 組織要素　　(C) 組織目標　　(D) 組織網絡

(C) 7. 「能利用字典在十分鐘內查出本課所有生字的字義」其中「能利用字典」，屬於下列哪一種「行為目標要素」？
(A) 行為　　(B) 結果　　(C) 條件　　(D) 標準

(B) 8. 下列何者是系統化教學設計的優點？
(A) 自動產生創意教材　　　　(B) 過程合乎科學邏輯
(C) 激發教師的教學熱誠　　　(D) 避免「見樹不見林」的缺失

(A) 9. 下列哪些學校的作法符合協同教學法的精神？
甲校、藝術與人文領域由音樂老師和美術老師共同設計統整的單元並實施教學
乙校、健康與體育領域，宜由班級導師教授健康，體育教師教授體育
丙校、綜合活動領域打破班級界限，由班群三位導師共同設計課程並實施教學
丁校、英語課由中外籍教師輪流授課
(A) 甲丙　　(B) 乙丙　　(C) 甲丙丁　　(D) 乙丙丁

(A) 10. 當學生提出「臺灣屬於海島型氣候」的正確答案時，教師最適當的回應為下列何者？

(A)「答對了！」　　　　　(B)「好！你很聰明！」

(C)「我喜歡這個答案！」　(D)「請大家給予愛的鼓勵！」

(C) 11. 教師在單元教學結束時，將上課內容加以歸納，其主要目的為何？

(A) 加強學生的學習技巧

(B) 促進學生的自主學習

(C) 建立學生完整的概念架構

(D) 針對上課不認真的同學進行重點教學

(D) 12. 李老師在新單元正式教學前，先用與單元有關且學生熟悉的一句話或一個故事作為開場白。李老師運用的是哪一種教學策略？

(A) 概念圖　(B) 心像圖　(C) 正反例子　(D) 前導組體

(A) 13. 錨式教學法（anchored instruction）屬於情境認知學習理論。以下有關此種教學法的描述，何者錯誤？

(A) 事先告知學生情境中的問題所在

(B) 學生必須運用所學，設法解決問題

(C) 學生會經驗到實際問題的解決方法有多種

(D) 所設計的問題情境通常是複雜且實際會發生的

(A) 14. 上課時，甲生舉手提問，老師詳細講解並稱讚其提問的勇氣；此時乙生不但理解了該問題的內容，之後也會在發現問題時舉手發問。乙生的學習較符合下列何種理論？

(A) 社會學習理論　(B) 激進建構理論

(C) 情境學習理論　(D) 鷹架學習理論

(D) 15. 全球各地出現氣候異常現象，許多科學家視之為溫室效應的後果。為促進學生挑戰「人定勝天」的觀點，啓發其環境保護的意識與責任感，教師較適合採用下列何種教學觀？

(A) 效能導向　(B) 學科導向　(C) 目標導向　(D) 批判導向

(B) 16. 蓋聶（R. Gagné）認為學習應該具有階層性，並將學習階層分為八種。王老師在進行數學教學時，引導學生觀察圓錐和圓柱體的差異並作比較。此屬於蓋聶所主張的哪一種學習階層？

(A) 符號學習　(B) 原則學習　(C) 概念學習　(D) 問題解決

(C) 17. 下列有關測驗與評量的敘述，何者正確？

    (A) 實作評量強調結構完整的問題

    (B) 選擇題測驗易於測得分析與評鑑的能力

    (C) 實作評量的結果可以預測實際情境的表現

    (D) 標準化測驗在特定教育情境中能提供有效的解釋

(A) 18. 教師為了解教學成果或學生學習成就，選擇評量方式時，較無需考量下列哪一項因素？

    (A) 學校文化   (B) 教學目標

    (C) 特定的學習結果   (D) 雙向細目表

(B) 19.「舉例說明『地層下陷』的意義」，此試題主要是在評量學生哪一層次的認知能力？

    (A) 記憶   (B) 了解   (C) 應用   (D) 分析

(C) 20. 在教學時促使學習產生遷移的作用，此屬於下列哪一種原理的應用？

    (A) 串連   (B) 塑造   (C) 類化   (D) 間歇增強

(A) 21. 在教學活動中，學生出現反社會或干擾教學的行為時，教師可採取下列哪些策略，以改變學生不當行為，增加其注意力而較不會中斷教學？

    甲、慢慢趨近出現反社會或干擾教學行為的學生

    乙、提高音量或放慢說話的速度

    丙、注視出現反社會或干擾教學行為的學生

    丁、指名制止出現反社會或干擾教學行為的學生

    (A) 甲乙丙   (B) 乙丙丁   (C) 甲乙丁   (D) 甲丙丁

(D) 22. 教師在教學計畫中，訂定了「能夠獨立地評論媒體訊息的可信度」的目標。下列何者比較能夠達成此目標？

    (A) 閱讀一篇媒體報導，並撰寫心得

    (B) 閱讀兩個廣告，並比較兩個廣告手法的差異

    (C) 閱讀一個廣告，並與同學討論廣告表達的意涵

    (D) 閱讀一篇新聞報導，並找出報導者未言明的前提

(A) 23. 實作評量常會因為評分者誤差而影響其信度與效度。下列哪一項不是評分者誤差的來源？

(A) 教師無法評量學生在真實情境下應用知識與技能的能力

(B) 教師為了方便，僅以一次評量結果充當學生的整體學習成就

(C) 教師根據平時對學生的觀察所形成的一般性印象進行實作表現的評分

(D) 教師由於學生的母語、先前經驗、性別、種族等因素，而對學生有先入為主的偏見

98 年度教師資格檢定考試：教學試題

(A) 1. 教師選擇教科用書時，考慮到教材符合學科基本而重要的事實。此作法係根據下列哪一部分的教科書評選規準？

(A) 內容屬性　　(B) 物理屬性　　(C) 教學屬性　　(D) 發行與費用

(A) 2. 朱老師在教室後面放五個籃子，每個籃子裡都有不同難度的數學回家作業，學生可以從中自由選擇適合自己程度的作業。如果順利完成，可以挑戰更高難度的作業。此一方式較能激發學生下列何種動機？

(A) 內在動機　　(B) 外在動機　　(C) 競爭動機　　(D) 合作動機

(C) 3. 建築師在建造房子之前要先繪製藍圖；導遊在帶隊出遊前要先規劃行程表。同理，教師在進行教學前要做何種準備？

(A) 購買參考書　　(B) 選用教科書　　(C) 編擬教學計畫　　(D) 熟悉學生習作

(D) 4. 下列何者是教學評量的最主要目的？

(A) 了解學生在班上的排名　　(B) 對學生進行區別及篩選

(C) 了解班上學生個別差異　　(D) 作為輔導學生學習之用

(B) 5. 有關課程與考試評量的關係，下列敘述何者較為正確？

(A) 考試評量命題時，毋需考量學生的學習內容

(B) 進行課程評鑑時，可參酌學生考試評量的結果

(C) 課程設計時，應以各種考試試卷作為主要依據

(D) 學生的考試評量結果，無法作為課程發展的參考

(A) 6. 教師在教學過程中，應適時檢視教學成效與學生反應，以調整其教學法和課程內容。此屬於下列哪一種課程評鑑之概念？

(A) 形成性評鑑　　(B) 檔案式評鑑　　(C) 總結性評鑑　　(D) 後設性評鑑

(C) 7. 承漢是一位國小高年級的級任老師，他發現自己教授的國語課和社會領域的內容有所關聯。於是邀請社會老師一同討論，將教材做更緊密的連結與呼應。這種作法體現了課程組織的哪一項原則？

(A) 繼續性　　(B) 程序性　　(C) 統整性　　(D) 均衡性

(A) 9. 教師邀請知名人士到課堂上分享自己的成功經驗，學生藉此得以仿效該知名人士的成功經驗。此教學策略屬於下列何種學習理論？

(A) 楷模學習論　　　　(B) 人本主義學習論

(C) 認知發展學習論　　(D) 行為學派學習論

(D) 10. 麗麗老師進行教學時，讓原住民學童從快失傳的手工藝、家家戶戶會做的醃魚、老祖母的織布中，發現科學概念。這種作法屬於下列哪一種教學取向？

(A) 直接教學　　(B) 間接教學　　(C) 連結式教學　　(D) 文化回應教學

(D) 11. 林老師在教導學生有關政府組織的運作後，要求學生進行一項作業：「請為班上設計一個自治組織，說明此一組織包含哪些單位，並說明各單位的功能和運作方式。」此作業之教學目標，屬於認知領域的哪一層次？

(A) 應用　　(B) 分析　　(C) 評鑑　　(D) 創造

(C) 12. 下列有關「認知學徒制」的敘述，何者有誤？

(A) 認知學徒制運用鷹架的概念

(B) 認知學徒制是教導專家的認知過程

(C) 認知學徒制的理想學習環境不包括社會層面

(D) 認知學徒制先教整體的技能，再教局部的技能

(D) 13. 根據雙向細目表命題，主要在確認試題的何種效度？

(A) 表面效度　　(B) 關聯效度　　(C) 預測效度　　(D) 內容效度

(C) 14. 淑貞是一位教科書的編輯人員。她認為教科書應該鉅細靡遺，把教學的內容與流程交代清楚，老師們忠實地依教科書來教學即可。這樣的想法屬於下列哪一個概念？

(A) 增權賦能（empowerment）　　(B) 再概念化（re-conceptualization）

(C) 防範教師（teacher-proof）　　(D) 再充實技能（re-skill）

(B) 15. 孫老師依據泰勒（R. Tyler）的目標模式，進行社會領域的課程設計。以下四個步驟的順序排列，何者正確？

甲、選擇適合該單元的歷史故事和教學活動

乙、設計學習單來評量學生的學習成果

丙、根據社會領域學科知識內容研訂教學目標

丁、將選擇的學習經驗加以組織並做有意義的統整

(A) 甲丙丁乙　　(B) 丙甲丁乙　　(C) 丙丁甲乙　　(D) 丁丙甲乙

(A) 16. 行為目標由若干要素組成。「學生能根據高山的定義，在臺灣地圖上指出兩座南投縣的高山。」此一行為目標中的「兩座」是屬於哪一項要素？

(A) 標準　　(B) 條件　　(C) 行為　　(D) 結果

(A) 17. 在問題導向學習法（problem-based learning）中，下列哪一個問題最不適用？

(A) 學習英文文法的問題　　(B) 學習動機低落的問題

(C) 國內升學主義的問題　　(D) 垃圾掩埋場所產生的問題

(B) 18. 小明的數學成績很差，卻擅長畫畫，老師鼓勵他用畫圖的方式解題並陳述答案。這種作法接近下列哪一種理論？

(A) 心像描繪理論　　(B) 多元智慧理論

(C) 情境學習理論　　(D) 近側發展區理論

97 年度教師資格檢定考試：教學試題

(D) 1. 經由仔細的觀察，張老師發現小明喜歡直接、動手的經驗，並且偏好有組織、有結構的呈現方式。下列哪一種教學方式對小明最適合？
(A) 閱讀書籍　(B) 團體討論　(C) 模擬遊戲　(D) 實驗操作

(B) 2. 下列何者屬於教師調整學生學習速度的策略？
(A) 教師設法改變學校課程標準
(B) 教師允許能力較高的學生學習進度超前
(C) 教師決定學習較遲緩者放棄部分學習內容
(D) 教師發揮專業自主，決定一種適合所有學生的學習內容

(A) 3. 下列何者最具有結合教學、診斷和評量的功能？
(A) 動態評量　(B) 標準化測驗　(C) 常模參照評量　(D) 標準參照評量

(A) 4. 教師在教學前對班上進行學科成就評量，以確定學生的起點行為。此作法屬於下列何種評量？
(A) 安置性評量　(B) 形成性評量　(C) 診斷性評量　(D) 總結性評量

(D) 5. 林校長叮嚀校內教師在選擇教科書時，要特別注意是否有性別偏見的問題。他所關注的教科書評鑑指標屬於下列何者？
(A) 出版屬性　(B) 物理屬性　(C) 教學屬性　(D) 內容屬性

(A) 6. 四季國小一年級教師擬依小朋友興趣和發展來編製課程，在教材組織的型態上宜採下列何者？
(A) 學生中心　(B) 問題中心　(C) 社會中心　(D) 學科中心

(C) 7. 下列何者不屬於建構主義對「學習」的基本假定？
(A) 學習具有情境性與脈絡性
(B) 概念的學習是不斷精緻化的
(C) 強調個體認知表現，學習不具情意性
(D) 學習課題與學習者的發展和需求具有關聯性

(A) 8. 課程組織強調學科知識、學生經驗或社會情境的統整等方向，是屬於下列哪一種課程組織原則？
(A) 水平組織　(B) 垂直組織　(C) 螺旋組織　(D) 同心圓組織

(B) 9. 林老師採用創意教學方法進行國語文教學，他用一幅卡通漫畫，讓學生依照自己的方式，提出各種不同的看法，組成一篇故事。這屬於創意思考教學中的哪一個技術？
(A) 型態分析　(B) 自由聯想　(C) 象徵類推　(D) 屬性列舉

(C) 10. 下列何種發問技巧最能啟發學生的思考能力？

(A)「電燈是誰發明的？」　(B)「愛迪生還發明了什麼？」

(C)「電燈有哪些用途？」　(D)「電燈是什麼時候發明的？」

(D) 11. 針對三角形的教學，張老師擬定的一項目標為「給予一組圖形，學生能辨識出三角形」。此一行為目標缺少以下哪一要素？

(A) 表現行為　(B) 特定情境　(C) 學習對象　(D) 成功標準

(D) 12. 教師採用班級團體教學後，對全班進行形成性評量：已經學會的學生可以擔任小老師或從事充實學習，未學會者則繼續學習：當全班都學會後，再一起進入下一個單元的學習。下列何者最符合前述教學流程？

(A) 凱勒計畫　(B) 啟發教學法　(C) 問題教學法　(D) 精熟學習法

(A) 13. 下列哪一種合作學習教學模式包含有「專家小組討論」？

(A) 拼圖法 II（Jigsaw II）　　　　(B) 小組遊戲比賽法（TGT）

(C) 小組協助個別教學法（TAI）　(D) 學生小組成就區分法（STAD）

(C) 14. 王老師具有適性教學的理念，他在教學時應該會採取哪一個策略？

(A) 減慢教學速度　　(B) 降低評量的難度

(C) 提供多樣性教材　(D) 訓練學生答題技巧

(B) 15. 下列有關小學低年級教學設計，何者不適切？

(A) 具體的內容先於抽象的內容　　(B) 古代的內容先於現代的內容

(C) 學過的內容先於未學過的內容　(D) 熟悉的內容先於不熟悉的內容

(B) 16. 洪老師以「奧運」為主題，利用多元智能理論設計教學活動。下列有關活動與智能的組合，何者最為適切？

(A) 練習奧運比賽項目，發掘自己的運動強項 —— 音樂智能

(B) 設計標語、廣告，為奧運活動作宣傳 —— 語文／語言智能

(C) 設計並製作符合各國運動員需求的奧運村模型 —— 自然探索智能

(D) 融合各國民族音樂，設計符合奧運精神的音樂與歌舞 —— 肢體／運動智能

(D) 17. 教師問「磚塊有什麼用處？」嬋嬋在三分鐘內說出 32 種用途，數量為全班之冠。她在創造力的哪一層面表現較佳？

(A) 變通性　(B) 原創性　(C) 精密性　(D) 流暢性

(A) 18. 諾丁斯（N. Noddings）強調要毫無保留的接受學生的全部，並幫助學生自我實現。這樣的理念屬於下列何者？

(A) 關懷教育學　(B) 批判教育學　(C) 庶民教育學　(D) 多元教育學

96 年度教師資格檢定考試：教學試題

(C) 1. 教師選擇了目前媒體關注的城鄉差異問題，作為學校本位課程設計的題材，以促進學生對城鄉發展的理解與行動。這種作法傾向於下列何種課程設計模式？

(A) 知識取向　(B) 學生中心　(C) 社會取向　(D) 科技取向

(A) 2. 電腦輔助教學、精熟學習、個別化系統教學等教學法，均源自於何者？

(A) 行為主義學派　(B) 認知心理學派

(C) 人本主義學派　(D) 社會建構學派

(B) 3. 態度、價值和信念等是屬於哪一項領域的教學目標？

(A) 認知　(B) 情意　(C) 技能　(D) 能力

(D) 4. 下列何者不是發問的教學功能？

(A) 引起學生的注意力　(B) 誘發學生思考問題

(C) 發現學生學習困難　(D) 直接教導學生知識

(C) 5. 下列何者為討論教學法的特性？

(A) 以教師為中心　(B) 重視知識記憶

(C) 培養思考能力　(D) 注重教學效率

(A) 6. 「能解釋與應用本課的新詞」此一教學目標敘述屬於克伯屈（W. H. Kilpatrick）主張的哪一類學習？

(A) 主學習　(B) 副學習　(C) 附學習　(D) 次學習

(B) 7. 早期國小的「自然科學」課程涵蓋了生物、物理、化學等教材。此課程組織方式較接近下列哪一種課程類型？

(A) 相關課程（correlated curriculum）

(B) 融合課程（fused curriculum）

(C) 廣域課程（broad-field curriculum）

(D) 經驗課程（experiential curriculum）

(B) 8. 張老師在設計國語補充教材時，將第一單元補充的字詞，又適度納入第二單元的補充教材中。此種作法最符合課程組織中的哪一項原則？

(A) 順序性　(B) 繼續性　(C) 統整性　(D) 銜接性

(C) 9. 以下何者為「情境模式」的課程設計原則？

(A) 主要強調教育目標的優先性

(B) 教育目標著重學習經驗「量化」的表現

(C) 將整體課程設計事務，置於社會文化的架構中來考量

(D) 以孤立的、可觀察、可測量的行為，預先設定教育目標

(B) 10. 教師採用「活動分析法」編製教材時，先分析兒童學習經驗與活動，再將學習活動次分為較小的活動單元，然後設定課程目標，最後選擇合乎學校情境的適切目標。此屬於下列何種取向的課程理念？

(A) 專業主義取向　　(B) 科技主義取向

(C) 建構主義取向　　(D) 經驗主義取向

(C) 11. 下列何種教學法注重個人績效對團體的貢獻？

(A) 欣賞教學法　　(B) 討論教學法　　(C) 合作學習　　(D) 協同教學法

(D) 12.「青青老師鼓勵學生用語言、文字、動作、圖形、音樂等方式，表現自己的知識、技能、思想和感情。」請問她採用下列何種教學法？

(A) 練習教學法　　(B) 直接教學法　　(C) 協同教學法　　(D) 發表教學法

(D) 13. 如果林老師想要運用行動研究解決教學上的問題，就必須了解行動研究的性質。下列哪一項觀念是錯誤的？

(A) 方法比較多元　　　　　　(B) 偏向質性的研究

(C) 在特定的自然情境中進行　(D) 屬於教師單獨進行的研究

(B) 14. 創造思考教學的程序包括五個重要的步驟：甲、評估各類構想；乙、選擇適當問題；丙、組成腦力激盪小組；丁、進行腦力激盪；戊、說明應該遵守規則。其正確的實施順序為下列何者？

(A) 甲丙丁戊乙　　(B) 乙丙戊丁甲　　(C) 丙乙丁甲戊　　(D) 丁戊甲丙乙

(C) 15. 陳老師在進行教學設計時，分析教學目標的內涵。有關學生的「每月生活開支結算」能力，應該歸類在哪一類型的學習上？

(A) 態度　(B) 語文信息　(C) 心智技能　(D) 動作技能

(C) 16. 教師在課堂上提出「家庭」概念，然後要求學生分組討論，說出家庭的組成要素。此種學習符合認知目標的哪一層次？

(A) 了解　(B) 應用　(C) 分析　(D) 綜合

(D) 17. 社會學習領域教師發現，整個社會存在著對移民 性及新臺灣之子貼上負面標籤的現象，於是師生共同設計多元文化課程，藉由理念與行動的實踐，改變了社區對他（她）們的有色框架，進而尊重、包容、接納之。此種教學取向，屬於下列何者？

(A) 學術理性取向　　(B) 社會適應取向

(C) 認知過程取向　　(D) 社會重建取向

(C) 18. 強調應用 SQ3R（瀏覽、質疑、閱讀、記誦、複習）的讀書策略增強學生的學習能力，是屬於下列哪一個理論之應用？

(A) 發現學習理論　(B) 意義學習理論

(C) 訊息處理理論　(D) 學習條件理論

(D) 19. 林老師發現小美的學習不佳。她先幫小美做智力測驗，結果智力中等，所以排除了智力的因素。接著她找了成績好的學生與小美分享學習的方法，效果也不怎麼好。此時應採用哪一種評量方式來診斷小美的學習困難？

(A) 總結性評量　(B) 安置性評量　(C) 形成性評量　(D) 動態性評量

(A) 20. 下列何者是概念獲得教學法的重點？

(A) 學生能區分正、反例和屬性

(B) 師生間、學生間的觀念互換

(C) 啟發學生探索事物、真理的歷程

(D) 鼓勵學生去調查一個範圍的主題

(A) 21. 一套新課程實施後，若教學者愈關心下列何者，則表示課程實施的程度愈高？

(A) 我在教學策略上宜做哪些調整？

(B) 此課程對我的教學負擔有多大？

(C) 學校如何評鑑我在此課程實施上的績效？

(D) 我如何取得有關此課程的資訊以了解其精神？

95年度教師資格檢定考試：教學試題

(C) 1. 下列哪一種教學研究比較能夠讓教師將研究結果用以解決實務問題？

(A) 基礎研究　　(B) 應用研究　　(C) 行動研究　　(D) 理論研究

(A) 2. 經過幾天的思考，王老師靈機一動，想出了校慶活動的新點子，這屬於創造思考的哪一個階段？

(A) 豁朗期　　(B) 醞釀期　　(C) 準備期　　(D) 驗證期

(C) 3. 下列何者是正確的腦力激盪法原則？

(A) 學生必須深思熟慮後再提出答案　　(B) 對他人的意見提出批評

(C) 鼓勵學生勇於發表自己的見解　　　(D) 提出的想法愈少愈好

(B) 4. 李老師在教導學生籃球投籃的技巧時，採用練習教學法，其步驟包含：甲、教師示範；乙、引起動機；丙、反覆練習；丁、學生模仿；戊、評量結果。下列何者為正確的順序？

(A) 甲乙丙丁戊　　(B) 乙甲丁丙戊　　(C) 乙丁甲丙戊　　(D) 丙甲丁戊乙

(C) 5. 下列何種教學法強調學生自訂學習計畫？

(A) 練習教學法　　(B) 發表教學法　　(C) 設計教學法　　(D) 批判思考教學法

(A) 6. 教學目標要明確清晰，至少必須包含三種因素，下列何者為正確？

(A) 行為、情境、標準　　(B) 主體、行為、歷程

(C) 情境、標準、歷程　　(D) 客體、行為、情境

(A) 7. 下列何種分組方式較能激發學生學習動機和探索態度？

(A) 興趣分組　　(B) 能力分組　　(C) 隨機分組　　(D) 社經背景分組

(C) 8. 下列何者不符合艾斯納（E. W. Eisner）所提倡的表意目標？

(A) 調查居民對於社區營造計畫的想法

(B) 探討電視廣告中的男女生形象

(C) 說明「覆巢之下無完卵」的意義

(D) 設計個人書房的風格及樣式

(D) 9. 以下何者為正確的班級教學發問技巧？

(A) 教師提問後，要求學生立即回答

(B) 師生間應進行一對一的問與答

(C) 教師先指名，再提出待答的問題

(D) 鼓勵學生踴躍回答，勿太早下判斷

(D) 10. 皮亞傑（J. Piaget）將兒童的道德判斷發展劃分為三個時期：無律、他律及自律。下列哪一項是自律的特色？

(A) 服從道德權威　　　　　(B) 意識到學校及社會的道德規範

(C) 相信神祕的因果報應　(D) 追問道德規範的理由

(C) 11. 以下哪一句話最能反映多元智能的教學理念？

(A) 五育並重　(B) 教學相長　(C) 因材施教　(D) 熟能生巧

(D) 12. 強調學習意願與動機，教學貴能切合學生學習能力，這種論點屬於下列哪一個教育規準？

(A) 認知性　(B) 價值性　(C) 釋明性　(D) 自願性

(B) 13. 桑代克（E. L. Thorndike）以籠中貓做實驗，觀察刺激—反應之間的連結關係。下列三種學習律的組合，何者正確？

(A) 預備律、增強律、效果律　(B) 練習律、預備律、效果律

(C) 練習律、增強律、效果律　(D) 練習律、多元律、增強律

(A) 14. 教師想要了解學生長時間的學習歷程與進步情形，最適合採用下列何種評量？

(A) 檔案評量　(B) 紙筆評量　(C) 實作評量　(D) 診斷評量

(B) 15. 強調「教人」比「教書」重要，「適才」比「專才」更重要，屬於哪一個學派的觀點？

(A) 行為主義　(B) 人本主義　(C) 實驗主義　(D) 理性主義

(C) 16. 如果一種評量強調受試者依其既有的先備知識作為基礎，將新學習連結到舊知識之上，統整調和成一個有組織、有系統、有階層的知識結構，這屬於何種評量？

(A) 真實性評量　(B) 檔案評量　(C) 概念圖評量　(D) 總結性評量

(D) 17. 有關「教學步道」的規劃與設計，下列哪一項敘述正確？

(A) 教學步道旨在美化校園，和環境布置的旨趣相同

(B) 教學步道的內容不必配合課程，以增廣學生視野

(C) 為使教學步道具有特色，應避免植栽與遊樂設施

(D) 教學步道依學習重點設計，使學習的主題更明顯

(B) 18. 下列何種學習理論認為良好評量須重視學生組織資訊的能力？

(A) 行為學習論　(B) 認知學習論　(C) 社會建構論　(D) 社會學習論

94 年度教師資格檢定考試：教學試題

(A) 1. 教育目標分類中，屬於情意領域最低層次者為何？

　　(A) 接納　　(B) 反應　　(C) 評價　　(D) 組織

(C) 2. 教師在進行班級內部學生分組時，下列哪一項意見是教師可以參考的？

　　(A) 各小組的人數一定要一樣，以達公平

　　(B) 分組教學可以免除對學習困難學生之額外指導

　　(C) 為避免貼標籤效應的影響，不同科目宜有不同的分組

　　(D) 分組之後，就可以完全放手讓學生自行學習

(A) 3. 古代希臘哲學家蘇格拉底善用「產婆術」激發內在想法，此屬下列何種教學法？

　　(A) 問答教學法　　(B) 講述教學法　　(C) 案例教學法　　(D) 發現教學法

(B) 4. 依據 92 年公布的九年一貫課程綱要，彈性教學時間占總教學節數的比例是多少？

　　(A)10%　　(B)20%　　(C)30%　　(D) 由學校自定調整

(C) 5. 依據學生過去的成就或智力測驗的成績來進行常態編班，屬於以下哪一種班級團體編制？

　　(A) 同質編制　　(B) 隨意編制　　(C) 異質編制　　(D) 特殊需求編制

(A) 6. 老師在上課前告知學生：「如果這一節大家認真上課，下課前就說一段你們愛聽的歷史故事。」這是利用何種策略提高學生學習動機？

　　(A) 提供行為後果的增強　　(B) 啟發興趣並激發好奇

　　(C) 提示努力之後的情境　　(D) 增進學生的學習信心

(C) 7. 「學生能根據一篇故事，寫出令人意外的結局」，屬於認知的哪一種層次？

　　(A) 應用　　(B) 分析　　(C) 創造　　(D) 評鑑

(B) 8. 角色扮演較適用於哪一領域的教學？

　　(A) 認知領域　　(B) 情意領域　　(C) 技能領域　　(D) 行為領域

(C) 9. 在教學設計中安排學生製作鄉土導覽地圖，這種活動最主要的是在開發學生何種智能？

　　(A) 語文／語言　　(B) 自然／觀察　　(C) 視覺／空間　　(D) 人際／溝通

(C) 10. 編序教學（programmed instruction）主要是下列哪一種學習理論的應用？

　　(A) 認知學習論　　(B) 互動學習論

　　(C) 行為學習論　　(D) 訊息處理學習論

(D) 11. 教材組織具有「心理的」與「邏輯的」兩種原則。下列哪一項敘述正確？
 (A) 邏輯的原則符合學科知識架構，成效較佳
 (B) 心理的原則比較費時，形同浪費時間
 (C) 邏輯的原則比較客觀，優於心理的原則
 (D) 愈低年級的教材愈適合採用心理的組織原則

(A) 12. 在教學開始或學習困難時，為了全面了解學生學習困難的原因所進行的評量，稱為：
 (A) 診斷性評量　　(B) 形成性評量
 (C) 總結性評量　　(D) 安置性評量

(B) 13. 下列哪些教學設計符合「適性教學」的主要精神？(1) 探究教學　　(2) 精熟學習　　(3) 凱勒計畫　　(4) 發現教學
 (A)(1)(2)　　(B)(2)(3)　　(C)(1)(3)　　(D)(3)(4)

(A) 14.「任何科目都可藉由某種方式教給任何兒童」，下列哪一個敘述，不是這句話所要強調的？
 (A) 提早教學是不好的
 (B) 不須太重視學習準備度
 (C) 了解學生、組織並有效呈現教材等技巧的重要性
 (D) 成熟不一定要等待，也可以藉由外力協助而達成

(B) 15. 在教學中常使用標準參照測驗（criterion referenced test, CRT），下列哪一項是其特點？
 (A) 通常涵蓋較大範疇的學習作業
 (B) 強調個人所能與不能完成之學習結果
 (C) 偏好平均難度的試題
 (D) 需以明確界定的團體作解釋

(B) 16. 欲使發現式學習發揮最大之功效，教師在教學歷程中應把握哪些原則？
 (1) 安排適當情境　　(2) 可提出爭議性問題　　(3) 經常指名優秀學生回應作為示範　　(4) 提供方向或線索以引導學生發現知識
 (A)(1)(2)(3)　　(B)(1)(2)(4)　　(C)(1)(3)(4)　　(D)(2)(3)(4)

(D) 17. 在教學中，以日常生活事例作為切入的問題，來進行探討科學概念的活動。請問這樣的教學過程符合下列哪一種原則？
 (A) 由難至易　　(B) 由繁入簡　　(C) 由抽象到具體　　(D) 由經驗到知識

(B) 18. 訂定教材內容和認知層次雙向細目表，作為命題的藍圖，有助於改進教師自編測驗的何種性能？

(A) 信度　　(B) 效度　　(C) 客觀性　　(D) 實用性

(C) 19. 基於學生須經語義編碼，才能將學習內容融入長期記憶中，因此，教師應重視何種教學事件的安排？

(A) 喚起學生舊經驗的回憶　　(B) 告知學生學習目標

(C) 提供學習輔導　　　　　　(D) 促進學習遷移

(C) 20. 老師上課開始時告訴同學：「我們今天上課的重點，是氣溫愈高海水蒸發速度愈快。」這種提示是運用何種教學策略？

(A) 建構主義教學　　(B) 發現探究教學

(C) 前導組織教學　　(D) 概念獲得教學

國家圖書館出版品預行編目資料

中小學教學改革：議題與方法／林進材著.
　－－初版.－－臺北市：五南圖書出版股份
有限公司, 2021.09
　　面；　公分
　ISBN 978-626-317-013-1（平裝）

1.教學研究　2.中小學教育

523.3　　　　　　　　　　110012262

1I4D

中小學教學改革：議題與方法

作　　　者 ─ 林進材(134.1)

發 行 人 ─ 楊榮川

總 經 理 ─ 楊士清

總 編 輯 ─ 楊秀麗

副總編輯 ─ 黃文瓊

責任編輯 ─ 黃淑真、李敏華

封面設計 ─ 王麗娟

出 版 者 ─ 五南圖書出版股份有限公司

地　　　址：106台北市大安區和平東路二段339號4樓

電　　　話：(02)2705-5066　　傳　　　真：(02)2706-6100

網　　　址：https://www.wunan.com.tw

電子郵件：wunan@wunan.com.tw

劃撥帳號：01068953

戶　　　名：五南圖書出版股份有限公司

法律顧問　林勝安律師事務所　林勝安律師

出版日期　2021年9月初版一刷

定　　　價　新臺幣420元

經典永恆・名著常在

五十週年的獻禮 —— 經典名著文庫

五南，五十年了，半個世紀，人生旅程的一大半，走過來了。

思索著，邁向百年的未來歷程，能為知識界、文化學術界作些什麼？

在速食文化的生態下，有什麼值得讓人雋永品味的？

歷代經典・當今名著，經過時間的洗禮，千錘百鍊，流傳至今，光芒耀人；

不僅使我們能領悟前人的智慧，同時也增深加廣我們思考的深度與視野。

我們決心投入巨資，有計畫的系統梳選，成立「經典名著文庫」，

希望收入古今中外思想性的、充滿睿智與獨見的經典、名著。

這是一項理想性的、永續性的巨大出版工程。

不在意讀者的眾寡，只考慮它的學術價值，力求完整展現先哲思想的軌跡；

為知識界開啟一片智慧之窗，營造一座百花綻放的世界文明公園，

任君遨遊、取菁吸蜜、嘉惠學子！